城市榜样

城市榜样

Chengshi Bangyang

武顺建／主编

山东大学出版社

《城市榜样》编委会

卷首语

山东，位于黄河下游，东临大海，西界华北平原，雨量充沛，气候温和，土地肥沃，深得渔盐之利。自古便是中国的经济文化重地，涌现出一批又一批影响深远的时代英杰人物。

改革开放以来，尤其是近年来，齐鲁儿女积极响应和落实习近平总书记为核心的党中央号召，用智慧和汗水在各行各业创造出了卓越的成就，为山东省城市经济发展做出了积极贡献。他们中间，既有叱咤风云引领社会进步的时代楷模，也有惊天动地做出丰硕业绩的社会精英，但更不乏那些平凡中的伟大人物。他们，让人感动的不是惊天动地的事迹，而是工作中的一点点积累；他们没有惊天动地的业绩，但却在平凡的岗位上不懈地追求着，用自己的行动，践行着自己的理想和追求，诠释着榜样的真正内涵，也证明着榜样的力量。

为弘扬社会正气，传递正能量，加强爱国主义教育，山东省城市经济学会联合有关媒体成立了山东城市榜样丛书编辑委员会，编辑出版大型文献丛书《城市榜样》。该书以山东省各学科、领域、行业中涌现出的平凡的杰出人物为主线，以城市经济发展为线索，以纪实的形式记录他们的奋斗历程和光辉业绩，用史诗般的文字为山东省城市经济画像。经过几个月的积极工作，社会各界踊跃投稿，共收到稿件500余篇。编委会专家从来稿中，按照标准，严格筛选，并组织记者深入调查、采访，最后入编100个基层榜样人物。

这次入选的榜样人物，他们有的是企业家、技术工人，也有的是教育家、作家、诗人、画家、书法家、艺术家、学者。他们有的坚守在生产线的最前端，有的居于企业的决策中心；他们有的扎根基层，用双手推动着工厂运行的齿轮，灌溉着茁壮成长的花朵；他们有的站在时代前沿，用谋略规划着企业前进的方向。但无论是身居何职，从事何业，他们都是企业的骨干，都称得上是山东经济发展的代表；他们都是文化的标杆，都可被视为山东文化前进的风向标。他们在自己的岗位上做着不平凡的事业，并回馈着社会，建设着家乡。他们是成功的商人、工人，是享有盛名的文人，其奋斗应载入书册；他们也是值得人们称道的慈善家，其大爱更应被人铭记。其业也不朽，其德也永辉。

“江山代有才人出，各领风骚数百年。”在中国共产党的领导下，在人民群众当家作主、扬眉吐气的社会主义时代，我们殷切期待着齐鲁大地能有更多优秀的杰出人物在古老富饶的齐鲁大地上孕育、成长。他们将和九千多万勤劳、智慧的山东人民一道，致力于富民兴鲁、振兴中华的宏伟大业；将以自己的聪明才干续写齐鲁历史的新篇章，创造更加光辉灿烂的未来！

山东省城市经济学会会长、山东省政协原副主席　齐乃贵

2016 年 4 月

目录

待时而动乘风起

——记中天建华工程造价咨询有限公司董事长王玉平 …………………… 1

一路风雨一路歌

——记山东省红石屋农业发展有限公司董事长吴吉明 …………………… 5

引领枣农提升冬枣品质

——记山东沾化浩华果汁有限公司董事长梁胜国 ………………………… 8

精做古今中外装，美饰五湖四海人

——记济南新时代服装设计有限公司总经理张纪明 ……………………… 11

起航！中餐大众化餐饮航母掌舵者

——山东凯瑞餐饮集团董事长赵孝国 ……………………………………… 14

财富管理的拓荒者

——记山东省华众财富管理有限公司 CEO 纪合申 ………………………… 19

厚德载物

——记山东福禾菌业科技有限公司总经理刘孝利 ………………………… 23

从打工仔到十七家公司掌舵者的逆袭

——记齐鲁徽商集团董事长丁晓平 ………………………………………… 26

千斤重担一肩挑，泰山压顶不弯腰

——记山东匡山集团总经理王浩 …………………………………………… 29

打造“莱芜文化地标”

——记莱芜市三味书屋有限公司经理王同瑛 ……………………………… 32

创新无止境，共享迎未来

——圣迪奥集团创始人董事长赵艺 ………………………………………… 35

臭豆腐中的火龙

——记山东火龙商贸有限公司总经理田广俊 ……………………………… 42

从小黑牛到“小金牛”

——记山东布莱凯特黑牛科技股份有限公司董事长董雅娟 ……… 45

二次创业:崔增明与他的“老班长”萝卜

——记潍坊老班长经贸公司总经理崔增明 …………………… 49

“铁娘子”转型

——专访青岛利群百货总裁丁琳 …………………………… 52

青岛嫚卖凉粉一年卖了一个亿

——访青岛源海底海洋生物技术有限公司经理冯晓丛 …………… 55

一个“80后”温商和她的商业航母

——记香港盛世大唐家居饰品国际集团有限公司

总经理金丹霞 …………………………………………… 58

打造百年江正

——记菏泽市江正食品有限公司总经理李红飞 ……………… 61

安心做个酿酒匠　坚守杨湖纯粮酒作坊

——记山东杨湖酒业有限公司总经理李宪德 ………………… 64

人品赢人　才华聚财

——记柏斯特(山东)农业发展公司总经理李永红 …………… 68

被创业改变的璀璨人生

——记85后青年创业榜样李振江 …………………………… 70

创业,确实需要自信

——记济南确信信息技术有限公司董事长刘建军 …………… 74

一个民营企业家的“拥军路线图”

——山东得象电器科技有限公司董事长缪峰爱国拥军速写 …… 77

出口报国的践行者,中华文化的传播者

——记秦工国际董事长秦长岭 ……………………………… 81

“中华蝎王”孙纯孝的健康事业之路

——记山东沂源恒健全蝎制品有限公司董事长孙纯孝 ………… 84

敢立潮头唱大风

——记莱芜市政协委员、宏业建设监理有限公司

董事长孙建修 …………………………………………… 87

让荒山变绿山　让茶农变富农

——记日照市百满茶叶研究所所长宋百满 ………………… 91

中国服务器之父

——记浪潮集团董事长孙丕恕 ……………………………… 94

思路决定出路,布局决定结局

——记三三集团山东永平再生资源有限公司副总经理孙瑞卿 …… 97

为了大地的丰收

——记施可丰化工股份有限公司总经理孙运生 ……………… 100

物流总部经济的开拓者
——记济南市人大代表、山东鹊华集团董事长滕善明 …… 104
凝重的责任，创新的生命
——记鸢飞大酒店行政总厨王爱刚 …… 108
一位80后的传奇人物
——记营销传播专家王广伟 …… 111
取民之爱，博民之悦
——记山东民悦商贸股份有限公司董事长王建华 …… 115
带领群众奔小康的退伍军人
——记山东玉皇化工有限公司董事长王金书 …… 118
离子膜“公主”
——记山东东岳集团研究院副院长、氟材料加工研究室主任王婧 …… 122
雄鹰何须等风来
——记盛大华天国际控股集团董事局主席王茹铮 …… 124
大雪过后是丰年
——记山东华万网络科技有限公司董事长王在明 …… 127
爱心撑起一方天空
——记莒县福利服装厂厂长辛兴芬 …… 132
“玩”出来的亿万富翁
——记银光富思数码技术有限公司董事长徐瑞明 …… 136
逆势而起，引领风潮
——记鲁电集团有限公司董事长杨东廷 …… 139
独树一帜的“品牌领先者”
——记山东统一陶瓷科技公司董事长袁国梁 …… 142
一份快餐缔造一个“传奇”
——记济南超意兴餐饮有限公司总经理张超 …… 146
历尽天华成此景
——记济南净香园北坦熟食总店总经理张华 …… 149
“真”字成就“真知味”
——记济南飞红五大件餐饮有限公司董事长张全福 …… 152
再难也勇往直前
——记山东省十佳自强模范张士峰 …… 155
将低调进行到底
——记山东魏桥创业集团董事长张士平 …… 158

张三怪和他的徒河黑猪
——记山东徒河黑猪食品有限公司董事长、总经理张训照 ……… 162
山东 MALL 第一人
——记世纪泰华集团副董事长冯义厚 …………………………… 165
最牛淘品牌炼成记
——记山东韩都衣舍服饰有限公司总经理赵迎光 ……………… 169
梦起东方
——记山东东阿东方阿胶股份有限公司董事长赵云峰 ………… 173
宝剑锋从磨砺出
——记冠县宸合纺织有限公司总经理周爱花 …………………… 177
盛况背后的红木情怀
——记济南大户人家红木家具有限公司董事长周世建 ………… 180
心随梦想一起飞
——记山东嘉增旅行社总经理曾涛 ……………………………… 183
多元发展谱华章　奉献社会构和谐
——记山东金柱集团有限公司董事长、山东省人大代表兹留柱 … 186
一座山与一个人
——中国国际文化促进会副主席金梦娃女士侧记 ……………… 190
劳动最美
——记山东日照港二公司陈晓红 ………………………………… 193
勤学苦练　实现出彩人生
——记莱钢特钢事业部机动科设备点检员何明生 ……………… 196
跨界的艺术
——记山东银联担保有限公司董事长李长征 …………………… 199
临沂“鲁班”扎根沃土
——记建筑行业的一面旗帜李国华 ……………………………… 202
创业路上不畏艰
——记烟台泉源食品有限公司的董事长姜延泉 ………………… 205
打着太极做企业
——专访天维科贸有限公司总经理王汉卫先生 ………………… 209
纺纱女工默默奉献　屡次刷新纺织记录
——东营市三阳纺织有限公司张翠翠 …………………………… 212
让国花牡丹引领中国经济发展
——记瑞璞牡丹董事长赵孝庆 …………………………………… 215
人品与书品共进，勤奋与收获同行
——记王怀玉先生的书法创作 …………………………………… 218

一本好书:品读宗江
——记平阴县书协副主席兼秘书长胡宗江 …… 221
身怀十绝 感召心灵
——记职业书法家董志军 …… 224
丹青溢彩 翰墨飘香
——访书画家李振凯先生 …… 227
书法艺术创作是心灵调适
——记山东省书法家协会展览部主任郝晓明 …… 230
立德树人 偏爱书法
——专访琅琊王氏书法家王军宝 …… 233
境界在美好中升华
——记著名书法家王兆会的笔墨情怀 …… 235
挥毫泼墨凌云志 至真之情醉湖西
——专访书法家谢培哲 …… 238
他把米芾写活了
——专访第八届山东省“泰山文艺奖”获得者张其亮 …… 241
寄情翰墨书春秋
——记山东鲁商书画院院长朱崇昌 …… 245
泰山皮影传承人撑起一台戏
——记泰山皮影艺术研究院副院长范维国 …… 248
为生活而艺术,为艺术而生活
——记章丘市闵伟陶艺工作室闵伟 …… 251
文武双全真英雄 提笔上马育人才
——记郓城宋江武校校长樊庆斌 …… 254
用阳光润泽学生心灵
——记烟台三中校长郭宏成 …… 257
我骄傲,我是花园人
——山东省莱芜市花园学校骨干教师何娟 …… 260
教育就是要造就终身发展之生命主体
——访青岛二中校长孙先亮 …… 263
让艺术之花璀璨绽放
——记昌乐育才双语学校校长田思安 …… 266
用整个的心去做整个的校长
——记莱芜市莱城区苗山中学校长王光锋 …… 269
三尺讲台作奉献 两种角色写人生
——记法学教授、资深律师翟存柱 …… 272

行佛在人间
——记汶上县寅寺镇乡医韩爱民 …… 277
杏林薪传，坚守优秀中医药文化
——记北京凤书中医肛肠医院院长张爱勤 …… 280
肿瘤精确放疗新技术的开拓者
——山东省肿瘤医院院长于金明 …… 284
“硒”珍的农产品
——记山东省微量元素科学研究会富硒农产品专业委员会主任刘延祥 …… 286
“好客山东”建奇功
——记山东省旅游行业协会专职副会长丁再献 …… 289
剪纸是镂空的艺术
——中国艺术剪纸协会会长卢雪 …… 293
这是最好的时代，也是最坏的时代
——记中国房地产金融联合会秘书长闫宗成 …… 296
让礼仪文化成为牡丹花都的名片
——记菏泽市礼仪行业协会会长沈莉 …… 300
用爱引领致富梦想
——记济宁市超越体育用品公司总经理张宏 …… 302
跳跃的音符　成功的人生
——记山东省不动产商会(筹)发起人闫宗艳 …… 305
军营里走出的“草根文学家”
——记济南市军转干部刘昌义 …… 307
执着唱响兵之歌
——记济南市历下区城管局张昊宇 …… 310
心系环卫的诚信队长
——记济南市历下区城市管理局机械化清扫队队长刘欣 …… 313
拿下三个全国第一的“带电超人”
——记国网山东省电力公司烟台供电公司带电作业班班长李红新 …… 317
预报地质灾害　保障隧道安全
——记地质工程专业博士薛翊国 …… 319
多面的人生，多样的风景
——记青年作家、人力资源管理专家李德基 …… 322
邵珠富和他的那些个“1”的故事
——记中国尖锐化营销理论创始人邵珠富 …… 326

待时而动乘风起

——记中天建华工程造价咨询有限公司董事长王玉平

磨砺宝剑，风云待起

在创业前，王玉平有着不为他人所熟知的艰苦从业经历，期间起起伏伏，饱尝成功的喜悦，也历尽失败的苦涩。

1991 年 7 月，王玉平毕业于山东建筑工程学院。其后，他被分配到济南油漆厂基建科工作，主要从事工厂内基本建设工程的设计、施工管理、预结算编审工作。20 世纪 90 年代初，正值国家大兴土木时期，政府机关、各大企业争相抢要建筑工程专业的毕业生，到单位后主要分配到基建部门。济南油漆厂是当时的大集体企业，有着“泰山牌”的驰名商标，市场销售火爆，需要扩大生产规模，满足市场的需要，因此，工程的修建、扩建和新建非常之多。四五年后，随着新型涂料的出现，同时伴随国家“砸三铁”政策的出台，工厂效益急转而下，基建项目遂趋于停止。没有了新的工程，工民建专业出身的他只能寻找新的出路。

1996 年 3 月，山东三株药业集团有限公司招聘工程管理人员，于是前去应聘成功。被录用三天后即被派往大连三株生态化妆品有限公司参加生态美化妆品生产基地的建设管理工作。因工作表现优秀，三个月后即被任命为中层管理人员，带领部门十多个员工负责整个项目的建设。该项目是三株集团当时的重点项目，建设期间，生态美化妆品已在全国造势成功，各地均在急迫地期待着产品的上市。因此，总裁吴炳新先生将投产日期确定在 10 月 8 日。半年的时间，整个项目的改造及建设工作，难度之大可想而知，但三株集团的管理秉承军队的管理模式，通知下达就是指令、工地现场就是战场，所有人必须无条件地服从。现在想起来，那个时候不知道哪里来的劲头，他做事雷厉风行，每一天都生活在现场建设的管理中，尤其是最后近二十天的时间里，每天夜里盯到凌晨两点多钟，在施工企业负责人的施工现场轿车里休息三四个小时后，继续投入到战斗中。果然，投产日期如期实现，八个生产线全部投入到运营当中。之后，鉴于产品供不应求，全国各地频频告急，随即接到集团指令，二期工程立即开始。1997 年春节后，三株集团又一个更大的项目“三株储运基地”面临建设，因大连二期项目远远小于一期工程，已可放手给有着一期建设经验的其他人员，王玉平奉命带领新的班子，投入到包括数个生产车间、机修车间、办公楼、食堂等的储运基地项目的建设中去了。

1998 年春节前后，三株集团遭受了前所未有的重大创伤，三株口服液销售量急剧下滑，企业效益急转而下，各地工程项目戛然而止。新的征程又要开始了。

1998 年 3 月，王玉平进入山东华能建设监理有限公司工作。先后在武警济南指挥学校、友谊苑小区担任施工监理工作，之后，凭着出色的工作表现，被公司委派到百大一期工程(永安体育大厦)担任项目总监。期间，在工作的同时，注重对专业的学习，于同一年参加了全国监理工程师和造价工程师的考试，并顺利通过。

积累了多年的现场施工管理经验，发现个人在工程经济、造价等方面存在较大的欠缺，于是，2001 年 3 月被山东求是会计师事务所(后更名为“山东新求是有限责任会计师事务所”)聘用，从事工程预结算的编审、跟踪审计工作。凭着杰出的工作表现，2003 年被任命为基建审计部主任。

2005 年 3 月，他又进入了齐鲁盛洋集团(当时正在组建)担任副总裁，并担任下属山东中喜信诺工程造价咨询有限公司的总经理。但他发现企业内部困难重重，已无发展的前途。此时，他认识到出路只有一个——创业。

2005 年 11 月 11 日，山东中天建华工程造价咨询有限公司注册成功。

宝剑出鞘，再搅风云

从进入山东新求是会计师事务所之日起，他就坚定了终身从事造价行业的信念。建设单位投资效益的实现，成本的高低起着关键性的基础作用。做好造价工作，为建设单位把关，为国家建设贡献一份力量。

工民建专业出身的他，可以从事设计、施工、监理、造价、项目管理等各类型的工作，造价属于工程经济类，与国家经济虽然差别甚大，但它们之间有着密切的关系。国家大力发展经济，基本建设投资规模会不断加大，工程造价自然会得到重视。因此，最终选择了造价。

理想是远大的，现实是残酷的。公司成立后，面临着资质办理，没有资质就无法承接业务；有了资质，承接业务成了难题，很少有客户愿意将业务交给业绩少而又少的公司；人员的供养、资质的维护、市场的开发，都需要资金。

为了降低成本，创业之初，他将公司地址选择在了天桥区五环花苑的住宅楼上，租金较低；人员数量仅仅能够满足资质的要求，否则，没有足够的业务，如何才能养得起员工；聘任了兼职顾问，协助拓展业务，既可减少工资支付，又能逐步占领市场；除了员工的工资按正常工资标准发放外，个人的工资按70%发放，每花一分钱都如针扎一般。

万事开头难，没有这样的心理准备，就无法成就事业；坚持就是胜利，没有这样的信念，所有事就会半途而废。功夫不负有心人，在全体员工的不懈努力下，在政府领导的精心关怀下，在兼职顾问的不辞辛苦下，公司经过两年之久的运作，终于出现了转机，市场面拓宽了，有了生存的本钱。

公司出现了转机，就要在此基础上继续付出、继续努力、继续探索新的路子。

近年来，除了国家对注册造价工程师的继续教育培训外，还参加有关经济、金融、企业管理等方面的学习。尤其是新常态形式下，对“互联网+”的学习刻不容缓，如何运用好“互联网+”这个工具，如何将造价服务通过这个工具更快、更及时、更直接地提供给建设单位，落地生根最为重要，但不学习怎么能够实现呢?

王玉平将工程造价咨询服务向前延伸，落地了一个新的造价服务产品“设计优化”；向后延伸，落地了一个优秀于其他企业的造价服务产品“竣工结算复核”。这些都是不断学习、不断创新的结果。

企业管理是个大课题，企业管理教授一个月也讲不完、企业管理专家一个月也谈不完。他认为这两点非常重要：一是应该相信自己的团队。老板一直是只靠自己做事情的人，虽然招聘了职业经理人，但基本上是请来做参谋的，能力强一点的很快就走了，能力弱一些的就留下来耗时间。老板应当学会分权和授权，否则累死也干不好。二是善待自己的员工。任何优秀的企业，首先做到让自己的员工心情舒畅，员工才可能为客户做好服务、为公司竭尽全力。

创办公司之初，山东省人民政府原副省长郭长才同志为公司题词“求实真诚服务，志做行业楷模”、“诚信执业”。就是希望创办的公司首先要做到“诚”。为人，没有诚信，一切免谈，诚信是做人的原则；处事，不讲诚信，无与交往，诚信是处事的标准。

在管理理念上，王玉平董事长提出了四大创新理念："超低价及免费模式一条龙造价服务"的创新理念、"不靠关系靠实力"的发展理念、"独树一帜降成本"的经营理念、"专注于房地产开发公司董事长/总经理的关注"的服务理念。尤其是他在全国首创的"超低价及免费模式一条龙造价服务"理念备受同行业推崇，也得到客户的欢迎。超低价及免费模式一条龙造价服务包括两个含义：一是从服务费上为投资建设单位节约资金支出，服务收费远远低于市场价格，甚至免费；二是实现了真正意义上的全过程为投资建设单位降低成本，这个"全过程"是自设计阶段起直至竣工结算审核止。现实中，工程造价咨询企业的收费最低也不可能低于人工成本，全过程造价控制的实施仅限于施工阶段。

"善良比聪明更难。"王玉平董事长认为，这句话说明了一个道理，聪明的人很多，但做到善良的人就少得多了。做企业，不能缺少善良，有了善良的心才能够给员工以力量、给客户以安心。我尊崇一个信念，那就是善良的人长久、善良的企业会铸就强大。

一路风雨一路歌

——记山东省红石屋农业发展有限公司董事长吴吉明

一个出生于农村之中的汉子，用青春的热情，只身外出创业。而如今，他用自己的智慧与财富，带领父老乡亲走向共同富裕。他就是现任山东省红石屋农业发展有限公司董事长的吴吉明。

走出农村创农村

吴吉明大专毕业后，干过各种工作。他不断拼搏，一步一个脚印，展现出过人的聪明才智和人品精神，创造了辉煌的业绩。

2013 年，他创办了属于自己的企业——山东省红石屋农业发展有限公司。过人的商业智慧、多年积累的管理经验，使公司的业务蒸蒸日上，生意红红火火。

在外打工、创业的十几年时间里，虽然有苦有甜、有失去有收获，但是每年春节回到家乡，乡情、亲情成为了吴吉明心中一个解不开的结。他愈发强烈地意识到：一定要回到农村，去发展现代农业，发展农业产业化。

又入农村谋发展

2013 年 4 月，注册资金 1000 万元，成立红石屋农业发展有限公司，发展现代都市农业。他将“引导三农，带动三农，服务三农”作为公司的社会责任，积极筹划实施相关农业产业项目。他希望通过产业规划和集约建设成现代农业产业园，实现“搬下一个深度贫困村，再创一座生态产业园”的伟大设想。

2013 年 10 月份，公司被济南市农业局正式批准为“济南红石缘农业观光园”。园内设有畜牧养殖区，林果种植区，蔬菜种植区和旅游观光区。经过近三年的园区建设已形成三大功能区：

一是生产功能区：生产高档次、高效益、高附加值的特色农产品，现已初具规模。林下畜牧养殖芦花鸡2万只，实现年产鸡蛋20000公斤目标，并养殖波尔山羊200只，野猪100头。林果种植引进了韩国新品种包金梨15000株，蔬菜种植高山度淡菜500亩，带动周边村种植高山度淡菜3000亩。以上畜禽类、肉、蛋、菜果等有机农产品都送往济南各大超市、济南领秀城幼儿园食堂、长寿山国际生态养老园及有关单位职工食堂。

二是生活功能区：建成了观光休闲体验城乡居民的生活家园，依托红石缘休闲观光园，特色种植养殖业发展了特色农园，餐饮接待，农园居住等服务，开辟了为特色农园餐饮区，为游客提供农园特色餐饮服务，依托农园特有的果蔬菜品打造农家饭，素斋美食，让游客在一粥一饭、一饮一啖间，亲身体验了乡村饮食文化。根据造景园林，形成了一定规模线状景、片状景、近观景和远观景。主要包括百蔬园、红石道、度假木屋石屋、红崖跌水等。2014年园区内接待游客约15000人。

三是生态功能区：完成了生态功能最大化园区，把生态环境建设放在首位，使园区的环境质量达到了优良标准，满足了生态农产品生产及休闲观光要求，实现了生态效益、经济效益和社会效益的共同发展。建设了100立方米大型沼气池10个、150立方米的沼液稀释池10个，包括发酵系统和沼气储存设施，所产沼气作为园区内主要生活燃料，沼渣、沼液作为园内的果蔬肥料，为生产生态有机产品提供了营养保障，也丰富了城市居民的菜篮子，提高了他们的生活质量。

2014年12月底，该园区已成为集田园观光、绿色生产和旅游食宿为一体的大型农业观光园，产值达到了2000万元，利润200万元，同时还安置了剩余劳动力300余人。

再入城市做贡献

吴吉明早在2002年就从事电信管道工程建设，投资1000万元，注册了济南吉明建筑安装工程有限公司，配合城市道路建设埋设弱电管道，省道103线，泉城路改造建设，经十东路拓宽改造建设，北园高架，东外环高架建设，都留下了他的足迹和身影，不知付出了多少心血和汗水，为城市整体配套建设做出了巨大的贡献。

出生在贫困家庭的吴吉明，年幼5岁时，父亲因水灾去世，只剩下孤儿寡母，正遇上三年的自然灾害，从1962年起随母亲讨饭3年维持生活，度过了衣不遮体、食不饱腹的艰难岁月，饱受了没有父亲令人欺辱的亲身经历，后来拉过地排车，扛过大个，组建过乡村建筑队。所以他深知社会弱势群体生活的艰辛。

以红石缘农庄为依托，他于 2014 年 10 月投资了 3000 万元，建设了济南市历城区长寿山国际生态养老园。该园拥有标准间 67 间，可容纳 150 个床位，为丰富业余生活园内还配有完善的健身休闲娱乐等场所，在医护人员的培训上制定了严格的员工行为准则，所有医护人员均持有济南民政局资格证书。他坚持“生态养老，健康养老，旅游式养老”的理念，致力于让养老园成为老年人的“幸福之家”。“让老人住的舒心，家人放心”在这里成为了现实。

已拥有亿元资产的他，富了不忘国家和社会，不忘乡村和父老，他没有忘记社会上那些孤寡老人和弱势群体，近几年他向社会和爱心联合会捐助善款 100 多万元。

“雄关漫道真如铁，而今迈步从头越。”面对未来市场需求与更高的要求，吴吉明正不断思索，不断求新和不断开拓。吴吉明也把全部精力都投入到他钟爱的事业上，在新型都市农业发展上，养老事业的道路上默默耕耘、奉献，用自己的实际行动去实践在心中曾经许下的誓言，他时刻不断地激励自己、鞭策自己做得更好。

引领枣农提升冬枣品质

——记山东沾化浩华果汁有限公司董事长梁胜国

2015年8月底，沾化冬枣虽然还挂在枝头，但山东浩华圣源集团有限公司冬枣的网上订单销售额已达到2亿元。浩华圣源集团的前身是沾化浩华果汁有限公司，短短8年的时间，他们不断延伸冬枣产业链，目前已经发展成为一家集原料自主供应、产品自主生产、独立经营销售于一体的农业产业化省级龙头企业，真正实现从田园到餐桌的食品安全可追溯性，从传统销售渠道到互联网信息共享大数据时代的跨越。

实行产供销一体化发展

“浩华圣源集团公司下设：沾化浩华果汁、禾鑫农业产业园、我和你农业有限公司、枣之初电子商务、济南秋风田歌电子商务、枣儿乐旅游、沾化浩华冬枣专业合作社等十三家子公司。”谈起企业的发展历程，浩华圣源集团董事长梁胜国如数家珍。

“2007年，成立了山东沾化浩华果汁有限公司，是专门从事冬枣深加工的生产企业，主要有冬枣汁、冬枣醋等饮料。”梁胜国坦言，当时作为原料的冬枣都是收上来的，质量无法保证，因此他决定建设自己的冬枣基地和园区，一是保证果汁的质量，更重要的是想带动冬枣产业的发展。

2010年9月，在沾化下洼镇北陈家村，占地3300亩的禾鑫农业产业园正式成立，这是一处集科研教学，病虫害防治示范，新技术推广，旅游观光于一体的沾化冬枣高效生态现代农业示范园区。

沾化冬枣高效生态现代农业示范园区建设有高标准冬暖式草莓、韭菜大棚和春暖式冬枣连栋大棚，进行立体种养殖(植)，同时积极发展林下循环经济，林下养殖芦花鸡和大白鹅。引进蜜蜂数箱，生产天然蜂蜜、蜂王浆。

2014 年企业实现销售收入 5134 万元。

在此基础上，浩华圣源旗下发展起三个销售公司：北京浩华贸易、枣之初电子商务和秋风田歌电子商务，并采取线上线下相结合的方式。“销售模式上，我们正在由传统的销售逐渐转移到电商，昨天阿里巴巴还找到我，寻求合作。”梁胜国说。

浩华“互联网+”的营销平台

冬枣的话语权不在沾化。凌晨 4 点，枣农们就到市场上卖枣，被动地接受别人给出的收购价格，这是一直以来的传统销售模式。”在梁胜国看来，通过冬枣的种植，许多农民的生活得到了改善，但是在整个冬枣的产业链条中，枣农无疑仍然是处于最底层的。

受传统思想观念的影响，大多数枣农无法系统掌握冬枣的科学管理方法，有的枣农为了只追求眼前产量和利益，忽视了冬枣质量，提高冬枣品质的积极性也会受到影响，最终影响冬枣产业的健康持续发展。

“在互联网大数据时代的背景下，我们终于寻得一条破旧立新之路。那就是打破传统的营销模式，建立浩华互联网+的营销平台。”梁胜国说，作为一家省级的农业龙头企业，浩华只是个平台，集团公司下面还有多家合作社，还成立了冬枣高端产品研究会，目前有 32 名会员。他希望在浩华圣源的示范带动下，引领农民科学种植，提升冬枣品质。

“去年 6 月 30 日，我们进入省中小企业局搭建的易商网络销售平台，网店的名字就是‘枣之初’。集团随后入驻淘宝及微店，今年又进入建设银行的商务平台。”梁胜国告诉记者，“网购是一个很好的平台，可以将新鲜的冬枣及其制品以‘一对一’的形式，直接送达市民的餐桌，减少中间环节的成本，提高食品安全度。”

代表沾化冬枣去米兰世博会宣传

梁胜国表示，通过冬枣预购的方式，浩华圣源一方面将枣农的冬枣提前预售出去，让枣农不再为了销售而发愁，通过逐步引导，让枣农按照浩华的种植模式进行管理与种植，从而逐步提高沾化冬枣的整体质量；另一方面，借助互联网，通过压缩销售的中间环节，降低冬枣的终端销售价，让利于消费者，最终让人们都可以吃到最正宗、最优质的沾化冬枣。

那么如何才能保证高品质的冬枣呢？梁胜国给出的评价标准是安全和好吃。“采用统一的管理和种植，种植过程中不使用化肥，仅施有机肥。有毒性的药物坚决不用，而选用安全的生物制剂。”

不仅仅如此，梁胜国还补充道，冬枣采摘下来以后，传统的做法是用选枣机把大小不同的枣进行分类，这样增加了磨损，缩短了储存时间，关键是用选枣机选出的枣，无法判断哪些是品质好的，哪些是不好的。“我们按照一点红的标准，采用目测方法，在园子里采摘完后直接装箱发货。”

而且，为了保证高品质的冬枣，他们建立了层层负责制，并通过大数据实现对质量、价格、服务等的可追溯。现在已经有 500 家农户与其合作了。

“沾化是中国冬枣之乡，枣农都有自己的小品牌，尽管在当地小有名气，放到全国的竞争中，要形成统一的品牌才有竞争力。”9 月中旬，梁胜国将跟随滨州代表团去参加米兰世博会，宣传沾化冬枣。

对未来的发展，梁胜国也早作出了规划。梁胜国说：“如果没有科技支撑，没有跟各高校、科研院所的合作，就没有今天的浩华果汁。”“只有延长产业链，研发新产品，增加产品附加值，企业才能在激烈的市场竞争中生存。”梁胜国说，3 个月前沾化浩华果汁有限公司只做浓缩果汁，与山东省饮料产品协会、山东食品工业发酵研究院、山东轻工业设计院等五家科研院所合作后共同成立了山东浩华科技研发中心，主要负责产品工艺的改进和冬枣果糖、冬枣醋、冬枣酒等产品的研发。“目前已经有了三个专利，是冬枣多糖、冬枣溴素和膨化冬枣。三年时间内，这些专利都可实现投产。”

精做古今中外装，美饰五湖四海人

——记济南新时代服装设计有限公司总经理张纪明

“精做古今中外装，美饰五湖四海人”，这是济南新时代服装设计有限公司自成立以来的工作目标和服务理念。新时代服装设计有限公司，坐落于“四面荷花三面柳，一城山色半城湖”泉城济南，前身是成立于1992年的新时代服装店。公司创设之初就专业从事设计、制作高、中档西装、时装、唐装、旗袍及企事业单位职业装，凭借扎实的裁剪基础和前瞻性的设计理念、精良的制作工艺，在服装业界素有好评。

在记者面前，敦厚而精干的公司掌门人张纪明侃侃而谈，作为一名兼具设计、裁剪、制作工艺的传承人，将“新时代”从夫妻两人经营的传统服装手工作坊建设成一个拥有专业设计制作团队的现代公司，不断融合现代元素与传统服装工艺，其发展足迹也体现出对中国传统服装制作工艺的坚守与发展。

匠门之后，精诚治业

出生在沂蒙山区，小时候就跟着爷爷到各村各户织布挣钱，在家时看着奶奶、妈妈做衣服，接受传统服装文化的启蒙，耳濡目染中慢慢长大。张总谈及年幼时亲人织布、缝衣的场景，眼中充满眷恋和感激，言谈举止中传递着深厚的传统服装文化情怀。

张纪明于1989年在济南开始服装学徒生涯，那时候男孩子学服装裁剪制作的少，但是他心里有自己的主意，认定这是自己谋生的手艺，一技在身，一生不愁。那个年代，各种条件极差，但是张纪明不怕吃苦，勤学多问，先后学习了济南服装、青岛服装、上海服装，之后又到当时省内有名望的服装师孟祥美门下深造。几年学徒生涯，张纪明掌握了西装、唐装、旗袍、职业装等裁剪制作工艺，为将来的事业发展打下了坚实的基础。1992 年，踌躇满志的张纪明自立门户，成立了新时代服装店，开始了人生发展的新征程。从简单学习锁边、走线，到对加工成品服装的掌握，再到独立开店设计生产经营自己的服装店，这之中所付出的辛劳与汗水只有经历过的人才能深深地体会得到。“刚开店时，经验不足，不擅长经营，第一年几乎一直在赔钱，多亏妻子一直陪着我而且将店面、家里照顾的周周到到。”张总谈到开店之初的艰难时，对妻子的感激溢于言表，历经沧桑，但也正是凭借这股毅力，夫妻二人共同开创了一个新天地。

精工传世，术业专攻

“勤学好干，不忘始初，料尽其材，节俭实用”，张总自豪地提到了“老祖宗们留下来的制衣精华”，这不仅体现了中国传统服饰制作务实的精髓，而且还体现了张纪明性格的淳朴。怀着对中国传统服装设计制作特有的情愫，从私人订制到批量生产，倾注了张总整个青春，而顾客从这获得的不仅仅是一件合适的衣服，更是一种信念。不难看得出，张纪明是一个对中国传统服装设计制作有特殊传统情怀的人，对顾客的着装设计制作面料选择，倾注了自己对客户的关心和对服装的理念解读。客户做“中华领”，他会把“中华领”的典故比如“中华领”也叫“中式领、棉袄领、便领、站领、小立领”等，还有如“平方领、盛华领”等的分类和讲究等等，在量体过程中讲给他们听。

客户不仅仅在他这儿定制了一件服装，不仅仅是感觉穿着合体舒适，搭配协调，更多的收获是知晓了很多服装故事，结交了老张这个懂服装的朋友。很多顾客也正是认定了这一点，多年来一直与新时代保持着良好合作关系。采访中记者了解到，在济南新时代服装设计有限公司的客户名单中，最老的顾客从 1993 年开始，都一直与公司保持着良好的合作关系。好多电视台主持人，这些年也经常来做服装。山东大学留园的工装，自 1996 年开始便由新时代公司制作。而济南国际机场宾馆，从 2002 年至今，虽然总经理已换过 4 位，但无论是普通职工工装还是包括诸如机场新航站开航仪式上礼仪小姐穿的旗袍等重要服装都是由张纪明承担设计和生产的。但说到最让张纪明印象深刻和自豪的还是济南西客站工装那一单。那是 2009 年 3 月份，济南西客站刚开始建，负责轨道建筑工程的中铁十二局吕书记将张纪明找来，要求制作一批工装。吕书记把他想做的服装颜色、款式和面料、做工等要求做了个大体描述及制作环节的详细要求。凭借服装定制、职业装研究方面的多年经验，张纪明用眼睛目量了一下他的身材、体型，过了两天就带着做好的工装上门为“模特”试穿，用事实和工艺实力说话，该局领导当场拍板签合同。吕书记对他仅通过目测身材制作的工装样衣双手称赞并立马签单。同年六月，用同样的方法为负责楼房项目建设任书记制作了工装样衣，上千套工装顺利签单。由此开拓的好多客户至今还合作。张纪明“目测定制”技惊四座的故事也在行业内成为一段广为传播的美谈。

务实为本，推陈出新

秉承着“精做古今中外装，美饰五湖四海人”的理念，20 多年风雨历练，不仅为新时代培养出一大批优秀服装人才，而且还将公司的业务扩展到各行各业，如航空、铁路、银行、电视节目主持人、国外私人定制等。谈及对中国服装行业的展望，张总再次流露出对中国传统服装工艺复兴的渴望，当前流水线、机械化大生产满足了工业时代发展的需要，但从中国服装手工艺角度却是一种危机，手工细做正在弱化，从事机械操作的工人却仅仅是程序的执行者。

“衣食住行，衣字当先。我期待能和众多行业内前辈交流，共同研发能够代表中国特色的新式服装，更希望看到越来越多热爱服装的年轻人能够亲自去体验制衣的快乐。精益求精、推陈出新，这样才能将中国的传统服装文化传承下去，为中国传统服装工艺制作复兴贡献力量。”

起航！中餐大众化餐饮航母掌舵者

——山东凯瑞餐饮集团董事长赵孝国

一个拥有某种才能的人，要想对社会发生影响，必须使他的才能比别人更能适合这个时代的社会需要。国务院八项规定出台后，全国餐饮业尤其高端餐饮一下萧条了许多，在高端同行受到冲击甚至一蹶不振的时候，山东凯瑞餐饮集团在赵孝国董事长带领下，顺应趋势，成功探索出大众标准化餐饮之路，获得了巨大成功。

立足泉城济南，旗下有老牌坊鲁菜名店、高第街56号港式餐厅、城南往事济南风味主题餐厅、皇城根北京风味主题餐厅、非尝锅气港味餐厅、凯瑞·丽商务酒店等响当当的品牌酒店，山东凯瑞餐饮集团可谓声名赫赫，辐射山东省17地市及部分省市，远至河南、河北、江苏、海南，在全国已有150多家门店，员工六七千人。2014年，集团主业收入达到近20亿元，平均业绩每年上涨近50%，每年新开门店在30家以上，让同行刮目相看，被视为国内餐饮界一面逆市上扬的旗帜。这种上扬得益于赵孝国董事长对大众标准化餐饮的积极探索，而且山东省大众化餐饮标准也由凯瑞餐饮集团制定。那么，我们还是走进凯瑞，走近赵孝国，看一看他带领的团队是怎么做的吧。

凯瑞的大众标准化和供应链

餐饮行业是一个永远的朝阳行业，即使晚一千年也会有人聚在一块吃饭。中餐是手艺人在做，同样的一道菜品，口味上张师傅做得了，李师傅就不一定做得了，而顾客又口味不一，这就需要大量的厨师，而菜品又几乎没有什么标准。作为一个高性价比的餐饮企业，凯瑞餐饮提供给顾客的仍然是高性价比的用餐感受，是舒适尊严的消费体验。在赵孝国董事长看来，凯瑞拥有过百家门店，所有门店为了一道名菜都去安排一名名厨制作，这是不现实的。为此，凯瑞建立起了强大的“后台管理”体系，设置统一的研发标准中心和加工配送中心，由总部直供，实现了所有门店统一标准、统一食材、统一口味的发展规划。

2015年4月，在中国饭店协会首届中国特色餐饮发展论坛上，集团董事长赵孝国先生作了《中餐大众化餐饮转型发展与现代化集团管控》的讲话，从中央厨房、中餐标准化、出品质量管控、ERP系统等方面做了重点分享，他那激情洋溢、具有视觉冲击力的演讲，让嘉宾们收获颇丰，大受裨益。

作为山东省第一家倡导并实践中央厨房加工的餐饮企业，对于中餐行业来说具有重大的革命意义，解决了中餐店与店之间产品差异化及不稳定的问题。应该说，这也为大众化餐饮铺平了道路。通过科学化的管理后台，来自各品牌供应商的原料经过检验、入库、加工、洗涤、消毒、打包、再检验和冷链物流，送达各门店，最终送上消费者的餐桌。为了不让食物在生产及物流过程中发生微生物变化，集团率先引进了德国速凉技术和冷链配送物流技术，保证了食物的初始风味和各门店食物口味的统一，也确保了所有门店都按名厨标准制作，都有高品质的产品食用，为前来消费的顾客提供了物美价廉的保证。

这个强大的后台管理和中央加工模式是极为成功的，通过营建标准化、视觉标准化、菜品标准化、服务标准化等不断建立起来的标准化体系，为凯瑞各项工作提供了最佳解决方案。以知名鲁菜菜品“糖醋鲤鱼”为例，凯瑞在做糖醋鲤鱼时,对鲤鱼和汤汁有严格的标准。其中,鲤鱼的采购要求做到产地、体重、性别、腰围等有明确规定,在厨房加工上要求打刀数量、油温也要有确定的数值,而配汁则是由研发标准中心的顶级大厨师配制后,再由凯瑞的加工配送中心统一配送到各门店的,这样就保证了无论是在济南还是青岛,糖醋鲤鱼的口味都是统一的,这一道菜年销售鲤鱼就过百万条。

凯瑞的现代化加工中心与仓储物流

只有创新发展才有新思路。在餐饮行业竞争白热化的今天,能否建立起一套从农田到餐桌的食品安全防护体系,是检验一个餐饮企业安全与否的标准。凯瑞是较早投资建立加工配送物流中心的餐饮企业,最早统一了省内冷链物流配送的标准化体系。

对凯瑞而言,保障食品安全最重要的就是要有稳定、可靠的供货来源。首先,集团对上游的原料供应商的筛选、评估和审核十分严格,有一套完整的供应商评估体系,并相应地成立了食品安全委员会进行考评。对供货源头的把关更是严格得近乎苛刻,进入餐厅的每一件食材都要有安全证明。不仅选择正规供应商,而且还要选择在国内甚至世界上有名的供应商,双汇、益海嘉里、联合利华、雀巢、李锦记、广州利口福等,这些叫得响的名牌企业都是供应链体系中的一员。

其次,为了保证源头产品的可追溯性,在供应链的质量控制上还嵌入了一个强大的信息互通系统,包括原材料检验室、原材料实地跟踪考察、分级管理、淘汰机制等。这个系统极大地加强了食品链的控制系统。

最后,凯瑞集团采取集团管控下的统一采购,旗下各门店是没有采购权只有监督权的,所有产品、原材料都是厂家直供。去掉中间容易出现问题的环节后,不仅降低了成本,而且还杜绝了个别门店分散采购可能存在的标准不一、把关不严等问题。

目标,对怯弱者是不可逾越的障碍;对强者,是不断前进的跳板。随着旗下品牌门店的不断复制与扩张,凯瑞在原有的加工配送物流中心的基础上进行了提升扩建,并投入巨资引进台湾、美国、日本等国家先进的食品加工及控制设备,保证了外埠门店的正常运作及产品品质。持续不断的硬件投资之外,凯瑞还在已投资几百万元的基础上,又追加投资 500 万元与中国用友软件公司合作,联合开发了不同品牌中餐连锁企业的后台管理 ERP 系统,全部软硬件投资达到千万元以上。凯瑞集团也特别注重食品安全标准开启与国际接轨模式,并引入欧美推崇的餐饮清洁卫生规范——白百合工程,它也是国内首个权威的餐饮业第三方清洁卫生安全评估保障体系。

创新，既是一种与时俱进的扬弃，也是一种打破陈规的新举。通过近几年持续加大的后台投入与科学化、科技化的管理，凯瑞已经把中央厨房加工技术、冷链物流配送技术、厨房微生物控制技术等食品加工科学化、标准化、系统化地引入到日常食品后台操作当中，从而让凯瑞的发展有了可持续、可复制、可提升的能力。

凯瑞人的发展愿景

成功，将拥抱真正的时代英雄。今天的山东凯瑞餐饮集团凭着精确的定位、精细化的管理不断赢得市场，2014 年度全国十大餐饮品牌榜上，凯瑞餐饮集团位列第八位；中国餐饮百强榜上，凯瑞餐饮集团位列第 11 位。董事长赵孝国先生，这位大众化餐饮航母的掌舵人，是一位思维敏捷、心怀雄才伟略的企业家，凭着信念和勇气，诠释了成功的全部寓意，也展示出其独特的性格。现在他担任着中国烹饪协会副会长、中国烹饪协会服务委员会主席、中国烹饪协会企业家委员会副主席、中国饭店协会常务理事、山东省烹饪协会副会长，先后荣获中国饭店协会颁发的“中国最佳饭店企业家”、山东省烹饪协会颁发的“山东省餐饮行业风云人物”、“山东省餐饮行业优秀企业家”、中国商业联合会及山东省商务厅颁发的“2015 年度中国生活服务业年度人物”、济南市政府及济南报业集团颁发的“2014 影响济南年度创新人物”、第五届山东品牌文化节“山东省十大风云人物”、“山东省品牌人物功勋奖（泰山奖）”等称号。

执着的追求，必诞生出卓越的人生。他爱美食，更痴迷于美食，对美食的研发、管理和推广均有着深刻的理解，曾多次代表国家到美国、墨西哥、日本、中国台湾等地进行美食交流。在国内，曾多次作为济南餐饮考察团的团长到成都、长沙、武汉、广州等地进行交流，对鲁菜的认知、坚持和推广得到了同行的认可和尊重。

这些年，赵孝国董事长一直在围绕“顾客感动，员工满意，品牌提升，团队进步”理念规划企业蓝图。让顾客感动是凯瑞始终如一的理念，这一点凯瑞做到了，让顾客充分感受到了“超越期望”、“超越满意”的就餐体验，其中，城南往事济南风味主题餐厅当选百度百强榜单之首。随着凯瑞的壮大，有人向他建议把高第街做成高端品牌，提升利润空间。但他认为，餐饮的根本在吃，在让消费者满意。取一些自己该得的利润，赢得更多消费者的心，虽然辛苦一些，但发展会更持续。

“员工满意”是理念的基础。企业的发展离不开人，员工是企业的灵魂，凯瑞十年，走到今天，已经发展成为一支仅济南总部地区就有 3000 多人的工作团队。大家从四面八方汇集到凯瑞，不仅因为凯瑞能给予他们一份收入，而且还因为凯瑞是一家有向心力和凝聚力，让大家感觉到在这里有家的感觉、有人生奔头的企业。2015 年 8 月，凯瑞一下派出 60 多个厨师参加山东餐饮职业技能大赛，取得了最佳团队奖、最佳组织奖以及多名个人金奖、银奖的好成绩，并计划让更多的厨师拿到烹饪大师的称号。

“品牌提升”是理念的目标。在全国餐饮行业同质化竞争如此激烈的今天，在国八条后餐饮回归本质的今天，能否坚定不移地走原创及品牌再提升，关乎品牌的生死存亡。凯瑞在品牌发展及提升方面会进一步做足高第街 56 号餐厅的“香港味道”、城南往事的“老城老味”、老牌坊的“天南地北山东菜”以及皇城根的“将胡同美食进行到底”，并在高速公路、省外媒体、全国研讨会等各个领域进一步提升品牌在全国的知名度，在品牌内涵、品牌视觉等环节与国内一线品牌看齐，在完善山东省品牌战略布局后，展开全国品牌的战略布局。

“团队进步”是理念的要求。企业的进步决定于整个团队的进步。凯瑞在人才聚集方面做了充分的工作，团队内有来自澳洲、马来西亚、日本等国家的海归，更聚集了大量来自北京、上海、广州的人才，还从国际一线洋品牌中吸收了一批规划基础工作的精英。

一朵忽先变，百花皆后香。目前，凯瑞旗下各门店如火如荼地壮大发展，集团策划运作的济南边庄齐鲁国际美食广场、临沂“美食大道”、聊城“美食岛”等项目运营得也非常成功。2013 年，集团倡导的“抹布革命”在钓鱼台国宾馆获得了“餐饮创新奖”，并作为优秀案例进行全国推广。

济南都市圈的建立，对于打造济南美食之都的荣誉有着至关重要的意义。近年，赵孝国董事长又在筹划“味想家”邻里厨房概念，目前正在一些住宅小区作试点，准备在城市社区大量推广，力争把“味想家”做成全国超一流的品牌连锁店。

祝愿凯瑞百尺竿头、更进一步，在发展的道路上获得更大的成功。

财富管理的拓荒者

——记山东省华众财富管理有限公司 CEO 纪合申

作为财富管理的第一代拓荒者，在人们的理财意识还未完全觉醒时，他便已踏上了财富管理的征程。从银行储蓄所长到理财中心经理，从财富管理中心投资顾问、私人银行营运主管到财富管理公司分部总经理、总部运营总监，最后成为财富管理公司的 CEO，他见证了银行业的兴衰历程，也一路探索着财富管理行业的运营之道。

他，就是纪合申，一个拥有 20 年金融从业经验的财富管理人，现任山东省华众财富管理有限公司 CEO。

一次考试——与财富管理结下善缘

20 世纪 90 年代初期，青岛市西郊白马河畔的一个村哥小伙儿——纪合申作为当年胶南县的高分考生，被国内著名财经大学国际贸易专业录取。进入大学之后，纪合申坚持学霸作风，如饥似渴地学习新的金融、经济、财税、外贸等专业知识。1995 年大学毕业后，他被分配到国有银行山东省分行工作。这份工作，纪合申一做便是 18 年，为他今后从事财富管理奠定了坚实的基础。

在银行工作的前几年，银行业务比较单一，纪合申每天按部就班地工作。当初的梦想就是"拥有一间有门的办公室"，但具体到职业规划他却很迷茫。直到 2000 年，理财市场开始发展，国债、银保分红型产品、开放式基金产品等陆续面世，人们开始对银行存款以外的理财产品感兴趣，他隐隐约约地看到了职业发展的机会。2003 年，纪合申所在的银行也开始发行第一支伞形开放式基金——华宝兴业的宝康系列基金。经过深入研究，他觉得基金会是未来理财的一个重要方向，并开始向客户介绍开放式基金产品。当时人们对基金几乎一无所知，一开始都敬而远之，渐渐地半信半疑。他积极创新方法，主动培养客户的理财意识，成为东营地区首批户外宣传倡导者、首批讲座与会议营销者，培养了一批基金投资的种子用户，为以后的银行理财业务发展奠定了扎实根基。所谓时势造英雄，英雄易适时。基于成功者总能把握时代趋势顺势而为的重要特征，纪合申在财富管理行业先于他人获得了发展先机。

2006 年，以银行理财为代表的金融理财市场迅速发展，理财师即将成为专门的职业。是时银行开展了金融理财师培训，为选拔最优秀的人才进入理财师队伍，还专门举办了选拔考试。“我记得当时在所在建行考了第一”，纪合申回忆道。因为理财师资格考试，这一年，纪合申正式与财富管理结下了不解之缘。经过全面系统的金融理财师培训，本已经经验丰富的他在财富管理市场上更加游刃有余。次年，金融理财市场尤其是基金股票火暴异常，很多人不顾风险跟风投入其中，毫无风险意识，以为市场会一直上涨。根据多年的股市投资经验和综合各方面的反馈情况，他开始感觉市场已经处于危险之中。9 月份，他提前于市场出现明显顶部以前向客户发出了撤离二级市场的预警。10 月份市场见顶 6124.04 点位。后来他在多个场合阐述这个点位中数字的玄机，字的谐音泄露了天机。综合市场状况和他对于“天人合一”以及数字和传统国学文化的研究这个点位成为未来十年难以突破的顶点。

后来，随着商业银行改革的步步深入，以理财业务为中心的零售银行业务日益成为银行的主要盈利来源。为引领国内零售网点转型升级，纪合申成为了当时银行一二三代网点转型工作的主力与排头兵。白天按照流程，服务客户、营销产品、更新系统，晚上手工录入各类报表、推演改进白天流程，常常因此加班到十一二点。回忆起那段“五加二，白加黑”的忙碌日子，纪合申仍唏嘘不已。一分耕耘，一分收获。他也因此获得银行总行“百佳客户经理”等荣誉称号。

时时充电——助力财富管理升级

“我去高校为大学生们做理财讲座，经常被问到：大学生该怎么理财？”纪合申的回答是，学习。拿学英语来说，记单词就是赚钱，记下一个单词就是赚了 100 元，熟记熟用 1 万个单词就能赚到 100 万元。

其实，纪合申平日里在努力提高业务和专业能力的同时，也不忘及时为自己充电，而且实现了知识与财富成功转化。工作期间，他先后参加了总行境外派驻人员选拔培训与国际金融理财师培训，并考取了金融英语、证券、保险、基金、期货、会计、高级黄金投资分析师等多种从业资格证书。人在得意时，事事都如意。由于业绩表现出色，他先后两次被总行借调，分别在厦门和成都开发中心从事证券业务系统开发和CRM(客户关系管理)系统开发工作，从而获得了更多技术和管理经验，为以后财富管理行业的发展又推进了一大步。

在外人眼中，他不苟言笑、苛刻严谨。其实，出生寒门的他，不乏远见与魄力。2010年初，他所在分行率先成立首家财富管理中心，纪合申主动请缨，加入创始团队。作为创始团队中最为关键的专业力量，纪合申任重道远。对待工作，他总是一丝不苟，兢兢业业，亲力亲为。会见客户、提出理财方案、规划客户资产配置、执行并调整财富规划报告、举办各类金融和非金融活动、主讲各类理财讲座，他的忙碌身影总会出现在客户最需要的地方。

2011年下半年，财富管理中心开始升级转型为私人银行。作为私人银行的初创人，纪合申显得更加从容。作为私人银行第一代从业者，纪合申对中国目前的私人银行和财富管理行业充满信心。正如他所言：私人银行从业者的努力才刚刚开始。

坚守诚信——成就有文化的财富管理人

信托产品、资管计划等不同时期的投资理财产品，都被他分析得很透彻，在他的推广下为越来越多的客户所认可，他越来越感觉到在银行的工作就是玩着赚钱。但随着外出参加交流的机会越来越多，他发现“外面的世界很精彩”，“你懂得越多之后会发现你不懂的更多”，他开始萌发出去看看的想法。2013年，他顶着世人不解的眼光，毅然决定辞去众人羡慕的银行管理工作，去信托和证券公司放手一搏。

凭借多年的工作经验和良好的职业口碑，纪合申被中融信托旗下新湖财富聘为当地分公司总经理。“隔门看和自己干是完全不一样的体会。”他长舒一口气说，离开建行之后，真正意识到自己“并非专业”的一面，为了及时充电，在扛着巨大的营销业绩和竞争压力下，他继续以前的学习习惯，每天拿出3个小时以上的时间学习理财专业知识、浏览最新的行业资料。他说，就当今社会的发展状况，学习的速度稍微慢就会跟不上，而不学习的话，肯定会被淘汰。他就这样一路学习一路成长。由于业绩经营十分出色，2014年8月，纪合申成功华丽转身，去另一家财富公司晋升为北京总公司的运营总监。

2014年12月，山东省首家国有控股的财富管理专业机构——山东华众财富管理有限公司在济南注册成立。2015年初，在银行领导的引荐下，纪合申来到华众财富，出任创始CEO。华众财富由此迎来了历史上第一位管理

者，亦是第一位员工。纪合申充分分析华众财富的特点，接手后第一时间提出了“一国四专”的公司理念，提出通过国有品牌、专业团队、专业牌照、专业运营和专业工具做到财富普惠，做一家立足齐鲁文化的诚信财富管理机构。

近年来，随着金融市场迅猛发展，各色金融理财机构现世，其中不乏一些非法融资机构，在鱼龙混杂的理财机构中，如何选择优秀和诚信的机构，是不少投资理财者最大的困惑。为此，纪合申自信地说，他们的公司是依托国有股东，有国有品牌背书，这给客户树立了一个非常权威的形象。另一方面，公司通过专业团队创新财富管理方式，采用在风险可控的前提下做到收益相对较高，有效地保障了投资理财者的财产安全和资金收益，这也为投资理财者们吃了定心丸。

近一年来，公司从一无所有的白纸，到顶层设计、建章立制、招兵买马以及营销推广，在集团公司与纪合申的带领下取得了迅速发展。现有专业团队成员 20 余人，拥有线上线下联动的生态型、共享型、创新型的财富管理平台——华众财富网，未来还将在全省乃至全国铺设几百家“互联网金融理财体验中心”，通过该中心人人都可以参与投资理财，并将会在全省范围内迅速铺开，并在合适时机铺向全国。

从事财富管理以来，纪合申放弃了很多爱好，包括踢足球、书法、台球和看电影，电视几乎常年不开。他很喜欢阅读，每天总会看上那么几十页，对写作更是情有独钟，曾先后在各个媒体发表过多篇财经专业文章，亦是理财专业网站的专栏作家。有媒体朋友曾问他：“你天天那么忙，怎么会有时间写东西呢？”纪合申却笑笑说：“时间虽然很紧张，但还是可以挤出来的，工作时间不可以，那就从业余时间里挤出来。”或许，今天的成就就是得益于他的这份执着与勤奋。

厚德载物

——记山东福禾菌业科技有限公司总经理刘孝利

他，是一位心系农民的优秀企业家。是一个热心人，一个平凡的人，当地广大干部群众亲切地称他为"农民专家""蘑菇秀才"科技"二传手""致富带头人""现代菌业娇子""行业领军旗手"等。

他又是一位有机食用菌栽培技术的实践者、领跑者、宣传者和推广者。

他积极带领当地农民创业就业，因地制宜大力发展林地经济，开展林下反季节香菇生产，使小树林里种出了大效益。

他，勇立潮头，敢为人先，积极推进现代农业科技创新，全力推进了食用菌现代化建设进程，打造了济宁市食用菌现代化、智能化、产业化、标准化、商品化和国际化建设核心示范平台，给当地农民群众提供了一条快速增收致富的坦途。

他研究探索推行的"公司＋基地＋合作社＋农户"的产业化生产经营模式，实现产、供、销一条龙服务，深受业内领导、专家和广大农民朋友欢迎。

他就是曾先后获得"济宁市百优农村科普带头人""山东省农村科普工作先进个人""邹城五四杰出青年"等诸多荣誉称号的山东福禾菌业科技有限公司总经理——刘孝利。

天道酬勤　饮水思源

很多人并不知晓，早已功成名就的刘孝利实际上只是初中学历。他1993年毕业于邹城平阳寺第十八中学，之后为了生计，便一直辗转各地打工。各种工作都曾尝试过，每月工资150元，仅能勉强维持自己的生活。走出家乡就是为了改变穷苦的生活，想不到生活依然这么艰难。2006年是刘孝利的幸运年，也是人生出现重大转折的一年。这一年，他去河北省建筑工地打工，由于他的勤奋好学，受到了领导的好评，不到一年时间就提升为业务经理。在工地上没干多长时间，侯红义又不安分起来，他感到就这样跟着别人干，啥时候才有出头之日。两年之后，他开始自己承揽项目，他取得了很大的成功，但他并不满足，在他心里始终牵挂的还是自己的家乡。他一直在想自己要为家乡做一些贡献。

2011 年底，刘孝利回到老家邹城市太平镇。这时的太平镇，人们因为采煤塌陷地的影响而无地少地，很多乡亲不得不外出打工谋生，生活十分贫困。刘孝利看在眼中，痛在心里。这时他下定决心，要带领自己的乡亲共同致富。

经过多次深入农户调查及市场调研，发现发展食用菌产业，具有投资少、周期短、见效快、成本低、销路好、效益高、前景广阔等特点，生产原料主要为作物秸秆、林果修剪枝条、树叶、木屑等农业废弃物，并且不需占用耕地，荒山荒坡、树下、闲置房屋、院落等都可以生产食用菌，是一条让农民快速增收致富的路子。他想：独富，不如众人富，我要帮助和带领众多父老乡亲共同致富。他是这么想的，也是这么干的。于是马上行动，毅然拿出从事建筑行业多年积攒的全部资金，租赁土地，建起了食用菌科技示范园，于 2012 年在邹城市太平镇建设了山东福禾菌业科技有限公司，开始尝试专业从事食用菌研发、生产、示范及培训推广工作。发展食用菌产业、带动农民创业，成了他开拓菌业新领域、开创新产业和引领带动农民朋友增收致富的第二条途径。

重视科技　利益共享

刘孝利虽然只有初中文化，但是十分重视科技研发投入和科技人才的引进。公司现有专业技术人员 45 人，其中博士 2 人、硕士 3 人、大专以上学历 24 人。聘请技术顾问 5 人，其中院士 1 人、海外特聘人才 1 人、教授 3 人。

为了加强公司的技术水平和科研能力，发展多种经营，刘孝利成立了专门的技术研发机构——山东省“一企一技术”研发中心和济宁市工程技术研究中心，建成了 1000 多平方米的大型实验室和专门的智能化实验菇房，专门研究新技术，引进新品种，目前公司已引进培养四种新品种：长白山特有品种榆黄蘑、灰树花、榆耳、猴头菇。公司先后与山东农业大学、吉林农业大学、山东省农业科学院签订协议，达成产学研的共识；公司还牵头成立了“山东省食用菌育繁推一体化产业技术创新战略联盟”，加大对食用菌新品种的研发力度，已经取得了 10 项专利，3 项发明已进入实审阶段。2013 年在济宁市首届创新创业大赛中，公司的“杏鲍菇菌渣的资源化利用”项目获得了创新组第二名的好成绩，这也是本次大赛唯一获奖的现代农业项目，同时本项目还获得了“2013 年度邹城市十佳创新技术和产品”奖。2014 年，公司的“珍稀食用菌新品种来福蘑的选育与工厂化生产”项目获得了国家中小企业创新基金的立项，这也是济宁市唯一立项的现代农业项目。2015 年，山东省首家食用菌研究院在邹城建立，刘孝利出任研究院院长。

在刘孝利的积极经营下，公司现有农民工 432 人，其中无地农民 230 人，少地农民 120 人；妇女 324 人。为了让员工安心工作的同时还能照顾好家里的老人和孩子，刘孝利进行创新和改革，不再是固定的八小时工作时间，而是实施计件工资，灵活机动，保证每位员工的年收入不低于 3.6 万元。这样既保证了生产，也照顾了员工生活，受到员工的一致好评。

为了更好地带动家乡的农户致富，刘孝利采用“公司＋基地＋合作社＋农户”的产业化生产经营模式，实现产、供、销一条龙服务，对合作农户实行“三包一扶持”的优惠政策：“三包”即包菌种和原料供应、包技术指导、包成本价格回收产品；“一扶持”即对个别食用菌种植户实行资金扶持，从根本上解决种植户产销难的实际问题。这种产业化经营模式，合作农户不需大量的资金投入，只需参与管理、精心管理即可年获利万元以上。为菇农产前、产中、产后提供全程服务，使公司与农户成为“风险共担，利益共享”的共同体。同时利用本地政府的扶持奖励政策，不断扩大经营规模，增强了农民致富的信心。

截至目前，刘孝利同志已经带动本镇及周边地区 3600 多农户，人均年增收入 15000 元；同时还带动了本镇农民发展与食用菌行业相配套的产业，带动了一批玉米芯加工厂、玉米粉加工厂、食用菌包装箱厂、运输等行业的发展，间接按照了农民工 600 多人。

展望未来　推进发展

为了企业永续发展，刘孝利同志制定了企业中长期和阶段性发展战略。公司的企业愿景是“绿色食品，福泽天下”；公司的企业宗旨是“绿色健康、生态环保、科学发展、追求卓越”；公司的经营理念是“求实，诚信，感恩，进取”。

“路漫漫其修远兮，吾将上下而求索”。站在新的起点上，刘孝利并没有在成绩和荣誉面前自满、陶醉，而是认真总结经验，规划未来，壮大发展，力争把福禾菌业科技进一步做大做强，打造行业先锋，把公司真正建设成为集项目研究、模式示范、良种繁育、技术培训、成果展示、生产加工、品牌建设、产品检验、信息服务和市场开拓等十大功能于一体的综合性科技服务基地，让更多急切盼望致富的农民群众来他这里学习技术，掌握本领，创业就业，增收致富，为全市经济社会发展和新农村建设做出新的更大的贡献。

从打工仔到十七家公司掌舵者的逆袭

——记齐鲁徽商集团董事长丁晓平

从商20多年从没有换过手机号码，查出心脏病曾偷偷写下遗书，工友过世后默默资助其家人，爱折腾的他又玩起了众筹……他是从安徽怀宁走出的徽商大咖——共青团安徽省委驻山东工作委员会书记、齐鲁徽商集团董事长丁晓平。

打工青年的逆袭

与很多企业家一样，丁晓平可谓白手起家。

出生在安徽怀宁普通农村家庭的他，对儿时的记忆还是黑白电视机、收音机。也正是这些所看所听让他“蠢蠢欲动”——必须走出村子，到外面的世界去看看。

1996年，研读工民建专业的丁晓平大学毕业后，可以说算是顺利找到一份安稳的工作——在省建委的一家下设公司负责现场管理。2000年，不安分的他，毅然选择辞职创业。

那年，他28岁。

或许正是这淳朴厚道本色和勤劳好学的秉性成就了他人生的转折。凭借在安徽老乡们中树立的良好口碑，丁晓平很快便组建起了自己的劳工队伍。2003年，丁晓平着手成立了自己的劳务公司，这也是徽商在济南注册成立的第一个品牌公司。从打工到承包工程，可以说是一个质的飞跃，但也意味着更大的责任和压力。从工程预算、材料采购、人员组织、施工安排，到工程决算、竣工验收，为了更好地安排作业和精心管理，丁晓平天天蹲守在工地。正因为这样，慢慢积累了客户和信誉。

2006年，他又成立了第二家公司——山东尧顺投资有限公司。后来，他涉足的行业也越来越多。建筑、地产、投资、能源、商贸、装饰……平均每年成立一家新公司,发展速度令人震惊。

在不少人觉得丁晓平的“摊子大,步子快”的时候,他却有着自己的盘算。他坚信着自己的理念——用心去做,只要坚持就会成功!

2011年6月,注册成立了齐鲁徽商置业有限公司;2012年底,丁晓平开始着手筹备齐鲁徽商集团,经过不懈努力,2013年8月,“齐鲁徽商集团”注册成功。齐鲁徽商集团成为安徽人在山东成立的第一个集团公司;2013年,他又成立了广告传媒公司,运营新华社山东分社新华大屏、济南高新技术开发区新华影廊和公交候车亭灯箱、济青高速京台高速山东段服务区内六面翻新华影廊等广告项目。2015年6月,他又注册了徽商集团实业公司……

从打工者到企业家、从艰难“试水”一家公司到灵活掌舵涉足多行业的企业集团,这个很少参加应酬、不喜酒桌上谈工作的“倔强小伙”已经蜕变为受人敬仰的资深“大哥”,也正凭借着这种信念和努力,当年的打工仔实现了“逆袭”和华丽蜕变。

“丁跑跑”的愧疚

离开了白墙黑瓦马头墙的家乡去打拼,品味过成功的欢呼雀跃,当然也有过让落寞敲击心底的困惑。梳理着近20年的打拼经历,丁晓平很坦然。

昔日打工仔,今朝掌舵人。其实,创业路上,甘苦自知。

丁晓平说,事业上成功的时候难免会忽略甚至愧疚于家人。他回忆说,有一次,父亲生病住院,身为长子的他却因工作分身乏术。“我去的时候,父亲已经进了手术室,看到肃静那两个字,我感觉自己早该来!”这件事也让丁晓平心里久久不能平静。

做生意难免有应酬,但是丁晓平开始尝试着推掉,实在推不开的就“晚去早走”,后来被朋友起了外号“丁跑跑”。“我认为不去不代表没感情,谈心、谈工作并非只有在酒桌上才可以做到”,丁晓平说。

身无分文、只身闯荡还可以咬牙坚持,但是令他没有想到的事情还在后头。

正当丁晓平的事业发展如日中天的时候,一场疾病突如其来。丁晓平回忆说,正在六里山路开车行驶的时候感觉心口突然嗡地扎了一下,到医院检查。结果令他心惊:心脏病、右传输阻滞。这让他不得不进行短暂的休整。

晚上坚持跑步、爬山……“阻滞了就得想办法疏通下”,乐观的丁晓平靠着自己的“锻炼疗法”克服了疾病,并迅速投入到工作中。

反哺式的厚道

2010年，丁晓平被推举为山东省安徽商会副会长，2011年被任命为共青团安徽省委驻山东工作委员会书记……“徽商，安徽人的骄傲，这个品牌不能丢”，丁晓平说。

徽商，这个古老商帮，贾道儒行，见证了中华商业文明的盛极而衰、否极泰来。尚文的传统培育了徽商“贾而好儒”的品格。丁晓平自然也不例外。

贾而好儒的徽商文化和诚信厚道的鲁商精神在融合中深深镌刻进了丁晓平的骨子里，讲道义、重诚信、行善缘……

2001年，丁晓平在打工时就为家乡公路修建捐款20万元。事业越做越大，丁晓平不忘汇报乡梓、帮扶贫弱，用自己的行动践行着厚道和诚信。他出资给家乡修村路、修葺祖祠，为村支部建办公场所，救助贫困学生；仅2012年一年，他就个人出资138万元，开展了68场公益活动，平均每周都有一场。值得一提的是，目前，丁晓平筹建的全公益性质的山东心血管病医院也正如火如荼地筹备着……

乡音是情，乡情是根。或许，正是因为他的闯劲儿和热心让越来越多的人成为他的“粉丝”。如今，很多年轻人遇到事儿也总喜欢和这位“老大哥”聊聊天儿，闲聊生活趣事，探讨发展方向，丁晓平不管有多忙，总是耐心解答。

丁晓平告诉记者，现在集团公司的员工里，多数都是二三十岁的年轻人。他将集团旗下的商贸公司、传媒公司等70%的股份送给企业的年轻人。“都是从那个年纪过来的，单纯靠工资养家糊口难免有些压力，现在把股份给大家，大伙儿一起抱团做事，靠感情做事更有干劲。”

“我未来的规划是，做好带头人，带领皖籍青年一块创业共同进步，打造徽商品牌，一如既往地支持公益事业。”丁晓平还透露，1300多平方米的办公室也正在装修中，计划2016年8月入住，届时将“整合再出发”。

千斤重担一肩挑，泰山压顶不弯腰

——记山东匡山集团总经理王浩

年轻赋予了创业者的激情，坚持抒写了创业者的故事，执着注定会成就一段不平凡的创业者传奇。千斤重担一肩挑，泰山压顶不弯腰——这是对山东匡山集团总经理、山东匡山农产品综合交易市场管理有限公司董事长王浩的真实写照。

勇挑重担，激情投入，开创企业发展新格局

山东匡山集团成立于1996年，所辖企业11处，企业资产30亿元。集团涉及房地产开发、农产品综合交易、金融投资、汽车销售、钢材销售、食品冷冻储运、集中供暖、深泉矿泉水开发、物业管理、水泥制品等，已发展成为涉及多种行业的市场规模化、企业集团化的大型产业集团。运营这样一家大型企业，对管理者提出了极高的要求。

2008年，王浩就职于山东匡山农产品综合交易市场管理有限公司任董事长，作为市场的主要领导，他深深地认识到责任重大，肩负着市场生存发展的重任，肩负着匡山集团的重托和希望。从上任第一天起，他就把与工作无关的一切事宜都放在一边，把家务事和孩子都全权交给妻子处理，除外出考察和业务洽谈外，每天不分昼夜，把全部的工作时间都放到了市场管理和服务上，有时一直忙到夜里三四点钟才抽空回家休息一会。为给业户提供周到的服务，了解清楚业户的经营情况，经常在夜里12点市场交易高峰时段出现在市场交易现场，以便研究制定一系列让客户更为满意的服务与管理措施，从而稳定客户，规范市场管理。

为了保证和扩大市场的货源，为济南市民吃上新鲜、优质、多样的农产品，王浩跑遍了全国各地的优质蔬菜生产基地，深入田间地头进行招商，使市场的原产地客户不断增加，市场的上市品种不断丰富，市场的上市量、交易量不断提高。现在，上市品种逐步增多，交易量和交易额不断增加，辐射半径逐步扩大，呈现出良好的发展势头。

立足济南，辐射全省，争创一流品牌

市场目前保障着济南市70%的蔬菜供给，保障着济南周边地区—河北、河南、江苏部分地区及山东大部分地区的外地菜供给。本着“立足本地，面向全国，搞活流通，服务城乡，促进生产，保障供给”的宗旨，秉承“安全，快捷，公平，公正”的服务原则，王浩带领市场领导班子对市场内抓管理，外树形象，通过坚持不懈的努力，使市场得到了快速发展。几年来被国家发改委评为“全国先进价格监测定点单位”、被农业部确定为“定点市场”、被商务部确定为“商贸流通业典型统计调查企业”，先后获得“全国五十强综合交易市场”、“全国蔬菜专业市场五十强”、“全国粮油专业市场十强”、“山东省规范化文明诚信市场”、“农业产业化经营龙头企业”“山东省商贸流通先进企业”等称号。

在王浩的带领下，仅仅只用了六年时间，山东匡山农产品综合交易市场

以惊人的速度发展成为济南地区规模最大、交易品种最多、交易量和交易额最高的农产品综合交易市场，并成功带动近万人就业，促进了济南农副产品的大循环、大流通，保证了济南市民“菜篮子，米袋子”的供应。目前，匡山农产品综合交易市场流出的农副产品不仅在济南市场占有相当的份额，而且批发销售已经覆盖省内十几个市。王浩曾经骄傲地说：“济南市民的餐桌上，至少有一样东西是来自我们市场！”

服务社会，惠及民生，认真履行社会职责

几年来，王浩始终遵循“搞好农产品市场，带动一片经济，富裕一方百姓，为政府排忧，为百姓解难”的经营原则，立足企业发展，立足服务社会，立足惠及民生，认真履行社会责任。

作为山东省最大的农产品市场，王浩一直强调要与全省1000余个主要农产品标准化生产基地进行紧密联系，继续加强与全国主要农产品基地的合作，构筑买全国、卖全国的“产销一体化”格局，从而成为推动农业产业化，带动农民增收，解决农民就业，促进区域统筹的引领者。他也要求开发建设现代化高标准的农产品冷链仓储系统，提高极端天气和特殊时期下政府农产品的储备能力和应急保障能力，稳定农产品市场价格，维护城市运营，为政府分忧，为百姓解难。

在发展企业自身的同时，王浩自觉履行企业公民义务，积极参与社会公益事业，大力实施“爱心工程”，通过为困难家庭送温暖献爱心，捐资助学，承办公益演出等活动，支持公益事业，充分履行企业的社会责任，实现了企业的社会担当，成功塑造和展现了企业有益公众、有益社会发展的良好形象。

王浩说，今后他将继续以高度的责任感和使命感，开拓创新，勇于进取，无私奉献，为山东匡山集团、山东匡山农产品综合交易市场的发展贡献力量，为济南市市民的菜篮子供应做贡献。

打造“莱芜文化地标”

——记莱芜市三味书屋有限公司经理王同瑛

2015年1月5日，中国民营最具魅力书店颁奖现场

王同瑛出生于1969年，是莱芜市三味书屋有限公司经理。1986年12月参加工作，在单位做了三年出纳、四年会计，后来因为单位经济效益不好被迫下岗自主创业。为了维持生计，他和丈夫从最初的摆地摊做起，开始了租书、卖书的生意，因为自己喜欢读书和对图书行业的钟爱，20多年来的坚持成就了今天的中国民营最具魅力书店。现在在莱芜有4家店，每家书店都设有免费的读书区域和座椅，每家都人气爆棚。以凤城西大街的地下阅读品鉴馆为例，店内设有润禾读吧、润禾讲堂，绘本馆，咖啡厅……这些人文化的区域都是王同瑛通过对大城市一些独立书店的学习而来的。她不计投入地对书店进行改造就是想把“三味书屋”作为情感纽带长存当地市场，从而带动整个城市的阅读意识，她用一家书店温暖了一座城市。她从书中获得生活的力量，又将这份力量传递出去，尽自己努力温暖周围所有的人。

山东省莱芜市是鲁中山区一个只有130万人口的小城，2015年1月5号在北京汉华国际酒店召开的2015中国民营书业峰会上，莱芜三味书屋被评为2014中国民营最具魅力书店，是山东省唯一获得此殊荣的一家书店。莱芜三味书屋创立于1995年，从开始的夫妻二人摆地摊到如今拥有3家分店、总营业面积3000平方米、员工50余名的公司。公司旗下"三味书屋"以打造"国内知名品牌、读者心目中最美书店"为目标，努力为读者提供优质的购书环境和服务，在2008年获得《莱芜市文化市场文明经营单位》、2009年获得《山东省正版产品示范单位》、2010年获得《山东省守法诚信先进单位》、2013年获得《爱心敬老模范单位》和《莱芜市十佳文化企业》。是山东省书刊发行行业协会会员单位、山东省工商联书业商会理事单位、中国出版协会民营工委会员单位、莱芜市十佳文化企业。公司始终秉承"书香味，文化味，人情味"的宗旨，以打造"莱芜文化地标"为己任，努力成为全市"全民阅读活动"的重要阵地，为广大市民提供优质、健康、高品位的阅读环境。

王同瑛小时候受过很多苦，也得到过很多人的帮助。现在有条件了，见到需要帮助的人，她就想尽自己的能力去帮助他们。王同瑛是莱芜义工协会的一员，积极参与协会组织的公益活动，帮助了很多需要帮助的人：尿毒症患者李平绪，从募捐救命款到去济南做手术，炎炎烈日下她带领义工开车去了三次；为解决伤残葱农吴新发积压的大葱，临近春节她连续三次去牛泉大庄拉大葱，在冰天雪地里与义工们一起卖了8000多斤大葱，为吴新发解了燃眉之急；多次跟随妇联为生活窘迫的母亲送去金钱和物质上的帮助。三味书屋还把张家洼康寿苑老年公寓设为定点爱心企业，每月12号王同瑛带领自己的员工带着面和肉馅到康寿苑为老人们包水饺，和老人聊天，风雨无阻坚持了5年，很多老人都说："这么些年，都不把小王当外人了，都把它当成自己的亲闺女了。"

王同瑛还会定期给贫困学校、特殊学校提供课本读物，他会针对学校学生情况精心挑选图书送过去，学校校长为此非常感谢，为小学捐书的过程中，王同瑛认识了一位小朋友，因为家庭情况异常困难，这位小朋友性格非常内向，对外界事物的变化都不为所动，她决定要资助这个孩子，每年暑假都要亲自接孩子到城里来逛书城，去商场，交朋友，给孩子吃的穿的用的一次性购齐，孩子慢慢地走出了阴影，性格开朗了，学习成绩也不断提高，另外王同瑛年年都参加鲁中晨刊发起的"爱心助考"活动，王同瑛心思细腻，他考虑到高考学生此时的心情很紧张，于是就通过送书、交流的办法帮助他们缓解情绪。

三味书屋现在有50多名员工，作为经理，王同瑛定期对员工进行培训和学习，督促员工多读书读好书，积极地为员工解决生活中的困难，年龄大了的员工不能再胜任当时的工作，她就再给安排相对轻松的工作；年轻的员工结婚怀孕后，她就用心地给调换成合适的无电脑辐射的工作，王同瑛经常说，大家跟着我干，我一定要保证你们开心工作，幸福生活。

一路走来，王同瑛从没计算过自己付出了多少。她认为，帮助别人是一种爱的传递，自己最艰难的时候曾经受人帮助过，如果没有这些人的帮助，王同瑛就无法取得今日的成就。受人帮助，之后去帮助别人，受过帮助的人再去帮助其他人，这就是爱的传递，这就是王同瑛感受到的最大回报。

王同瑛自从和丈夫进行下岗自主创业的那一天，就秉承着“诚信经营”的理念，引导员工按照国家出版法律法规的各项要求规范企业经营行为，严把进货关，坚持从正规渠道进货，发行正版优质出版物，自觉抵制盗版、盗印、侵权、低劣出版物，维护读者利益。坚持优质服务，为读者提供安全、舒适、和谐的购书环境。服从监管部门管理，对读者负责，对社会负责，对自己行为负责，树立文化传播者的良好形象。王同瑛从事图书行业 20 余年，上线客户上万家，下线客户上千家，都建立了长期的合作关系。大商不奸，她始终以顾客的利益为重，为莱芜市市民提供了优质、正版的图书。

每月 12 号的爱心活动

创新无止境，共享迎未来

——圣迪奥集团创始人董事长赵艺

一、起步，从杂志社编辑到电商创业

2002年，赵艺董事长在一家国有杂志社做编辑工作，丈夫在政府机构任职，优越的条件曾引来了无数人的羡慕。但忙碌的工作却让赵艺董事长无暇照顾好家人，这也是一直困扰她的难题，一次偶然的机会，赵艺收到亲戚从国外带回的螺旋藻，家人服用后人体有了明显改善，这使赵艺董事长对螺旋藻产品产生了浓厚的兴趣。那时的电脑已经开始普及，网络应用还比较少，她在网上查找螺旋藻信息时，发现"易趣"的网站上也可以购买到螺旋藻，而且价格竟然比在商场更便宜，她试着从网上进行购买，不久就收到了购买的产品，这次新潮购物体验让她感触到网络购物的方便与实惠。随后

对网络购物产生了极大兴趣，常在网上给儿子买些小用品，慢慢地她对互联网购物有了更深入的了解，也尝试着开了家网店，卖卖给儿子买错的商品，并把亲戚国外寄来的螺旋藻在网上代销，没想到店铺销量还不错，一来二去越干越起劲，她开始研究产品价格、渠道、运营知识，凭借着对互联网的兴趣和对互联网未来发展的信心，干脆国有杂志社编辑的“金饭碗”也辞掉了。全身心投入到网店销售。为此周围人都觉得不可理解，丈夫也坚决反对，并把家里的网线也给剪断了，就安排她在家照顾老人和孩子。

可是她不甘心，自己认定的事情就一定要坚持，她说，“当你下定决心做事情，一切都为你让路。”坚韧的性格，让她对网店的运作更加执着，白天丈夫上班了，她就把网线偷偷地接上继续做；晚上丈夫回家前，她就再悄悄地拆掉。靠这股坚持不懈，从不认输的劲，开始了自己的创业之路。

赵艺董事长的创业之路，可以归纳为从“五个零”（即零资源、零资金、零市场、零品牌、零经验）和“五个一工程”（即一间书房、一个人、一台电脑、一根网线和一部电话）。

二、创新，健康产业链的打造

2006年中国电子商务迎来了一场大规模洗牌，“易趣”淡出了公众的视野，“淘宝”渐渐成为电商交易市场的主流。赵艺做事严谨，为人朴实，店铺诚信负责，客户评价好，淘宝网评选公司为优秀网商，淘宝网免费将公司的螺旋藻放到旺旺首页上，那时订单接连不断，晚上三点还有客户来下单。不断地接单，累得赵艺董事长头晕眼花，一天下来仔细一算，竟然卖出了一吨螺旋藻。那时她只知道包装、发货、再包装、再发货，忙得她三天没有休息，虽然累但享受着成功的快乐！

有得必有失。生意虽越来越好，但超负荷的工作强度使得她的腰间盘突出、腰肌劳损和颈椎痛的毛病更严重了。腰痛时她的身体呈90度，根本直不起腰来。这也使得原本不支持工作的老公也开始心疼起来，到处为她找医寻药，做针灸、弄拔罐。然而，紧张忙碌的工作使得腰痛的毛病一直困扰着她。直到后来，老公在国外出差时看到了一套非常神奇的产品——自发热护腰、护颈。这两款产品不用通电自己发热，采用托玛琳红外原理与永久磁有机结合制成，通过透皮渗透技术结合人体热能不断释放出远红外线、负离子，渗透皮肤和皮下组织，与细胞中的水分子产生共振效应，并利用内置磁石产生的生物脉冲磁波不断按摩刺激肌肤和骨骼穴位，能有效改善微循环，达到活化细胞、疏通经络的效果，实现“气血一通，全身轻松；经络一通，百病无踪”的疗效。

赵艺董事长用了自发热护腰后，感觉舒服了很多，而且腰痛、颈椎病的症状也随之减轻，家里老人的老风湿腿通过佩戴慢慢地得到了改善。这让她欣喜不已，不但改善了自己的腰痛、颈椎病，而且还使她看到一个有价值的商业产品，一个新的市场商机浮现在她的脑海中，“这款产品能大大缓解长期伏案工作、活动少的人群的腰痛问题”，这正是一个既能帮助了他人，又能成就自我的好项目。

有了以前做螺旋藻的经验，她精心地研究保健护理市场。不过令她没想到的是，这次研究所带来的不仅仅是店铺的快速成长和壮大，更成为值得赵艺董事长一辈子坚守的事业。

三、学习，方能后市勃发

掘到第一桶金后，赵艺董事长知道企业要发展，视野的开阔和思维的转换是尤为必要的。老板有多高，企业才有多高。我不能阻挡企业的发展，我要飞得更高，飞得更远。凭借着自己的执着，对客户的诚信负责和谦虚、勤奋、好学的品德。开始了创业的新征程，她一有时间就奔赴在学习的路上，不断给自己充电，以适应瞬息万变的商场。

“我们必须要从各个维度去思考和解决问题，因为成功往往蕴含在不同的认知途径中。我知道，想要别人重视你，必须让自己的存在无法被取代。或许，这种务实、高效、善于思考的思维方式，也是圣迪奥一路走过来的另一个秘诀”。

赵艺董事长不但自己学习，而且还经常鼓励、督促员工多读书，读好书。不要为眼前的利益所蒙蔽，应该不断充实自己，因为不停学习才能提升自信，给自己制定一个足够高的目标，去努力奋斗，即使没有达到目标，你的成绩也在别人之上

四、爱心之行，公益在行动

事业上的成功使她深刻地体会到作为一名优秀企业家还应该具备更多的社会责任，积极承担社会责任是全球优秀企业义不容辞的责任。作为中国保健护具第一品牌，圣迪奥在为消费者提供健康生活的同时，秉承“传播健康，快乐人生”的企业理念，真诚回报社会。

圣迪奥集团要求员工“常怀感恩的心态，珍惜今天，回报社会”。

数年来，在赵艺董事长的带领下，全集团员工肩负着“传播健康、快乐人生”的使命，不仅关注省内山区孩子的学习情况，而且还持续捐助青海贫困地区的孩子，并定期出资资助附近敬老院、养老所，开展公益性讲座、培训和

论坛活动，尽自己最大努力为社会多做贡献。

2014 年，为西双版纳贫困学校捐赠教学设备，同年参与捐助济南历城区柳埠镇大会小学教学楼重建。

2014 年，组织筹办“善举在今天·影响在未来——民间图书馆慈善公益捐赠”活动。将自己珍藏的书法绘画作品也做了益拍捐赠。

2015 年，牵手垛石镇柳家村，协助筹资修建了村委会，并单独出资提供电视、音响、书籍、家具等物品，建设成立了《妇女之家》，实现了村民的文化建设梦。

……

五、不只种一棵大树，更要栽一片森林

赵艺董事长常说，一个企业的成功，是建立在帮助他人的基础之上。帮助别人，成就自我。我们社会中的自然人，做任何事情你只有发自内心真诚想帮助到别人。而且也能帮助到别人，才能取得一点儿成绩，否则免谈。

“成为受人尊敬最富有的电商精英！”，这句话作为圣迪奥人的企业文化精髓，赵艺对此也有深刻解释，“受人尊敬，不是浅层次表面上的尊敬，而是一种发自内心的，由然而升精神上的尊敬。而富有，不仅是物质上的富有，而且还是精神上的富有。所以，这就要求圣迪奥人在成就自己的同时，影响帮助和成就更多的人。”

作为电子商务的先行者，赵艺告诉编者，她想身体力行将更多的经验和教训分享出来，帮助更多的传统企业更好规划自身电子商务业务 ，少走一些弯路，帮助大学生提升专业就业对口率 ，既是一种社会责任，同时也为共同推动中国高速发展的电子商务尽自己的微薄之力。

2014 年，赵艺董事长受邀到山东大学、山东财经大学、泰山学院、山东劳动职业学院等多所高校分享自己的创业故事和成功经验，得到高校领导、老师的一致好评，并被山东多所高校聘为客座教授。

2015 年，百忙之中，特意抽出时间组织了二次大型义务论坛讲座，到场人数总计超 600 余人。无私的经验分享，现实的案例分析，独创的十二大系统，使每一位到场的企业家、精英人士不枉此行，引用现场一位企业家的话：“听赵董的课，从来没有虚的，都是干货！”

圣迪奥集团通过不断研发互联网教育和运营管理办法，推动传统产业的电子商务化，推广高校电子商务人才，实现社会资源的高校利用。在 2016 年 1 月 21 日，为更好地推动山东省电子商务的建设，政府领导、各行业企业老总及媒体代表共计 300 多人见证了由圣迪奥集团与山东各地市知名高校

建立实践教学实训和人才培养基地，而发起组建了“齐鲁互联网教育联盟”启动仪式。

赵艺董事长用行动诠释爱，感染着身边的人，为营造幸福和谐社会贡献着力量。

2014 年，赵艺董事长被中国商业文化研究会评为“中国十大儒商风范人物”。

2015 年，赵艺董事长被评为济南市“三八红旗手”。

2015 年，赵艺董事长被济南广播电视台与济南市创业促进会评为“最美巾帼劳动者”。

2015 年，赵艺董事长被济南日报评为“公益慈善之星”。

六、改变是痛苦，但不改变会更加痛苦

没有成功的企业，只有符合时代的企业，只有不景气的企业，没有不景气的行业。大浪淘沙，跟不上时代步伐，就会被互联网大潮淹没，命运掌握在自己手中，只有改变才能博一个好的未来。

如今的传统商业，正面临着双台风的袭击，一个台风是不景气的经济形势，一个台风是电子商务，和陆地上来得快、去得快的台风不同，传统商业面临的台风袭击可能要绵延几年。这场台风来的并非毫无征兆，2008 年开始的金融风暴是一个信号，2011 年的“双 11”也是一个信号，只是许多企业忽视了这些信号，以为这只是暂时的天气。2015 年的“双 11”，又一个 912.17 亿元，随着互联网电商的迅猛发展，线上对线下的冲击越来越大，进而倒逼传统企业转型或纷纷融入电商，淘品牌、网购品牌顺势大量抢占线上市场，挤压线下市场。

目前，很多线下传统店面不断关店、百货业走向衰败的局面，赵艺董事长对此作出分析，“它不完全是电商的问题，很多是自身无法适应新商业趋势和无法满足日新月异的消费者的需求及消费习惯的转移导致，缺少模式创新和改变的勇气，不愿意触动传统格局和利益所至。”

基于多年的电商经验而论，赵艺对于电子商务也有自己的理解，“所谓电子商务，本质上还是商务，核心是用户和产品，最终是要实现企业规模化、利润最大化和实现企业及个人的社会价值。”

“互联网企业不可怕，可怕的是拥有电商思维的传统企业。”赵艺说道。赵艺对此深信不疑，“互联网＋时代，没有一个品牌强大到不能被挑战，也没有一个企业弱小到不可以去竞争。拥有强大集群优势的中小企业，完全可在危机乱局中借力网络，实现弯道超车跨越发展。”

七、借势,"互联网+"时代的发展

2015年,圣迪奥集团在赵艺董事长的带领下,充分借助李克强总理在《政府工作报告》中提出的"互联网+"政策提议,实现了圣迪奥集团大跨步发展,在健康产业链上孵化的"百福艾坊"品牌,传承中医国学,打破传统中医治疗的局限性,短短叁个多月,艾灸系列产品从刚开始零销售到如今每月销售百万元,实现了品牌的"矩阵式"网络营销,销售量、浏览量等各项数据排头名。

圣迪奥集团孵化的"益福孔明"系列普洱茶于2015年正式上线。"益福孔明"普洱茶是赵艺董事长遍访六大古茶山茶人,得知"孔明益福、武侯遗种"传说,创办的普洱茶品牌。圣迪奥集团将普洱茶分成两大类营销模式,一是借助多个成熟平台进行销售;二是走个性定制化路线,专门服务企业、社会群体。

"创业""创新""互联网+""一带一路""十三五"规划是整个2015年国家政策的体现,是电子商务即将高速发展的开始,赵艺董事长未雨绸缪,根据国家未来发展方向,指出圣迪奥集团未来发展方向:"以教育产业为引领,健康产业为主导,以电子商务教育、运营服务和专业管理顾问、资讯服务为两翼,进行多元化发展,多产业驱动。"

八、未来,新起点、新征程、新规划

2016年是"十三五"规划元年,"对接政府政策难、项目创新难、管理创新难、销售难、转型难、步入互联网+无门"等问题影响和制约了大部分中小企业的发展,是赵艺董事长携手政府相关部门专家于2016年1月21日在黄台大酒店举办了"互联网+'十三五' 创新共享迎未来"为主题的大型公益论坛,各行业企业老总、精英人士及媒体代表共计300多人出席。无论是赵艺董事长深刻而精辟的授课,还是携手政府相关专家的互动沙龙,都明确地指出现有中小企业面临和关心的关键点,现场气氛极为热烈与融洽。与会听众对"互联网+"十三五"创新共享迎未来"这个会议主题表现出了浓厚兴趣,纷纷就企业发展中的问题向专家教授进行交流,省、市相关部门专家及赵艺董事长悉心地为急于解决发展出现问题的企业出谋献策。

会后,赵艺董事长介绍,有意义的事情总是吸引很多有识之士的参与,2016年山东省电子商务高峰论坛的成功增添了我的信心,今后我一定致力于更多这种对社会有意义的活动,为"十三五"规划目标献出微薄之力!同时,赵艺董事长希望本次论坛与会人士得到的一些精神成果能够传遍山东每一个角落，化为驱动山东省经济发展的强大力量！

在众多的荣誉面前赵艺董事长没有忘记本色，她有着一个更加宏伟的计划，那就是让更多的人加入到电商行业。圣迪奥集团作为创业孵化器将对有梦想、想创业的社会精英敞开博大的胸怀，在国内电商和跨境电商领域占领一席之地。集团也将在未来3～5年内完全整体上市。

人无信则不立。“企业把顾客当朋友，一次交易，终身朋友。德智成就才智，这才是成功的最大秘诀。”当对顾客真心付出时，就是成功接近的时候。自始至终，赵艺董事长秉持着与人为善的心，加上对自己专业的信心，最终让企业拥有了很多忠实的客户。

圣迪奥集团坚持“以德育企”，树立“诚信负责，成就客户，创业创新”的价值理念，响应国家“十三五规划”“互联网＋”的号召，不仅在行业内创新突破，而且还要为社会国家培养优秀的电子商务人才，推动互联网经济的全面深入，实现共同发展。

臭豆腐中的火龙

——记山东火龙商贸有限公司总经理田广俊

省城街头，有许多卖臭豆腐的摊点。在不少人眼中，这是上不了台面的小生意，但田广俊却把这不起眼的小生意做成了大买卖，自创“火龙”品牌，目前已拥有200多个加盟商，年销售额超过3000万元。

吃出创业经

“说起来，这是我的第二次创业，”田广俊直言不讳，四年前的这个时候他正经历着第一次创业的失败，百无聊赖之时，总是靠吃臭豆腐解闷，“就好吃这口儿……”田广俊说，他看见臭豆腐就拔不动腿，每天不吃上一盒就感觉不到过瘾。

正因为对臭豆腐有着如此深厚的情结，田广俊第一次失败之后，打起了臭豆腐的主意。“当时手里只有几万块钱，想找到一个投资小见效快的项目，而卖臭豆腐本小利大，正好适合。”说干就干，要干就要干好。为了能学到制作臭豆腐的精髓，田广俊走访全国知名的臭豆腐小店，寻找最好的卤制配方，“臭豆腐的配方比较复杂，仅仅一种汤料就需要利用20多种配料密封发酵1年才可以使用，同时对发酵过程中的时间、温度、水分的控制也是相当苛刻的。”田广俊说，他用了半年的时间终于摸清了门道。

2010年10月他正式推着臭豆腐出摊了，“没想到反映还不错，第一天就卖了66块钱，第二天卖了88块钱……”数字每天都在增长，给了田广俊极大的信心。最初的三四个月里，他出摊并随身携带一个小本，记录下顾客对于口味的反映，白天则根据反映，改善配方，“发酵口味不行就要全部倒掉。”

标准化之路

“我有一种迫切感，看中了这个市场，要做环保型臭豆腐。”在田广俊看来，作为街头小吃，臭豆腐也一直处于食品安全的悬崖边上，“很多地方的做法、口味都不一样，甚至同一个城市的同一个路段，相隔1米的摊位上口味都不相同。”

田广俊告诉记者，为保证臭豆腐的口感与安全，他先注册了商标“火龙”，又成立了公司，建立了厂房车间。“多年以来，卖臭豆腐都是家庭作坊式生产，没有形成规模效益。”田广俊说，他要改变这种混乱的现状，而且终于找到了方向，“要想改变现状，必须走标准化生产、品牌经营之路。”

在田广俊的车间里，记者看到，整个生产流程见不到烟火，采用锅炉送蒸汽的方式来煮、卤。操作间里，一字排开的圆形木桶正在煮浆；储藏室内的大缸里，特制的卤料散发着浓浓的味道。田广俊介绍说，臭豆腐是用秘制的卤料浸制出来的，既保持了豆制品本来的香味，又有卤料的特殊味道。

不仅制作的臭豆腐绝不添加任何化工原料，田广俊还要求统一使用100%大豆油炸制，每天要更换新油。此外统一加盟商的服装，成立了稽查队每天例行检查，“每天都对加盟商有没有规范操作进行检查，有问题不改正，会被取消加盟资格。”

臭豆腐“香”了

由于口感清新，干净卫生，田广俊的臭豆腐火了。咨询加盟的人越来越多，就连竞争对手也纷纷倒戈加盟他的店，一时间田广俊的臭豆腐出现在了省城大街小巷。

眼下，他的臭豆腐不仅墙内开花，而且还香飘到了省外。据了解已经有十几个省份出现了火龙臭豆腐的身影，“目前有八个代理商正在洽谈省级代理资格，”田广俊告诉记者，有个山西的加盟商，就是来济南旅游时，吃到了他的臭豆腐来加盟的，现在迫切想拿下山西省级代理的授权。据了解，像这样的省外加盟商不在少数。

从3万元起家，3年多时间，发展了200多个加盟商，3000万元营业额，在外人眼里田广俊把小买卖做成了大生意是个奇迹，他心里明白，“只有努力，才会有奇迹。”

持续发展要有文化

“小产品往往蕴含着大市场，想要树立品牌，目前当务之急是制定系统稳健的营销策略，打好传统产品的文化牌。”对于未来的发展，田广俊认为，品牌经营卖的不仅是产品，而且还是卖文化，“文化是产品的根基，是品牌长远发展的关键。卖产品最多不过是走量，做文化卖的是档次，是品位。”

截至2015年，山东火龙商贸有限公司员工40余人，自成立起3年时间实现全国加盟商数量超过600余家，面向社会提供就业岗位超过1000个，同行业中做到山东第一，江北第一。

在田广俊的公司里，管理团队是清一色的大学生。为了支持大学生创业，田广俊对大学生加盟商提供了优惠的加盟政策，“三年内的应届往届毕业生持毕业证前来公司加盟者，加盟费均优惠500元，并且享受公司赠送的价值1000元的首批原材料，并派工作人员实地指导开业。”田广俊说，他第一次创业便是生根在学校，对学生群体有着浓厚的情愫，“现在很多大学生有梦想、有理想，但要付诸行动，需要社会上人的支持和帮助。”

田广俊的成功经历被许多人视为创业典范。山东电视台齐鲁频道、农科频道、公共频道，《齐鲁晚报》《山东商报》等媒体都对其作过专题报道。他被济南市职业技术学院聘为创业指导客座教授。现担任济南市青年企业家协会会员、农业组秘书长，济南市天桥区工商联会员、中国贸促会天桥区分会会员。同时山东火龙商贸有限公司被评为山东省文明诚信民营企业，并与山东商职食品药品学院合作设立校企合作实践基地，被举荐为济南市2014年度、2015年度文明城市创城示范单位。

从最初的一名普普通通的打工者，到坐拥千万身家，田广俊告诉记者，支撑着他坚持走下来的就是自己的梦想，在这条道路上，他从未想过止步，无论前面有多少困难，自己还会继续走下去。

从小黑牛到“小金牛”

——记山东布莱凯特黑牛科技股份有限公司董事长董雅娟

董雅娟的专业、职业、事业都与“牛”有关。

小黑牛，是董雅娟的科研成果——一种优质肉牛品种的代称。“小金牛”，则是董雅娟把科研成果应用于生产实践，给社会和农民带来巨大的经济效益。从“小黑牛”到“小金牛”，不仅表达了科研向产业的转化，而且还是董雅娟作为一名科技工作者，由实验室走向社会、由教师成为董事长这一转变过程的形象表述。

十年创业路，从大学教授到董事长，董雅娟的激情与梦想，始终与董雅娟的小黑牛紧紧连在一起。

董雅娟是一个从海外归来的留学生，还是牛圈里的创业者，也是一个实验室里的研究者，更是一个企业中的经营者。每一个角色都是科技工作者不同价值的体现，董雅娟希望自己能够最完整地展现出一个科技工作者的全部价值。

海外归来的留学生

1996 年，董雅娟只身来到日本，就读于国际著名胚胎学专家铃木达行先生门下，不服输的性格，让董雅娟选择了牛体细胞克隆这一当时在世界上还没有攻克的课题，老师和大师兄们为董雅娟这刚来的中国小妹捏把汗。这要做不出来还拿什么博士学位，可董雅娟自信地回应说：“董雅娟能行！”

做好研究计划，董雅娟开始了实验室里枯燥而漫长的研究生活，常常工作到凌晨两三点钟，有时在实验室里连续工作 16 个小时，经常是实验室里只有董雅娟一个中国人。

无数个不眠夜后，试验有了进展。在一次试验的过程中董雅娟发明了

“点击去核法”，显微操作针比平时要求的粗了一倍，用这个钝一点的针尖点击透明带，实验进度加快了。当董雅娟再回到实验室打开培养箱，发现牛体细胞克隆胚胎开始发育了，试验终于获得了成功。董雅娟的成果再次向世人证明：外国人能做到的，中国人能够做到；外国人做不到的，中国人也能够做到。

这时候，董雅娟选择了回国。

很多人不理解：当时国外的实验室和个人生活条件比国内好得多，为什么要回国呢？原因很简单：中国是一个农业大国，更需要农业科学，更需要先进的科学技术造福广大的农民；董雅娟更想在中国的实验室里做出属于自己的科研成果，为社会和广大的农民带来财富。

牛圈里的创业者

董雅娟的小黑牛，不是一般的牛，是借用耕地拉车的黄牛之腹孕育出的世界上最高档的优质肉牛品种，最好的一斤牛肉能卖到 1000 多元！很多人不相信有这种“黄金价”的牛肉，可董雅娟让它变成了现实。

2004 年 9 月 28 日，为了让研究成果从实验室走出来，为社会带来更大的经济效益，董雅娟带领一批科技人员创建了山东布莱凯特黑牛科技股份有限公司。

当时，公司落户黑里寨镇非常不容易。尽管是好项目，可很多农民和村干部都不接受，到仁里村时，已经是换的第四个村子了。事隔这么多年，董雅娟依然能记得当初去村里做工作的场景。那是 10 月的一天，天气很冷，他们把村干部和有威信的人召集到了一起。农委主任张吉和苦口婆心地给讲这个项目的好处和优势，讲了半天，大伙儿还是不为所动。

董雅娟实在憋不住了，说：“为啥这么好的项目你们不接受呀！我有洋楼、开好车，在大学里很受学生们的拥戴，好吃好喝的跑到农村养牛，图个啥呀！”讲着讲着董雅娟就哭了。这些话感动了在场的村干部，得到了他们的支持。

2004 年 11 月 16 日，公司在黑里寨镇仁里村初步建成。由于动工的时候较晚，当年只建了 1 栋办公室和 1 栋牛舍就上冻了。

条件的巨大落差，没有影响到董雅娟的情绪，反而更激发了她的工作热情。董雅娟的目标就是：进行高档肉牛的繁育与产业开发，着力打造中国高档肉牛品种的顶级品牌。

目前，董雅娟正在实施 10 万头优质牛肉新种质开发项目，该项目将国际上顶级的肉牛品种与中国地方优良品种进行基因融合，汲取两个顶级品种的优良性状，培育具有自主创新知识产权的高档优质肉牛新种质——布莱凯特黑牛。该项目列入了黄河三角洲高效生态经济区规划重点建设项目之一、山东省“十二五”农业领域七大振兴产业之一、国家科技部“十二五”农村领域首批重大预备项目。

实验室里的研究者

公司的成长和基地的发展，反过来为董雅娟的科学研究创造了更好的条件。省委组织部、科技厅、教育厅也给了董雅娟很大的关心和支持。董雅娟被选聘为泰山学者海外特聘专家，先后主持承担了多个重大科研项目，获得了上千万元的经费支持，为董雅娟的科学研究提供了很大的帮助。

董雅娟带领她的团队在体细胞克隆牛及牛胚胎干细胞技术研究方面取得多项重大突破性成果。主持多项国家级及省部级重点科技攻关课题。2001 年成功克隆出我国首例和第二例健康成活的体细胞克隆牛，中央电视台新闻联播、新华社等上百家媒体进行了报道。2003 年，她成功培育出世界首例玻璃化冷冻体细胞克隆牛胚胎移植犊牛和我国首例及第二例体细胞克隆牛自体繁殖后代，获山东省科技进步一等奖。2006 年 4 月，她做出世界首例抗疯牛病转基因体细胞克隆牛，为转基因新品种培育奠定基础。2007 年，她主持承担了山东省自主创新科研成果转化重大专项“优质肉牛新种质培育及产业开发”项目。2009 年 7 月，董雅娟在国内首次培育出高档优质肉牛新种质，肉质达到日本高档牛肉 A3 级，居国内领先水平。

企业中的经营者

长期以来，董雅娟一直坚持产学研结合，积极推进研究成果产业化，为中国肉牛品种改良做出了贡献。

公司成立后，依照“公司＋基地＋农户”的运作模式，董雅娟带领团队深入农村，合作养殖，将高档优质肉牛新品系的繁育工作大力推广，带动千家万户农民增收。目前已经形成了集布莱凯特黑牛繁育、育肥、精细加工和酒店餐饮于一体的产业链条。

自 2004 年 9 月开展高档肉牛新品系的繁育推广工作，截至目前已培育高档肉牛新种质 2000 余头，商品牛 25000 头，通过 28 个月育肥出栏，每头 6 万元人民币，可创造直接经济效益 15 亿元，直接带动农户 3 万户，辐射带动农户 10 万户，为优质肉牛新品系的选育和产业化开发奠定了良好基础。

如今，公司生产的高档牛肉已经进入北京、上海、广州、深圳等高端消费市场，并成为 2010 年上海世博会中华名茶美食文化馆高档牛肉最佳供应商，荣获首届黄河三角洲高效生态农业投资贸易洽谈会金奖。

小黑牛变成了“小金牛”

今天，如果你走进董雅娟的基地，可能会发现一个奇怪的现象：妙曼舒缓的古筝名曲《春江花月夜》、优美动听的钢琴曲《致爱丽丝》从养殖园钢化玻璃搭起的棚子里缓缓流出，牛也在享受着音乐之美。别看这是在“对牛弹琴”，音乐对黑牛的健康成长很有益；定期为黑牛们洗澡按摩，也能使黑牛的皮下脂肪更为均匀，肉质更好；科学投放饲料能让黑牛的各项生长指标发挥到极致。

黑牛肉富含大理石花纹样脂肪，又称“雪花肉”，辅酶Q10、铁和不饱和脂肪酸含量高，风味独特。当地普通黄牛每头8400元左右。一头同样重量的小黑牛却可以卖到27000元左右，经济效益优势非常明显。现在，董雅娟的小黑牛已经成为当地农民增收致富、名副其实的“小金牛”。董雅娟希望5年之后，公司能成为上市公司，吸引社会资金来发展，让黑牛肉由高端市场向平民消费转变，让老百姓都能吃得起。

而对董雅娟来说，当事业由“小黑牛”向“小金牛”转变，董雅娟对自身的价值寻找与追求也更加清晰。现在，还是有人对董雅娟所做的事情不理解，他们会问：你们不住洋楼住牛棚，到底要图个啥？董雅娟说：“一名科技工作者的意义就是给社会带来效益，这就是我追求的目标。”

二次创业：崔增明与他的“老班长”萝卜

——记潍坊老班长经贸公司总经理崔增明

2015年11月19日上午，由中国服务贸易电子商务委员会、中国电子商务产业联盟、潍坊市人民政府等共同主办的第二届中国（潍坊）农产品暨国际品牌食品电子商务博览会，在潍坊富华国际展览中心开幕。

博览会“开头一天”，就招呼员工忙碌起来，搭展位、上货、布置会场，一箱箱老班长有机萝卜的礼盒装高高地摞起来，格外惹眼。

> 没想到这么忙，萝卜一摆上，很多人都过来品尝，大家吃过之后都会捎两个，毕竟潍县正宗的高脚青萝卜，大家还是很认可的。我们之前参加了8届萝卜品尝大赛，其中7届获得了第一名，大家对我的萝卜还是很认可的，这点信心我们还是有的。

说完，崔增明脸上扬起了笑容，又接着忙活起来。人手不够，旁边的人也过来帮忙，尝尝萝卜，开开玩笑，和气地打成一团。

17岁在部队就是老班长

第一次见到崔增明，就觉得这人肯定当过兵。一身衣裳全是迷彩花纹，个头不高，精干利落的板寸，皮肤黝黑，双眼凌厉有神，只是笑起来还有点腼腆。

“我还差几天到16岁生日的时候，就被家人送到了长岛当兵，在部队认识了一帮好兄弟。”崔增明不紧不慢地说道开来，“17岁的时候当了班长，所以到现在我们那帮好兄弟还叫我老班长，这也是后来我给公司起名字的时候，为什么第一时间就想到了‘老班长’这个名字。”

19岁复原回到潍坊，跟着家人开始做香油生意，崔增明家住潍城区崔家庄，而这地方最出名的就是崔字牌香油，这一做就是好几年。之后，在生意圈摸爬滚打很多年，开过鞋店，卖过服装。

二次创业他看中了农业产业

有了自己的家庭之后，崔增明筹划着拥有一家自己的公司，多年经商，摸爬滚打，这种想法也是由来已久。

潍坊是全国知名的果蔬基地，尤其是以潍县萝卜为代表的有机蔬菜、以有机西瓜、桃子、脆梨为代表的有机瓜果等。

“我小时候在农村生活过很长时间，我对农村有着很深的感情。小时候经常去地里拔萝卜。潍坊的萝卜皮薄味甜，大家都很喜欢吃，我就想着我们有这么好的东西，为什么不把它做出文章来呢?”崔增明继续说，“现在老百姓餐桌上的食品安全也是不容忽视的问题，我们都知道，很多流向老百姓餐桌的蔬菜存在着农药超标的问题，或者是过分深加工。长此以往，势必威胁健康。既然我们有这样好的农产品，就该推广出去，让更多的人知道我们潍坊的有机蔬菜。”

说到这里，崔增明显得很兴奋，他说这也是他再次创业选中从农产品入手的另一个原因。

潍坊老班长经贸公司成立

2015 年，潍坊老班长经贸公司成立，主营业务为有机农副产品，当然还是立足于潍坊本地，致力于为广大消费者提供安全、放心的有机农产品。

我们老班长目前跟潍坊市寒亭区俊清果蔬专业合作社建立了长期的合作关系。光看这小小的萝卜，其实有大文章，我们的萝卜是有机萝卜。一般来说，有机蔬菜应该是最上端，因为它不使用农药和化肥，不使用任何人工合成的激素和生长调节剂，不种植转基因品种，完全依靠的是科学的种植管理。”崔增明介绍说，为了防止农药飘过来，影响了我们萝卜的质量，我们的种植基地都离自由散种的老百姓的地块很远，从俊青走出来的萝卜，绝对是老潍县最正宗的高脚青萝卜，皮薄肉脆，口感特别好!

2010 年，“俊青”牌潍县萝卜经国家质检总局批准，获准使用“地理标志保护产品专用标志”;并且，该品牌还获得了山东十佳农产品品牌。

除了打好老潍县“萝卜”牌，崔增明还代理了崔家香油、春谷有机杂粮、随福园香瓜子等有机干果系列。

这瓜子，是出口欧盟的，有着严格的质量把关，每年的产量最多也就 3 万吨。我想做的是，就是通过我们老班长，把潍坊好的农产品卖向全国各地，让更多的人知道老班长，知道这些好的农产品。另外，“食品安全从我做起”是我们老班长成立以来一直坚持的，未来也会一直这样做。

打造属于自己的互联网农产品品牌

谈到下一步的发展规划时，崔增明显得很慎重。"我们现在刚起步，主要的销售模式还是靠团购，良好的产品质量赢得了很多回头客。下一步，我们打算跟第三方网上销售平台建立合作，毕竟我们有自己的基地、自己的品牌。"

我们注意到，在展会的中心入口处，由 15000 只潍县萝卜拼成的巨大中国地图非常醒目。据主办方工作人员介绍说，该拼图将是世界上最大的萝卜拼图，将申请吉尼斯世界纪录。

崔增明笑着说："我也看到了那个萝卜拼图，确实很震撼！今天来参加潍坊这个农产品电子商务大会，真是大开眼界，见识了很多这方面做得很好的大公司，这也是未来的一个发展趋势，老班长也不例外，公司现在也正着手做这一块，打造属于老班长自己的互联网品牌也只是时间问题。"说完，他又呵呵地笑了起来。

目前，潍坊已经建成了国内领先的安全农产品电子商务平台，更多的创业者也正积极融入，潍坊地方特色的农产品搭乘互联网的列车，也让更多像崔增明一样的创业者看到了更多的希望和未来。

“铁娘子”转型

——专访青岛利群百货总裁丁琳

19 岁进入利群百货，她从一个站柜员奋斗成财务精英；25 岁，放弃当“温室中的花朵”，她成为利群到黄岛开疆辟野的一员，12 年铸就华丽业绩；如今，成为利群百货总裁的她，直言自己“需要不断转型”，像所有优秀的人和企业学习。丁琳的今时今日，无疑是利群成长的一个真实“缩影”。

激情：19 岁小丁琳由财务精英“转”营销

丁琳是土生土长的青岛嫚。1990 年，19 岁的她从青岛第二十中毕业。当时，青岛第一批职业高中共有五个班，专门对百货店定向培养职高学生，丁琳所在班级被分配到利群百货商店。

那时的利群是集体所有制，比起第二百货这些国企似乎有些“掉价”，加上利群培训比较严格，很多人主动选择了放弃。跟丁琳一起进利群实习的 40 多个人，最终只有 15 人正式签约。“没想过放弃。”丁琳坚持了下来，1991 年 7 月正式进入利群，第一个岗位就是站柜台。

没过多久，36 岁的徐恭藻从青岛市百货公司调入利群担任总经理，第一件大事就是带领利群人筹建利群商厦。经过全员竞聘考试，丁琳考入财务处，成了一名实习会计。不久，被调入筹建处实习。

1994 年 10 月份，由利群自行承建的台东利群商厦竣工开业，工作扎实、努力肯干的丁琳被任命为利群商厦第三商场的财务科长。

按照这样的职业规划，丁琳本该按部就班一直负责财务工作。没想到 1997 年 3 月，一个机遇摆在了面前——徐恭藻决定，让利群走出青岛市区，招募“精兵强将”去黄岛开辟市区外的第一家门店——利群长江商厦。

当时，多数人并不看好开发区市场，但掌门人徐恭藻力排众议，为大家鼓劲儿。25 岁的丁琳对营销业务可谓是“两眼一抹黑”，但她“初生牛犊不怕虎”，于是作为长江商厦副总经理，丁琳和当时从青岛总部派去的 80 位利群的业务精英一起，“浩浩荡荡”地去了黄岛。

艰苦：驻扎黄岛 12 年往返青黄 2000 次

离家外派是一次考验，更何况是要去开拓一片未知的市场。到了开发区，丁琳才发现，一切要比自己想象中艰难得多。当时的开发区非常荒凉，当时的建设工人们开玩笑说“趴在地上能听出车从哪个方向开过来”。

“当地居民习惯周末乘船到老市区购物，当地那是物资匮乏。我们员工想吃水果，都是从家里买好带过去。”丁琳回忆说，那日子简直是“野外生活训练”。

但这帮年轻人没有让利群失望。他们紧密地团结在一起，有货一起卸，有难题一起商讨。丁琳非常能干，几乎每天晚上要坚持到商厦清场，早则 9 点，晚则 10 点多……45 天后，长江商厦正式开张纳客。“连政府领导都吃惊，提出要学习利群的速度。”

开业当天，四面八方涌来的顾客给了利群的团队最好的回报：“突然蹦出来好多人”，只有 4400 平方米的商场，当天销售额达到 40 多万元，在 1997 年简直是“天价”。八个月后长江商厦实现销售额约 3660 万元，第二年实现 6200 万元……

三年努力之后，丁琳趁热打铁，相继筹建了利群瑞泰购物广场、金海岸商场、长江购物广场，利群在开发区的实力迅速强大，也带动了开发区商业的繁荣。

这一待，便是 12 个年头。而这段“激情燃烧的岁月”也让丁琳磨炼成了一个十足的商业女战士：每周两次坐大巴车回青岛看父母，12 年算下来往返青黄 2000 多次；大年三十即便是回家，初一必定会赶回来上班……

转型：从“铁娘子”到“老中医”这个女总裁有点忙

2008 年 7 月，丁琳被调回青岛，担任集团副总裁兼采购中心总监，负责整个利群集团的“进、销、存”运营业务。采购中心是利群集团运作模式革新的四大中心之一，负责优质销售资源的招商工作。

在批发公司之间推行竞争机制，成立品牌运营公司；执行大市场理念，开展集团涉外采购……多年商场总经理的工作经验，为丁琳在采购中心的工作提供了创新的思路。新引进的品牌提升了商场的档次，加之采购中心对上游资源的不断整合，利群集团构建了集多业态于一体的发展新格局，发展成为一个综合性商业“航母”。

2011 年，利群集团“忍痛割爱”旗下百货、物流两大产业，并引入高盛资本，打造出一个以百货零售为主、批发物流为辅的零售集团——青岛利群百货集团股份有限公司，并将目标直指上市。丁琳在众望所归下出任总裁。

一直以来，丁琳严格要求自己和手下的工作质量，经常“唱黑脸”，笑称自己“在利群上下是出了名的厉害”。当上总裁后的这两年，却突然“收敛了不少”。

“现在面对的中层干部素质都很高，虽然我的严格一如既往，不过很少发脾气了。”丁琳说，办公室每进来一个汇报工作的，她都需要瞬间“变换频道”，像个老中医一样“诊脉”。“岗位不同，管理办法也要与时俱进，我也需要积极转型。”

当谈到利群的多元化发展的大智慧时，她提到了现在正大力推行的电子商务，“目前我们的商场基本上遍布了山东省各地，大力发展自己的电子商务，将线上和线下做了一个有机的结合，实现线上购物线下取货的运作模式”，另外，利群恒通快递公司也在 2013 年年底成功取得经营许可证，这不仅是利群物流取得的重大突破，而且还对电子商务的运营起到了一个辅助的作用，相互促进加快了多元化板块的快速发展。

青岛嫚卖凉粉一年卖了一个亿

——访青岛源海底海洋生物技术有限公司经理冯晓丛

记者走进位于崂山脚下的青岛源海底海洋生物技术有限公司，新建的宽敞厂房、将要建成海藻博物馆的二层楼，都显示了公司经理冯晓丛这些年来的奋斗成果。这位 1986 年的女大学生创业人，如今已拥有了自己的事业和家庭。冯晓丛告诉记者，2014 年，公司仅源海底凉粉的销售额就超过 1 亿元。

因为爱情，女记者转行做凉粉

2007 年，是冯晓丛人生颇有纪念性的一年。那一年，冯晓丛从新闻专业毕业，顺利找到了一份记者的工作。工作不久，又认识了现在的丈夫。一切都顺风顺水。直到有一天，冯晓丛陪着从广州来的朋友爬崂山、吃凉粉，朋友对本地的海凉粉赞不绝口，还要“带些回广州”。可是当时的海凉粉都是自家熬制的，冯晓丛告诉朋友，带回去也就化了，让朋友颇为遗憾。而这，激发了冯晓丛和男友对做海凉粉的最初想法。

青岛的海凉粉起源于崂山道家，有着上千年的历史，以海菜、石花菜、鹿角菜等为原料，加上崂山山泉水，以慢火熬制而成。“为什么不能把这样好吃又健康的食品销售到全国各地呢”，冯晓丛决心和男朋友试一试。

“试一试”的第一步，冯晓丛和男友在青岛海内外游客最密集的节日——啤酒节上租了一个 2×2 的小摊位，卖凉粉。“疯了吧，不卖点‘上档次’的，这个家家有，谁买啊?”旁边的摊位对此认为不可思议。但是没想到，好评如潮。那年的啤酒节因为下雨，别的摊位前没太有人，只有冯晓丛的凉粉摊排起了队。整个节日下来，两个人挣了 2 万多块钱。

“这让我们看到，外地人对凉粉很认可，进入市场没有问题。”当时，男朋友已经辞职在崂山家中磨拳霍霍，冯晓丛一狠心，将自己的记者工作给辞了。“因为爱情，更因为看到了商机”。

引入科技，卖凉粉打出一片天

凉粉卖给青岛以外的消费者，保质期是个问题。文科生冯晓丛想破了脑袋，也想不出什么好办法。最终，她找到了市妇联，妇联很支持女大学生的创业热情和想法，于是给冯晓丛介绍了中国科学院海洋研究所的专家，又找到了中国海洋大学的博士团，组成了一个专家团，攻克海凉粉保存难的问题。

作为第一个吃螃蟹的人，冯晓丛经历了十分艰难的研发过程：“当时我们还只是‘家庭作坊’，专家提出一个想法，我们就按照要求熬制一锅凉粉，十分细微的配比差，都要花好几个小时的熬制时间，一天就得熬上十几次。”那时候，从早上八点专家来，冯晓丛常常要忙活到半夜。不但配比上花费工夫，包装上也没有现成的，冯晓丛就买来设备自己改装。终于，保质期6个月的灌装海凉粉成功了。

注册公司、找代理商、跑展销会、发出货，本以为万事大吉的时候，晴天霹雳传来——代理商纷纷退货，因为海凉粉里有渣。

“其实本地人都知道，那是石花菜的渣，没有危害，可以吃的。”冯晓丛说，由于产品都是销售到外地，内地的消费者并不清楚，只是以为产品不干净，都不接受。

那时，退回的货堆满了100多平方米的院子，“没有办法，只能我们一个一个地把它们割了处理”。每一个成品海凉粉，都是冯晓丛和男友亲手割碎的，“当时濒临崩溃了，那是在割我们的钱和心血啊”。

但处理完凉粉，冯晓丛的心却坚定了：“工作辞了、资金投上了，不可能走回头路了。”冯晓丛重新联系了专家团，提纯、过滤，又一遍地投入研究，终于，解决了残渣问题。

重新投放市场，经销商们纷纷拒绝：“顾客已经有印象了，不可能买了。”冯晓丛向经销商一个个地求情：“再卖卖看，卖不出去，就当我送给你们的。”就这样，产品重新投放市场，没想到，这次重新再来，产品“火”了。

新一年，凉粉卖出国

如今，冯晓丛的海凉粉，已经销售到了“北上广”等全国大多数地域，不但如此，而且在美国、新加坡、日本，产品销售得也很不错。

2010年，冯晓丛开始入驻青岛的本地市场：“咱们青岛人，由于有传统工艺的优势，对这种灌装的凉粉，开始还真不是很稀罕。"但是，本地的凉粉缺少监管，质量参差不齐，很快，冯晓丛的产品也为本地人所认可。

2014 年，冯晓丛第四次搬厂房。从 100 多平方米的小厂房到三四百平方米的厂房，再到 3000 平方米的厂房，如今搬进 4000 多平方米、将要引入三条生产线的厂房，冯晓丛完成了从家庭作坊到规模化生产的"三级跳"。"我们现在的生产线，是德国全自动的生产设备，等到三条生产线一起工作，每天可生产 30 万斤海凉粉。"

在冯晓丛的办公室里，还留着第一版海凉粉的包装，上面，是她做代言人的头像。冯晓丛告诉记者，刚创业时，没有资金请代言人，就自己拿着凉粉做代言。一晃八年，如今企业已经做大，回想当时，感慨颇多。

打开海凉粉的市场后，冯晓丛并没有原地踏步，而是不断开阔市场和产品。看到海外需求，冯晓丛便开始与美国经销商联系、到美国实地考察建厂："资料正在审批，2015 年一定会启动这个项目。"除了海外建厂，冯晓丛 2015 年还在凉粉的营养价值和品种上再做开发。除此以外，公司还顺利拿下了海藻空心胶囊的专利，投入生产的话，将会改变市面上明胶做的胶囊的历史。

文科出身的冯晓丛难舍骨子里"文艺青年"的情怀。新办公区域特意开辟了二层楼来做海藻博物馆，她说，海凉粉是崂山区的非物质文化遗产，具有悠久的历史，生活在崂山，要将这份历史传承和发扬下去。

一个“80后”温商和她的商业航母

——记香港盛世大唐家居饰品国际集团有限公司总经理金丹霞

人因为有梦想而伟大，企业因为有梦想而壮大！每个人都有自己的梦想，或远或近，或大或小。2001年，一个年轻的温州女孩带着梦想来到济南，开始了她自主创业之路。

来济之前，她当过会计、做过校园化妆盒销售、园林介质销售……来济后，从一个青涩业务员，她一步步地成长为山东省铝板行业知名的企业家。作为新一代年轻的企业家，她思路开阔，涉足房产投资、建材、家居饰品等多个领域。

山东莱芜国际会展中心、广饶汽车站、山东新华书店图书大厦、山东嘉汇环球广场、青岛火车站、2008年奥运会帆船中心（青岛）、青岛流亭国际机场、济南遥墙国际机场、济南舜耕会展中心……十年间所拿下的70多个重点建设项目，筑起了她的“商业航母”。

“80后”、温商、女企业家、商会副会长……当这些标签，层层叠叠地重合在同一个人的身上时，我们开始对她和她创造的“传奇”充满好奇。

她就是金丹霞，原山东省浙江投资企业商会副会长、原济南市温州商会副会长、现任香港盛世大唐家居饰品国际集团有限公司、山东德业建材有限公司总经理。

延伸家业：“80后”女孩的从商路

在她的记忆中，父亲一直都在忙生意，耳濡目染中，父亲的经商经历给她带来了潜移默化的“启蒙”。

随着年龄的增长与知识的积累，她身上的经商潜质慢慢地涌动起来。

在上海求学期间，她就尝试销售过化妆品盒。她利用课余时间挨个宿舍兜售，结果第一个月，就有了 600 多元钱的进账。

在校园"试水"成功，对她而言，不单是积累经验，更是树立信心。

上海一家生物科技有限公司招聘销售人员时，她欣然前往面试。虽然应聘成功，但有三个月的试用期，期间月薪只有 800 元钱，吃住都要自己掏腰包。

"我没有和公司谈任何条件。"她说，"包括现在我也会和员工讲，当你还没接到订单的时候，不要和公司谈任何条件，因为你还没有条件。"

没有人告诉她怎么去做销售，但她还是选择了大胆的尝试。三个月期间，金丹霞拜访了 80 多家客户，中间无数次遭拒，但她依旧没有放弃。

她的勤奋最终得到了回报，就在试用期的最后一天，她终于拿到了一个大订单——卖出的产品整整装了 17 辆大卡车。

她本来可以选择继续留在这家公司历练。但在济南做生意的父亲，因为要与朋友一起做其他项目而无暇照看自己的建材门店，因而希望她来济南做建材生意。原来父亲的建材生意一直是在老乡圈子里做，而她的妹妹则负责打理在济南北园附近的一个建材门店。

来到济南后，她与父亲、妹妹一起讨论建材生意的发展方向。她说，建材销售，要想做大，就必须跑工程市场。而这种思路，就是把父亲做的零售延伸了，范围、区域比以前要广泛多了。

扎根山东：梦想牵手现实

从 2001 年来到济南算起，她在山东建材行业里一做就是 10 年。

10 年间，她和她的团队承接过济南遥墙国际机场、青岛火车站、寿光蔬菜博览中心、省新华书店图书发行大厦、济南高新区知识产业总部基地、临沂文化广场、济南市应急指挥中心、市公安指挥中心、济南中铁汇展国际等具有代表性的大型项目，始终坚持品牌化、诚信经营的营销策略，她带领的山东德业建材有限公司，一跃发展成为行业内的佼佼者。

公司取得长久的发展，离不开她的用心和团队的信心。在每次竞标前或给客户推介前，她和她的团队会做一系列的准备工作，不放过任何一个细节。每次参加竞标或者是与客户洽谈，团队成员都要穿统一的正装，带同样款式的笔记本电脑，并有专门的业务员讲解。诸如如何递名片，都有统一的社交礼仪培训；公司客服每隔一段时间，都会向客户发感谢短信。

"山东是我的福地。"她说。

"相对于温商、浙商，山东人对我的帮助更大。"她说，山东是礼仪之邦，所以这些人讲义气，乐于助人。也正是因此，她现在很少回温州，是因为一离开山东，就觉得心里不踏实。

“毕竟自己的朋友都在山东，自己的事业在山东，自己的理想也在山东，所以我以后会落根济南。”她说。

蓝图绘就：商业航母再次启航

2013年，她开始涉足家居饰品领域，一个成熟的东方时尚女性。喜欢艺术与旅游，喜爱阅读，各地游历、寻找灵感。

每当她游历在外时，常常想如何让西方的浪漫和中国传统的美相结合起来。有调家居饰品馆的空白让她对于这种浪漫有调产品在中国的缺失感到深深的遗憾！

为了更好地诠释脑海中的艺术风情，填补国内有调家居风格产品的空白，“盛世大唐古家具”以艺术、独特、品味的全新舒适家居体验馆就此诞生！

盛世大唐古家居将土耳其东南亚神秘浪漫的纯手工元素延伸至家具装饰设计中。追求纯手工精细的裁切雕刻，结构简练，线条流畅，色彩富丽，营造出富有艺术感的浪漫的风格，将舒适与艺术演绎得淋漓尽致！

她以“成就员工价值，创造共同事业”为经营理念，致力于为顾客提供“贴心，温心，舒心”的服务。

与所有的温商一样，对事业无止境的追求是她最鲜明的性格所在。

她的梦想很大、她的事业命脉还很长，她有一种强烈的使命感，立足社会、取于社会回报社会……

她始终坚信：简单加勤奋，无论在生活上、工作中，任何的一方面，把复杂的事情变得简单一点点；在工作中，勤奋一点点，因为勤奋永远是制胜的法宝，在任何一个公司、任何一个地方，只要你勤奋比别人多那么一点，你就一定可以超前别人很多。朝着梦想走，就会实现！相信这位温商“80后”，一定可以在她热爱的行业中开拓更加广阔的一片天地。

打造百年江正

——记菏泽市江正食品有限公司总经理李红飞

明星镇上的明星企业

一个普通的乡镇，投资过亿元的企业有7家，规模以上企业60多家，这就是菏泽今年出现的明星镇——胡集。而在这个明星镇中，菏泽市江正食品有限公司无疑是最耀眼的企业之一。

2010年3月，菏泽市江正食品有限公司注册成立了。公司是2010年4月份动工建设的，当年11月份就建好并投入生产。公司经历了一番风雨的基础建设期，不断推陈出新，于2011年5月成功地将自己的品牌走向了正常运营的道路。

业精于勤荒于嬉，行成于思毁于随。2014年底，员工增至400多人，产值过亿元，迅速开阔了国内20个省的市场。企业在职工干部的共同努力下，生产能力得到迅速提升，工人工资水平也相对增长了50%，在生产加工类行业中达到上等水平。一家之计在于和，对于一个企业也是这样，在领导班子的规划和领导下，在各个工序配合的相当默契下，诚信的口碑已让企业在鲁西南一带小有名气。

辉煌的成就离不开企业领袖人的辛勤与汗水、执着与严谨、务实与奋斗、和善与奉献。而这个明星企业的领袖就是胡集土生土长的年轻人——李红飞。

成功之后的再转身

李红飞老家就是胡集镇上的，从上大学离开后，一直在外就学、创业。那时，他是济宁一家食品加工厂的三大股东之一，并担任技术骨干。事业顺利，家庭美满。李红飞的人生似乎这样一直下去就很好。但在他心中一直有一个被隐藏的愿望，即回报家乡。但他一直缺少这样的一个机会。2009年也许是一个机会年。这一年，胡集镇政府到济宁考察时，发现了他，并鼓励他回家创业。在回报家乡的赤子心的驱使下，在真诚的镇政府的鼓励下，李红飞决定回到家乡再创业。他放弃了舒适的生活回到家乡。他说，因为有家乡，所以自己必须回去；因为有明天，今天永远是起跑线。

从2010年建厂来，李红飞本着狠抓管理、稳求发展的原则，针对不同需求的客户群建立了三个江正人的值得骄傲的品牌商标："江正食品""江恩食品""江源食品"。在供不应求的市场经济趋势下，2013年1月，李红飞决定扩大企业规模，建设"二期工程"。说干就干，因为它值得我们去做，这就是他的风格。"二期工程"的开发和项目建设花费了企业很大一部分资金和人力。办法总比困难多。在员工的眼中，李红飞是个有远见、有思想的人，未雨绸缪，他为一切都做好了准备。李红飞对江正未来五年的规划也清晰明了，打造集种植、养殖、分割、肉制品加工的一条龙贯穿企业产业链。前景一片美好，空间越走越辽阔。

李红飞在全厂职工会议上说过这样一句话，人要学会在生活中修行，在修行中生活。走过了泥泞，就会嗅出咖啡后的香甜。无论是工作还是生活，都把安全放在首位，人身安全、食品安全是重中之重。善待员工就是善待企业，善待企业就是为乡镇发展尽一份微薄之力。2012年12月牡丹区人民政府授予李红飞"全区创业先进个人"称号，这个荣誉更加肯定了要为企业谋发展、要为社会谋进步、要为百姓谋福利的想法。

2010年至今，李红飞多次参与社会公益捐赠活动，在地方一带拥有了良好的口碑和声誉。"三江品牌"也被评为"十佳百姓满意食品品牌"。这么有能力又年轻有为的人，市领导看在眼里，记在心里。2011年11月市工商局牡丹分局牡丹区消费者协会为李红飞旗下的江正颁发了"支持消费维权事业先进单位"。2012年3月，"三江"产品被指定为"2012菏泽国际牡丹花会一贵宾接待专用食品"。2013年又是双喜，先后被菏泽市安全生产监督管理局评为"安全生产标准化三级企业"。2014年8月份获"第三届全国地方名吃暨大京九名优食品博览会"金奖，菏泽市级龙头企业。这一系列的荣誉是对江正人的肯定，是对江正创始人的认可和高度的信任。

事业成功，不忘社会

说起社会职责，这是江正人又一值得骄傲的事情。在政府的栽培扶植下，在江正员工的拥护下，2014年李红飞被民众选举为"区人大代表"。身为人大代表，要本着办实事、走基层的原则深入农民基层。本是农村出生的他，更能知会群众的思想和观点。现在他不是一个人，他是人民的代表，他要反映群众的心声。无论走到哪，他心里装着一份责任，正是这份责任和工作生活中的认可，他又被选为"区工商联常委"。角色变化了，责任重了，操的心也多了，他常说这不算什么，一个人有钱那叫"富"，大家都有钱了那叫"幸福"。大家都富了，这个常委当得绝对有价值了。李红飞有着不怕吃苦、吃亏也是福的心态，不断在行业中做出榜样，在百姓中树立标杆。

这些都是他的责任和使命，他肩上担负着江正人的承诺和未来，他挥洒着社会赋予他们的物质财富和精神文化。苦涩也是一种体验，胸怀更是一种境界。李红飞，懂得感恩、回报和奉献，不畏创业、成业及守业的艰难。

安心做个酿酒匠　坚守杨湖纯粮酒作坊

——记山东杨湖酒业有限公司总经理李宪德

几十年前，一个10多岁的少年，放弃了高考，离开了疼爱自己的父母，远离了自己热爱的家乡，来到了近2000公里外的贵州——这个因茅台酒而闻名的城市打工，只为了心中的梦想。

几十年后的今天，白酒市场的竞争愈来愈呈白热化。杨湖酒在山东酒界独树一帜，每年1000吨的原酒产量，国家白酒泰斗于桥先生为其题书为"酒林黑马"，最近几年"小茅台"的称号更是越来越响。而山东杨湖酒业有限公司总经理李宪德，就是当年那个少年。

梦想要自己买单

梦想是一种追求，也是一种力量，这一切若想实现却只能自己买单。

李宪德已经记不起来为什么对酒那么着迷。或许那份喜欢来自于中华民族几千年文明一直传承至今的酒文化，又或是对欧阳修一醉写出《醉翁亭记》的向往，带着这份美好的向往，他有了造天下最好的酒的梦想。

一个10多岁的瘦小少年，在离家近2000公里外的四川、贵州白酒行业拜师学艺。无数个无眠的夜晚，那期间所有的汗水和泪水，是我们无法想象的。但李宪德知道，这只是为梦想买单的第一步。

那时的李宪德很清楚，其所做的一切还无法实现自己的梦想，还需要积累原始资本。于是，他选择了一个离自己梦想比较近的事情做，那就是卖酒。从1993～1997年，他已经卖到了1个亿。之后他又做了几年房地产，现在还一直经营板材企业。

要做就做最好的原生态酒

2005年，李宪德开始做酒厂，也正是因为有了木板厂做物质基础他才能在连续亏损四、五年的情况下始终坚持着做好酒的理念不动摇。

李宪德一直强调,“杨湖走的路不太一样”。“我们不是卖酒的,而是研究酒、传播健康酒文化的。这几年来,杨湖酒业的全部精力都在酒的酿造上,诸如芝麻香形成的机理、大曲酱香在北方生产的条件、芝麻香型白酒中有哪些有益成分等等,这些问题都需要我们不断研究和探索。作为酒企业,酿酒是基础,酒酿好,储存好,然后再考虑其他问题。”

而现在的白酒业似乎悄然就进入了营销时代,似乎重点转移到了市场终端的角逐,且这种局面大有愈演愈烈之势。杨湖却“背道而驰”。他说白酒要回归传统,要回归白酒的本质。所以杨湖白酒是真正地纯粮固态发酵白酒,即用高粱、大米、小麦加酒曲由窖池发酵,蒸馏摘酒、长期储存而成,绝不添加任何香气、香味物质等添加剂及食用酒精。

“芝麻香型白酒”是杨湖的主打产品。当初为了成功研制,他投入了200多万元。在全国各地白酒协会拜师,进知名大厂家求技,不知碰了多少壁,最终学到了许多白酒生产的核心技术,更是创新使用了剥离酱香菌种的方法,使芝麻香更馥郁、更明显,从此杨湖拥有了自己独特的工艺。

李宪德一直在身体力行地倡导健康酿酒和饮酒之道。看到有人酗酒他会感到心疼,他总是劝大家要健康饮酒,小口细品。在他的带动下,杨湖酒业的每个员工每天都在利用各种场合向消费者灌输健康饮酒的概念:“少喝点,喝好点,小口细品,有益健康。”

他要将杨湖打造成传统白酒的酿造基地和白酒文化的推广基地,他说酒是有灵性的,酿酒需要好的环境。现在的杨湖,别致的复古建筑矗立在冬季的暖阳之中,山楂林、常青藤、凤尾铁布满厂区。

两年迅速崛起:“杨湖只做纯粮酒”

春节临近,杨湖酒在菏泽成了抢手的年货,买的多,产的少,市场出现了供不应求。山东杨湖酒业有限公司总经理李宪德说,就算市场需求再多,储存日期达不到酒厂的要求,他坚决不向外卖一滴酒。

李宪德底气的背后,是杨湖酒对传统手工粮食酿酒的坚守。2013年,之前只给国内名优酒企提供调味原酒的杨湖酒业,开始进军白酒产品市场。在酒水市场竞争激烈的菏泽,杨湖酒业单纯依靠自身的原酒酿造能力,短时间内杀出一条属于自己的市场。

“绝不添加香精香料和酒精,百分百纯粮固态酿造。”这两年,李宪德把这句话印满了杨湖酒的包转和各类广告。

同行业谁敢这样承诺?李宪德说,如今中国白酒市场上,绝大部分是新工艺白酒，那些把香精、香料、酒精和部分粮食酒兑在一起的酒厂，“其实早已不是传统上的酒厂，而是香精、酒精合成厂。”

李宪德说，新工艺白酒虽符合国家相关标准，但包装标示并不清，不少酒企也因此钻空子，一边生产着新工艺酒，一边对外宣称自己在做纯粮食酒。

走进杨湖厂区的人不难发现，李宪德有一个中国传统粮食白酒的梦。在杨湖酒厂，从投入粮食到产出成品，全部人工操作，没有任何机械化酿酒设备。李宪德说，对经济效益过度追求，让目前中国白酒行业走向扭曲。对杨湖酒业来说，老祖宗留下的酿酒方式，才是最大的财富。

永远只做酒作坊：“我只是一个酒匠”

李宪德说，就像有人喜欢钓鱼、打球，他喜欢的也只是酿酒这个行业。和别人一起专研白酒生产工艺，是他最大的乐趣。

有人称李宪德为企业老板，他纠正道“我只是一个酒匠”。有人说杨湖是个酒厂，他改正说“杨湖只是一个粮食酒作坊”。

去年12月，杨湖酒业历时两年研发的白酒“浓芝兼香型”，正式得到国家食药总局批复。这款汲取了酱、浓、清等香型精华的白酒香型，是杨湖在全国白酒行业的首创。

李宪德的野心不止如此。德国、法国一些百年红酒企业才是李宪德的学习目标，“不做大，只做精、专”。杨湖酒并不想走进山东或全国更广的市场，只想踏踏实实做一个“酿酒小作坊”，永远坚守只做“传统纯粮酒”，为中国白酒企业树立一个标杆。

梳理杨湖酒业的历史，从清末的“老干干”，到因一场战役更名的“杨湖”；从1976年国营酒厂复产，到李宪德六年前接手酒厂……这些富有故事的过去，已经勾不起李宪德的兴趣。如何优化现有的酿酒工艺，怎样在从投入粮食到产出酒的近两年时间里，确保其中的33道程序的品质，才是他关心的事。

如果有个时间期限，李宪德说，杨湖要坚守传统粮食酿酒几百年、上千年。

更多人健康饮酒：“少喝点，喝好点”

在一次全国性的白酒会议上，李宪德提出，如果酒企能拿出宣传费的一半，去培养消费者正确的饮酒方式，如今的中国白酒市场会更健康。

提倡健康饮酒，正是李宪德做杨湖酒的最终目标。李宪德说，他对目前集中出现的“几斤哥”事件非常厌烦，这些与健康背道而驰的事情频繁出现，与众多酒企的错误引导有关联。

李宪德说，中国消费者多数不懂得饮酒，多为喝酒而喝酒。消费者要为自己的健康饮酒，学会鉴赏和品尝，像国外饮红酒那样饮白酒，“少喝点，喝好点，小口细品”。

两年来，为推广健康饮酒，李宪德频频组织社会各界进入酒厂参观。通过实地参观，越来越多的人了解了纯粮食发酵酒，不少人把杨湖酒作为私人定制酒。目前，定制酒已占杨湖酒销量的1/4。

李宪德还有更大的梦想。

在杨湖厂区现有的基础上，李宪德将以杨湖酒为主题，把厂区打造成鲁西南传统文化的汇集地。民俗展示、传统美食体验、发酵食品等传统元素，会越来越多地出现在厂区，也会有更多的人到此亲身体验。

人品赢人　才华聚财

——记柏斯特(山东)农业发展公司总经理李永红

浅灰色的眼睛,时常挂着笑意的嘴角,亲切和善的眼神,若不亮明身份,说不定你会以为眼前这位女子是小学一位充满爱意的班主任,或是高校里与泰戈尔、莎士比亚们打交道的女学者。

但递给作者的名片却清楚地写着,柏斯特(山东)农业发展公司总经理——李永红。

作为一名民营企业家,经过十多年艰辛的创业和不懈的追求,李永红创造了骄人的业绩。

艰苦创业:为成功转型做铺垫

李永红在家里是幺妹,从小受父母、哥姐的宠爱。2002 年,在市场经济的大潮中,她不甘心单位舒适的工作,而是南下北上考察市场行情,大着胆子用亲朋好友支持的 20 多万元,辞职在济南东部创办了礼品公司。经营初期是非常艰辛的,既是搬运工,又是营业员,有时一个星期,甚至半个月都吃住在店里,虽然收入微薄,但觉着有使不完的劲儿。几多辛酸,几多泪,她勤劳心细,经过几年打拼,打下了一定的经济基础和信用基础。再细心经营的同时,她还不断给自己充电,先后获得了经济管理的大专文凭,考取了经济师资格证。2007 年 8 月,公司经营遇到了困难。由于她具备了一定的经营管理能力,在市场营销中有了一定的吸引力,她又成功转型,投资创办了柏斯特(山东)农业发展有限公司。

脚踏实地:真露香自苦寒来

公司创办初期,在人员、资金、场地等方面遇到不少困难。李永红认为,市场有衰有败,也会有振兴,只有遵循市场经济规律,再加上顽强拼搏,就会有办法,有力量,有希望。后退,是为了以后的跳跃;沉默,正是力量的积蓄。

沉默之后，才能喊出最强音。她深知，市场是商品的天然仓库。谁拥有市场，谁就拥有财富；谁失去市场，谁就失去财富。李永红沉着冷静，到外地相关公司考察，分析市场需求，研究营销策略，决心打好开拓市场之战。凭着一份热情，她只身一人来到了加拿大，通过深入考察学习，了解了加拿大的冰酒文及其制作过程，品尝到冰酒的甘甜和芬芳，她想将这份感动和家人及更多的朋友分享。

她说要整合中加文化，将是她余生致力要做的事。

“雨后复斜阳，关山阵阵苍。”初次实践使公司脱胎换骨，面貌一新，李永红信心百倍。从此，她放开手脚，步子越迈越大，发展了山东、上海、南京、武汉等地的子公司。她一直提倡并始终坚持“共赢”的经营理念，让供应商和经销商能够获得更多的利润，拥有更多的价值。为此，她努力通过高效的市场营销和供应链管理，充分挖掘消费者需求，拓展大客户服务，为供应商打造更有力的营销模式。

无私奉献：为贫困孩子做点事

李永红待人谦和友善，富有同情心。也许是性格的原因，她从小就关心弱势群体。长大后，她懂得了关心同学、关心同事、关心下属。正是这种深藏于灵魂深处的爱，促使她在事业上一步步地走向成熟。她的公司先后安置几十名大学生，今年还计划招收十多名特困农村退伍军人级大学生进公司工作。她还选送三名大学生去加拿大培训，对柏斯特的发展前景打下了强劲的基础。

多年来，她就是凭着这股责任心，在光与热的不断相互转化过程中，为了贫困学生无私奉献。她一直有个心愿，就是能为孩子们做点事，每年六一、元旦等重大节日的时候，她都会来到学校，到孩子中间，给一些家庭生活困难的孩子带来礼物，与他们共度节日。

她正以实际行动，实现着自己的人生价值，她总说：“爱心就像一滴水，汇集起来就是海洋。”让我们都来做这一滴水吧，让这个爱的海洋越聚越宽，越聚越广。

被创业改变的璀璨人生

——记 85 后青年创业榜样李振江

谈青春:年轻人要敢于做梦

如今的李振江,是广受创业青年推崇的“85 后青年创业榜样”,也为越来越多的年轻人献上了自己的经验与思考。面对现在的成绩与荣誉,李振江坦言,他始终能感受到压力与鞭策。“越是在聚光灯下,越是在快速发展的时候,越要提高警惕。我们要经得起挫折的考验,更要经得起荣誉的考验。”

李振江表示,在学校最辛苦最无助的时候,是院团委的支持让他找到自信;在创业路上遇到困难的时候也是共青团的创业扶持政策给了他最及时的帮助。“我最大的感触就是收获爱、传播爱! 收获的爱越多、传播的爱越多。”李振江告诉记者,近几年来,他已经做了大大小小 100 多场创业演讲。面对正走在创业路上的年轻人,他也深有感触。

“我最大的经验是,青年创业一要敢于做梦,二要不怕失败。”李振江说:“创业是一个关于未来十年甚至整个人生的梦想,是一个长期的规划。年轻人必须明白自己未来要成为什么样的人,要过什么样的人生。”在李振江看来,年轻人可以把长期目标定得大一些、广一些。“即使短期内无法完成,但我们需要一个目标,让我们朝着这个方向去走。同时又要明确短期内的实施方法,既要志存高远,也要脚踏实地。”

“另外,青年创业不能怕失败。以我个人经历为例,很多人觉得我很幸运,第一次创业就有了现在的成绩,其实不然。如果你翻开我的履历,你会发现我生命当中的失败远比成功多得多。”李振江说:“创业本身就是小概率事件,年轻人要学会以更开放的心态去面对失败。挫折是你的垫脚石还是绊脚石取决于我们抬脚的高度。创业青年更要坚信,把绊脚石踏低了,它就成了你的踏脚石,成功其实没有你想象得那么遥远。”

谈成长:寒门学子求学苦

在参与中国青年创业创新论坛演讲的几位嘉宾中,李振江用三个"最"形容自己,年龄最小、学历最低、创业最屌丝。"85后"的李振江出生在湘潭县的一个农村家庭,父母是地地道道的农民。起初,父母就是用每天贩卖小菜、鳝鱼的收入来承担李振江和姐姐上学的费用。

回忆起那段经历,李振江至今历历在目。"当时家里没有其他的经济来源,都是靠母亲种菜,以及父亲捕些泥鳅、鳝鱼谋生。"李振江坦言,在他的童年经历中,母亲对他的影响很大:"她坚韧的性格对我产生了很大影响。因为我们的小菜要保持新鲜,妈妈每天早上三四点钟就要起床,先把小菜摘好,然后担着担子走十几公里山路到集市上去卖。我记得我在读小学时,每天的收益大概只有几块钱,母亲就是用这每天几块钱的受益支撑这个家,并支持我们去读书。"清苦的成长环境也养成了李振江懂事勤俭的性格,上高中后在外住校的他从不挥霍浪费,每月回家也会主动帮忙操持家务,减轻父母压力。

高考失利后,李振江被迫只身来到广东打工,经历了一段辛苦且孤单的日子。"那时我在一家电子厂焊装集成电路板,当时的工作是两班倒,每天要站立作业十几个小时。"短暂的打工经历后,李振江选择了复读。

2005年9月,李振江以优异的成绩考入湖南生物机电学院机械及自动化系,学习机械制造与自动化专业。也正是在这段时间里,一场创业讲座,彻底地改变了李振江的人生。

"2005年10月,军训刚刚结束,我听了学校举办的一场创业讲座,那次讲座为我打开了一个全新的世界,我第一次知道,原来毕业后除了像父辈们一样去找工作,我们还可以创业!"

受到鼓励的李振江找到了人生的出路并马上行动起来。三年下来,李振江阅读了400多本书,包括大量的创业理论和人物传记,笔记本都写了100多个。在学校里,他加入了学院的院团委,从一名干事做到了主任,并且被评为2006年省直优秀团干部。李振江的思维能力、表达能力都明显优于同龄人,他逐渐走出自卑的阴影。树立了坚定的自信和日渐明晰的人生目标。

尽管如此,由于家境并不富裕,李振江的求学经历同样比同龄人辛苦。大三时,由于家庭无力承担学费,李振江不得不利用寒假去打零工。"当时我在一家只有三个人的小店铺里打工,每天上班的第一件事情就是把水烧开,做好卫生,然后再泡三杯茶,老板、老板娘、会计一人一杯。晚上我还要到湘江边上去卖西瓜填补学费。"2008年，我国南方遭遇大面积冰灾，那年寒假，李振江是整栋宿舍大楼唯一留校的人，从清晨6点出门，直到晚上12点才能回到宿舍。

同样是在这段时间里，李振江先后在校担任班长、院团委办公室主任等重要学生干部职务，其工作认真负责，勇于创新，受到指导教师们的一致好评和同学们的广泛认可，这为他毕业后组建创业团队打下了良好的基础。

谈创业：给一个目标让自己奋斗

李振江的创业从2008年开始，可他为创业所作的准备却早已经开始了。他的创业故事，当从一个写满目标规划的小本子开始。

与其他创业者不同，李振江的创业是从长远目标开始反向制定的。李振江的第一个长期目标是努力在湖南打造一个世界500强的公司，在父母有生之年开一辆车回家，让父母为自己骄傲。而在创业的第一年，他就买了第一辆车，三个月后，他给创业伙伴们买了10辆车。李振江告诉记者："很多人选择一份工作是考虑能挣多少钱，或者收获什么，而我相反，我考虑的是将来是什么样的人，要过怎样的人生，我该为此准备和积累什么，必须具备怎样的能力。"

为此，他必须从零开始，积累创业的第一桶金。早在毕业之前，李振江便开始坚持跑业务。当时他拉到一个特别远的业务，一次要走五六个小时，可一连35次的奔波后他仍然失败了。但这次的坚持却让他获得了机会，项目的工程师被李振江感动，为他介绍了另一个项目，李振江和他的团队由此走上了创新创业的旅程。

当时，在勘察现场后，李振江决定革新老旧的水塔设备。他组织同学努力了三天三夜，交出了新的设计图纸。结果这套设备不仅没有二次污染，而且实现了节能50%以上的超预期效果。

李振江感慨道："现在回想，如果当时我只跑了34次就放弃了，那我就与今天的创业成功失之交臂。所以，我为我们公司制定的企业文化是发现自己、坚持到底。没有值不值，只有够不够，当你遇到挫折，就应该明白你努力不够，准备不足。所以，我认为，绝路就是出路，自救才能获救。"

每一次困难都没能阻止李振江积极自救、破土重生。毕业两个月后，李振江拿着打工挣来的几千块钱，带领13个朋友组建了最初的初创团队。他们白天推着三轮车跑项目，晚上写程序做网站。经过四年的打拼，2012年，他们买下了第一块地，建成了一个十几平方米的门面，第二年他们又在安徽买了第二块地，当年十几个人的小团队日渐成长为一个日益成熟、竞争力渐强的创业企业。然而李振江却告诉记者:“一个偶然的成功比 100 个失败更可怕,往往危险就藏在这些欢声笑语当中。越是快速发展的时候,越要面临各种威胁与考验。”

就在创业计划顺利进行的时候,公司出现了资金链短缺,两个公司骨干提出离开,并用重要的客户资料相威胁要求拿到 525 万元。那时,李振江的父亲病危,他一边要照顾父亲,同时还得承担一般人难以承受的所有问题。李振江用他一路积累下的坚韧与勇气走过了那段最艰难的经营时期。

苦难无法击败懂坚持的人,而幸运也永远眷顾有准备的人。2014 年 4 月,李振江以湖南中崛科技有限公司董事长身份入围“湖湘青年英才”,并于同年作为创业者代表,在当地团省委联合省委组织部、人社部、科技部组织的论坛中发言。2015 年 5 月,李振江入选了由团中央联合人社部评选出的“中国青年创业奖”。如今,李振江和他的企业已逐渐走出当初的打击与震荡,准备好迎接经济新常态下的发展与考验。

创业，确实需要自信

——记济南确信信息技术有限公司董事长刘建军

刘建军，济南确信信息技术有限公司董事长，创业之初就把自信作为发展企业的理念。因为自信，所以大胆。公司从创立发展至今，项目一个接着一个，产品卖得风风火火，企业发展蒸蒸日上。

自信创业：从零开始的起步

确信信息技术有限公司的创业和所有中小企业的创业故事有着一样的开始，雄心勃勃，意气风发，但因为刘建军对于选址的自信，让企业一开始就走上了一条比较顺畅的道路。

刘建军对在什么地方开始创业似乎特别上心。很长一段时间，他常常一个人发呆，脑袋里装的就是一整幅中国地图。"我应该选址在哪里呢？济南我很熟悉，而我又长期工作在信息行业，对企业产品、市场要素等要求了然于心。既然这样，还有哪里比济南更适合？"关于注册地和办公室，他没有过多犹豫，就选了济南高新技术创业中心。

刚进入孵化器，确信就享受到了济南高新技术创业中心系统性的帮助。不仅在注册公司、办理相关手续方面提供了许多便利，而且创业中心还免费为他们聘请了专家来讲解公司财务管理方面的理论。对于这一切，刘建军很感动，并坦言对于初闯企业的自己帮助可真不小，"听专家那么一说，才知道管理公司的财务还有那么多的学问"。

刘建军的创业路途似乎比其他企业平坦，仿佛有约，他的第一桶金来的也不是那么困难。在确信创建不久之后，客户就通过网络找到确信，希望他们提供安全互联方案。刘建军既兴奋又紧张，事情仿佛都按照最好的路径在顺利发展。三天后，按对方约定的时间，通宵未眠的刘建军和同事一大早就出发,连早点也没有吃,抱着两台大设备赶公共汽车。赶到客户那,已经过了一个多小时了,他们顾不得休息,马上开始了演示讲解。讲解完后,客户拍着刘建军的肩膀,对他竖起了大拇指,当天,一份20多万元的协议签订了。

“签好协议回来,订好设备,第二天我打电话给客户提预付款一事,客户说预付款已经付出。那种基于信任,想把事情做好,双方又都信守承诺的感觉真好!”刘建军高兴地说。

按照协议,确信需要在半年内完成项目。刘建军自信满满,决定提前交付。刘建军的自信感染了他身边的每一个人,那一段时间,他们夜以继日地工作,饿了就在工作间随便吃点东西,累了就随便找个地方趴一会,如此辛苦,却没有人抱怨过一句。两个月过去了,确信完成了本该半年完成的项目,获得了客商的高度赞赏,之后,确信的名气慢慢传播出去,越来越多的客商找到确信,寻求合作。

刘建军把确信定位为网络安全集成服务提供商,产品是市场竞争的最有力武器,也为企业赢得了发展资金,而在确信的展示柜里,却摆放着科技型中小企业技术创新基金资助的铭牌。

细问缘由,刘建军满面笑容:“我对政府的相关支持十分敏感,一进创业中心,就为争取各项支持作了许多的准备。当听说小额资助项目时,我们就马上积极配合申报,完善项目研究,虽然进驻创业中心时间很短,可由于我们准备充分,凝聚了我们的心血的‘支持NAT穿透的Sure宽带路由器’项目获得了专家的认可,并于2004年获得了科技部30万元的创新基金扶持。对我们而言,这不仅是雪中送炭,而且还是肯定和鼓舞。”

Sure宽带路由器解决了远地局域网之间的低成本互联,为企业的各种电子商务应用提供了统一的网络平台,特别适用于中小企业信息化建设对于网络互联产品的需求。同时,该产品填补了国内中低端接入产品的市场空白,并与高端的网络互联产品市场互补,具有国内先进水平。目前产品已经定型并投放市场,销售额已经达到500多万元。

刘建军如此感叹:“市场规律就像一根看不见摸不着的绳,创业者心里时时刻刻要有这根绳,作为我们创业方向、思维方式、行为规范的准绳。创业者从一开始必须十分清楚自己想把企业引向哪里?自己和企业应该做什么?解决了这些问题,就应该以一颗平常心顺着理解好的‘绳’一步一个足印地走,从零开始,稳扎稳打,追求成功。”

创业至今,刘建军忙得有点吃不消,短短一年半的时间里,三次病倒,可确信的发展却一路顺畅。“创业者在开始创业前,一定要对自己即将涉足的领域具备深刻正确的理解和领悟。每一个行业都有其独特的规律,这种内在规律不是谁想知道就可以了解的,他需要深层次的研究、了解和领会。"说到创业,刘建军深有感触。

目前,确信已是国家密码局商用密码产品定点销售单位、双软企业。公司注册资本增资扩股到100万元,办公场所也由原来的70平方米发展到300平方米。员工队伍由8人发展到30多人。不仅建立了一支精干的技术开发核心队伍,而且还形成了一支从事高科技企业经营管理和具有丰富市场经验的队伍,形成了一个优秀而有凝聚力的团队。

自信上市:挂牌后首轮定增获投1500万元

融资难一直是困扰中小微企业发展的一把锁,有人把新三板看作是打开这把锁的金钥匙。"登陆新三板不仅开启了中小微企业获得资本市场服务的空间,而且还成为解决中小微企业融资难的重要途径。"刘建军这样认为。

"挂牌新三板对我们是有好处的,从融资角度来看,企业在挂牌前和挂牌后的融资效果是不一样的。我们在跟风投谈的过程中能明显感觉出区别。"刘建军介绍,确信信息在挂牌新三板之前曾谈过20多家风投,在没有挂牌预期的时候,风投对企业的估值比较难,谈的时候问题很多,要么谈不拢,要么企业要付出更多代价。

早在2008年,确信信息就开始着手企业股改上市工作,并成为2009年济南高新区第一批报股转的企业。今年6月16日,确信信息正式在新三板挂牌,7月10日首轮定增以每股15.45元的价格,成功获得了投资机构1500万元的投资。

"我觉得企业发展有两条路,一个是阳关道,一个是独木桥。这两种走法是不一样的,阳关道就是要上市。上市企业作为公众企业要披露相关信息,这必然要求企业要规范发展,这是根上的问题。"刘建军说,企业登陆新三板之所以更能获得投资者认可,与登陆新三板企业必须进行股份制改革并达到所要求的规范有关,也从而使得投资者能够对企业进行更加合理的估值,吸引投资就更加容易一些。

尽管退出机制为投资者掌控风险修了一条后路,但刘建军认为,战略投资者看好的是企业的发展潜力。"我们的产品在云计算、电子商务、电子政务、物联网、电子交易等方面都有广泛应用,且掌握核心技术,市场潜力巨大。"刘建军十分自信,他所接触的风投对其所从事行业还没有不感兴趣的。

有了从新三板获得的融资,确信信息正在加大研发投入并布局全国营销体系和技术服务体系。刘建军对确信新的征程有着十分清晰的战略部署和战术安排。我们也与刘建军一样相信,确信的路途将会越走越好。

一个民营企业家的“拥军路线图”

——山东得象电器科技有限公司董事长缪峰爱国拥军速写

2015 年“八一”前夕，一批价值 200 多万元的碳晶电热板，通过物流系统免费送达分散在胶东半岛大海深处的 10 多个海岛连队哨所，海岛官兵几十年靠煤炉取暖的历史从此改写。这是山东得象电器科技有限公司董事长缪峰情暖边关的又一力作。此前，他已按照自制的“拥军路线图”，为全军 113 个边关海防的连队哨所安装过这样的高科技采暖设备。

小作坊书写“苦难辉煌”

小时候，缪峰最爱听父亲讲爷爷当年参加淮海战役和抗美援朝的战斗故事。他自小向往军营，1991 年曾报考空军院校，但由于身体原因未能如愿。1993 年从山东银行学校毕业后，缪峰成了一名国有银行正式职员，端上了旱涝保收的“铁饭碗”。正当父母无限欣喜、乡邻万分羡慕之时，缪峰了解到国内环保、节能的新兴采暖设备市场空缺较大，决定辞职下海，赤手空拳闯市场。

2007 年，缪峰与朋友合伙开了一间小作坊，开始了碳素材料用于电热采暖的应用研究。没有现成的经验就摸着石头过河，人才缺乏就到大学“蹭”教授、泡图书馆，他决心要靠坚忍不拔、永不放弃的精神，做业内第一个“吃螃蟹”的人。

战场上，英勇的战斗精神能让战士冲锋陷阵；市场上，这样的精神同样可以攻城掠池。虽然没有穿上心爱的军装，但缪峰的心从来没有离开过军营：军事小说专著，他通读精读不下数百部；别人追星他追“兵”，经常泡在军事网站到天明……

将士们顽强坚韧、忠诚守信、团结统一的精神让他深深着迷，这一精髓被缪峰运用得淋漓尽致,也收获颇丰。2009年,他牵头研制的碳晶电热板崭露头角,这种电热板在电场作用下产生的热能以远红外辐射和对流的形式对外传递,其电能与热能的转换率高达98%。这一技术填补了国内供暖领域的多项空白。

"送温暖"不惧山高路远

缪峰从媒体了解到,边关海岛由于不便集中供暖,官兵们至今还靠煤炉来取暖,既不经济也不安全。北方寒带地区的战士们冬天甚至要穿着棉衣、戴着棉帽才能入睡,影响了睡眠质量和战备值勤。

决不能手握"利器",却让守卫边疆的官兵们受冻!

下定决心,缪峰马上展开送温暖大行动。他主动与国家边海防委员会办公室联系,亲手在中国地图上认真地标绘了一幅边海防送温暖"路线图"。随后,在当地驻军的协助下,价值200多万元的取暖设备源源不断地发往全国一百多个边关海岛的连队哨所。

2011年10月,缪峰偶然听说地处海防前哨某岛屿的烟台警备区某团海防一连新建营区还靠煤炉取暖时,他主动通过各种途径找到警备区领导,细心介绍公司的产品,亲自带着技术工人千里迢迢赶到烟台,第二天一早就乘船上岛。经过精心测量,他们赶在风雪来临之前,为守岛官兵量身安装了100套最新碳晶取暖器材,结束了海岛官兵半个世纪以来一直用煤炉取暖的历史。

2012年7月中旬,缪峰还与部队新闻单位合作出版了"大家都来关心边海防"大型系列采访活动画册,精心印制5000册分送给全国边海防一线的连队哨所。

2012年9月21日,缪峰亲自前往新疆向新疆武警总队捐赠价值50万元的得象碳晶采暖设备。

即便远赴天涯海角,也要为边防战士送去温暖。缪峰严格践行着自己的诺言。如今,他拥军的足迹已经踏遍万水千山,他拥军的事迹响彻齐鲁大地。

到革命圣地访贫"寻根"

翻开缪峰案头的工作日记,记者发现每年"八一""十一"和春节等重大节日,都有他带领员工到革命圣地观摩学习、带着慰问品到革命老区走访慰问的详细记录。问及缘由,缪峰一脸严肃地表示,革命圣地和老区是创业的力量之源,这是我们每年必行的寻根之旅,雷打不动。

记者粗略统计了一下，近五年来，缪峰先后组织公司全体员工外出参观见学 27 次，其中 21 次的目的地是延安、井冈山、西柏坡以及大别山、太行山、沂蒙山、韶山等革命圣地或老区。2013 年 5 月，缪峰带领员工 200 多人浩浩荡荡开进革命圣地西柏坡，穿红军衣、吃红军饭、睡红军床，出早操、学条令、练刺杀，当了一天名副其实的红军。晚上每个人都在油灯下写出了深刻的心得体会，内心受到强烈的震撼。

前年冬天，缪峰在革命老区平阴县组织施工时，正巧赶上该县组织新兵入伍，看到满街欢送新兵的标语横幅，他主动联系当地人武部，赶在新兵离乡前一天，为 30 个即将入伍新兵家庭免费安装了近 100 套最新研制的取暖设备。

去年冬天，缪峰与共青协和山东省委联合开展了“得象送温暖工程”：为包括全省第一所希望小学临沂市平邑县希望小学在内的 20 多所地处革命老区的中小学校赠送并安装了价值近 200 万元的碳晶取暖设备。他还深入沂蒙老区，为“沂蒙六姐妹”中还健在的伊淑英、伊延

珍、张玉梅三位革命老人家庭免费安装了全套取暖设备。肥城县残疾人家庭杨启杰靠政府救济过日子，冬天常常因舍不得花钱烧煤而一家三口集体挨冻。随着两套取暖设备的安装，家里顿时温暖如春，一家人开心得合不拢嘴。

多年来，缪峰关爱的革命老功臣和光荣老八路不下百十个，以务实的救助行动解决了不少生活困难，带去莫大的精神抚慰，但他从不许声张、从不讲回报。

“箭在弦上”兴武练兵

“社会主义经济建设需要强大的国防作保障，关心和支持部队建设是每个公民义不容辞的社会责任，建设一支靠得住、信得过、用得上的民兵队伍，就是为巩固国防、维护社会稳定做贡献。”企业民兵连成立宣誓大会上，缪峰的讲话掷地有声。

2012 年初，当缪峰向历下区人武部申请在企业成立民兵连时，有些人用异样的眼光看待这件事，爱出风头、为企业看家护院、钱多了瞎折腾等种种猜测不绝于耳。工作实践中，他用实际行动打消了人们的猜忌。不到半年时间，88 人的防空团民兵指挥连不仅编组到位、场地器材到位，而且还全员全装拉到市民兵训练基地进行一周的封闭式军事训练，通过对体能、技能和军事常识的强化培训，不仅磨炼了民兵的意志，激发了潜力，而且还增强了民兵组织的凝聚力和战斗力。

在缪峰的带领下，武装部严格按照上级军事机关要求，履行承担的责任和义务。每年，都要分批组织企业员工到部队参观见学，让员工亲身领略部队官兵艰苦奋斗的优良传统和英勇顽强的战斗作风；定期组织民兵骨干读背条令规定和国防书刊，专门开设了国防教育专栏；组织民兵集中收看爱国主义、革命传统教育宣传片，教育引导大家以史为鉴，不忘苦难历史，增强居安思危的忧患意识。每次部队有大的演训活动，他都积极争取带队参演参训，在与官兵联编联训、并肩战斗中全面检验和提高企业民兵实战能力，有效提升了民兵队伍的战斗力。

“养兵、练兵、强兵，关键是要用兵。”缪峰十分注重围绕经济建设这个中心，建武装、用武装、强武装。今年4月26～27日，在济南市争创全国卫生城市综合整治“扮靓小清河，为创卫助力”主题活动中，缪峰果断放下手头的订单，毫不犹豫地带领民兵连紧急赶赴上级指定地域，两天时间，出动民兵290多人次，全力以赴投入到城区河道清理和城郊结合部白色垃圾处理等任务之中，得到军地各级领导的交口称赞。

2011年9月15日，缪峰拿出30万元资金，与山东省国动委联合举办国防动员知识竞赛，使全省300多万军民免费接受了一次国防教育，受到省委、省军区领导的高度赞扬。

记者了解到，如今，从茫茫戈壁到边疆海岛，许多基层连队哨所都免费用上了“缪峰造”取暖设备。对此，他欣喜地说：“是军人的形象深深地吸引了我，是军事化管理成就了我，能为巡逻边关的战友做点实事，是我一生的荣耀，拥军之路我将义无反顾地走下去。”

出口报国的践行者,中华文化的传播者

——记秦工国际董事长秦长岭

个人小记:秦工国际董事长秦长岭,山东东平人,1994年毕业于山东大学物理学院,2000～2002年在美国印第安纳大学攻读MBA,2012年8月至2014年8月在北京大学经济学院攻读后EMBA。山东省第十一届青年企业家协会会员、济南进出口企业协会副会长、山东大学校友会商会常务理事长、北京大学后E齐鲁汇秘书长、儒风大家杂志常务副理事长、中华大儒商研究协会副主席。

追求卓越,奉献社会

秦长岭先生出生在一个普通的农民家庭,在那个物质匮乏的时代,年少的他经常忍饥挨饿,迫寒受冻。苦难也磨砺了他坚忍不拔的意志,锤炼了他百折不挠的毅力。父母的辛劳、生活的多艰激发了他通过自己的努力改变命运的想法和信念!

1990年,他以优异的成绩考入山东省最高学府——山东大学。进入了象牙塔,他并没有放松自己,反而更加如饥似渴地学习知识,开阔视野,增长见识。与此同时,他还有意识地培养自己的交际能力和组织能力,积极参加学校活动,主动走向社会实践实习,很快就被选举为学生会主席。"大学生活是我人生中积淀和充电的重要时期,也是我发掘自我潜力的过程",他不止一次地说起。秦长岭先生更是一个懂得感恩的人,2010年,他慷慨解囊为母校捐款10万元,2012年,秦工国际成立"山东大学学生实践基地",为在校大学生提供实习和实践的机会。

大学毕业后,他顺利入职一家大型国有上市公司。因为表现突出,年仅26岁的他被破格提拔为分公司总经理,随后成为全国销售部部长。就在他事业发展顺风顺水、如日中天的时候，却急流勇退、突然辞职，选择到美国印第安纳大学攻读 MBA。当时很多人并不理解，可是他坚持自己的选择，因为他知道自己最终想要的是什么，他要听从内心深处的召唤。西方文化注重量化思维，其先进的企业管理经验和理念使他对公司发展模式的确定、员工绩效的考核、规章制度的制定等有了更为深刻的理解和认识。

2008 年 3 月 27 日秦长岭先生创办秦工国际集团，努力践行出口报国的梦想。公司先后荣获中国海关高级认证和欧洲 AEO 认证，并通过 ISO9000 质量管理体系认证。经过八年励精图治和奋勇拼搏，发展成为中国领先的、服务门类最全的外贸综合服务企业。

旗下秦工国贸通，致力于打造"客户信赖的国际贸易平台"，为广大企业提供信用证融资、收汇、物流、通关、快速退税等一站式外贸服务，是山东省重点扶持、省商务厅首批认定的外贸综合性服务平台。

2015 年 1 月，成立秦工外贸托管，帮助工厂组建自己的外贸精英团队，打造万家国际名牌。通过孵化器作用，把外贸死户激活。通过加速器作用，把外贸小户做大。通过国际名牌培育，把外贸大户做强。秦工外贸托管在发展中不断总结，在总结中不断完善，签约工厂从最初的济南周边到全省各地继而又拓展到山东省外，截至 2015 年 10 月 31 日，已签约 70 家工厂，发展成为全国规模最大的外贸托管平台！秦工国际计划于 2016 年年底托管 300 家工厂，五年内达到 2000 家托管工厂。

公司在不断发展壮大的同时，秦长岭先生从未忘记自己应尽的社会责任。秦工国际先后与山东大学、济南大学、山东政法学院、山东建筑大学、山东英才学院等高校签署战略合作协议，通过 EUH 计划，帮助高校培养实战型外贸人才，为毕业生提供大量实习和就业岗位。每当国家遭受洪水、地震等自然灾害的时候，秦工国际总会在第一时间捐款捐物。公司还热心参与公益事业，每年都会慰问敬老院和孤儿院，为偏远地区学生提供帮助。秦长岭先生的善行义举受到社会各界的广泛赞誉！

崇尚国学，大力传播中华文化

秦长岭先生生长在孔孟之乡，从小就对中华传统文化充满热爱。在长期的学习工作过程中，他研读经史子集等经典著作，拜访求教国学大家，积淀了深厚的国学素养。秦工国际成立之后，他又致力于国学精神在企业中的落地，并积极向海外客户传播中华传统文化。

"企业战略规划要站在哲学的高度上去考虑，放在历史的长度上去检验。"他是这么说的，也是这么做的。秦工国际一直把"传播中华文化"作为自己义不容辞的社会责任，自觉担当弘扬中华文化的重大使命，把国学精粹融入企业文化建设之中，公司要求每一位员工熟读甚至背诵《论语》《孟子》《弟子规》等经典著作，从中汲取精神营养和思想力量，聘请著名工艺大师创作了高达 2 米的孔子雕像，安放于公司最显著的位置，并把《论语》中有关个人修养及管理艺术的名言警句制作成精美的展板，悬挂墙壁之上，营造浓厚文化氛围。此外，公司还创办《秦工国际》杂志，通过这个载体更好地向国际友人展示中华文化的博大精深和无穷魅力。

秦工国际独具特色的企业文化引起了众多国学大家的关注，2013 年 6 月，中山大学哲学系主任、著名儒学文化研究专家黎红雷教授将秦工国际企业文化管理案例带进了哈佛商学院的讲堂！

秦长岭先生高度重视诚信经营，认为“传播中华文化”的核心点就是坚守诚信，并经常用孔子“信则人任”、“人而无信，不知其可也”的处世名言勉励自己和公司员工。当前社会，诚信缺失问题比较突出。但大家都缺失诚信的时候，也正意味着诚信比以往任何时候都有价值。国际客户在购买产品时，买的其实是品牌背后企业的信誉与承诺。守信是秦工国际最大的无形资产，也是每个人的无价之宝。秦工国际以实际行动赢得了海内外客户的信赖和支持，在业界树立起良好的口碑。

秦长岭先生是一名卓越的企业家，也是一位顾家顾朋友、心系社会的山东汉子；他是一位国学的研究者和实践者，也是中华文化的积极传播者；在他的身上，低调和奢华完美地结合。雄关漫道真如铁，而今迈步从头越。秦长岭先生的人生一定会越来越精彩，事业一定会越来越辉煌！

“中华蝎王”孙纯孝的健康事业之路

——记山东沂源恒健全蝎制品有限公司董事长孙纯孝

生命健康是推动人类社会走上生产发展、生活富裕、生态良好的文明发展道路的前提，健康长寿是有史以来人们的追求和奋斗目标。在山东省淄博市沂源县，一位资深养蝎人三十余年不改初衷，全身心投入到家乡沂蒙特产全蝎的养殖与产品开发中。通过不断探索和创新，成功研制出塔式仿生快速养蝎专利技术，并研发出中华蝎王系列产品，为人类健康事业留下了墨重彩的一笔。他就是山东沂源恒健全蝎制品有限公司董事长、淄博沂蒙技术开发研究所所长、淄博市沂源县科委高级工程师孙纯孝。

创新“塔式养蝎术”，致富家乡

孙纯孝从事蝎子养殖及其蝎产品开发近 30 年。他高中毕业后务农四年，1973 年考入山东工学院，学习期间入党，1976 年被分配到武汉钢铁公司机电处工作三年，1979 年调回原籍沂源县科委。面对家乡经济水平相对落后的现状，孙纯孝立志一定要利用山区资源，带领农民脱贫致富。在科委工作期间，他深知靠山吃山的道理，曾先后承担了“食用菌种植”、“长红枣增产技术试验”红富士苹果、葡萄、草莓、佛手瓜等项目的引进和推广，获省、市、县科技成果十几项，成为当地农村经济收入的主要来源。

沂源全蝎因品种好、产量高、毒力强，有十足全蝎之美称，经中国科学院检验“毒力为全国之首”而驰名。1985 年，县科委为保护蝎子这一古老而又宝贵的物种，发展当地资源优势，进行人工养殖蝎子的研究，组织农民养殖户养殖蝎子，孙纯孝挑起了这个重担，开始了他的养蝎之路。

但由于技术条件差，没有产生效益，养殖户都不愿意养殖，计划半途而废。然而，孙纯孝深知养殖蝎子的价值，他从中国科学院动物研究所关于蝎毒的报告中了解到，东亚钳蝎蝎毒除含有蝎毒蛋白外，还有透明质酸酶、生物胺等成分。毒素占总蛋白的60％～70％，全蝎是我国传统的名贵中药材，对于癫痫、风湿、半身不遂、脑淤血的治疗具有显著疗效，也有报道将蝎毒与某些药物配合治疗癌症。他看到了养蝎的无限经济前景。

于是，孙纯孝开始自筹资金，躬耕力行，亲自动手亲临实践。最终，历经30来年苦心研究，“塔式仿生快速养蝎技术”问世，通过大棚、地炉，有效地增加和保持温度，蝎子生长快，成活率高。母蝎一年可产三胎，幼蝎当年长成蝎，1平方米建一个塔，可养成蝎三四千只，一人可管理几十万只，具有空间利用率高、投资少、管理简单、效果好等优点。他还总结出养蝎“十大要点，五个关键，六项措施”等成功经验。“塔式仿生快速养蝎技术”的成功吸引了全国众多养殖户前来学习，孙纯孝无不倾心教授。目前，“塔式仿生快速养蝎技术”已获国家专利(专利证号ZL00214780.7)成为国内一项养蝎新技术，被授予“2010年中国最具投资价值的优秀专利项目”，并已推广到山东、江西、广东、北京、黑龙江、河北、河南、辽宁、台湾等全国各地。

“沂源全蝎”系列产品造福人类

沂源全蝎在孙纯孝的创新研发下，已不单是餐桌上的美味佳肴，摇身变成为了人类健康的“灵丹妙药”。在搞好全蝎养殖的同时，他研究开发出龙蝎酒、蝎毒素、蝎精口服液、蝎精胶囊、沂源焙全蝎和蝎蛋白饮料等系列产品，填补国内外空白。

该系列产品有效地保持了全蝎的营养、保健、医疗功能，充分展现出全蝎的全新价值和广阔发展应用前景，特别对防治风湿、心脑血管系统、泌尿系统、神经系统疾病、皮肤病、各类炎症、抗病毒、抗癌、增强免疫力等有着显著效果。

传统蝎酒是把蝎子泡在酒瓶子里。中药味重，口感不好，功效较差。孙纯孝通过配方的不断调整，工艺的不断改进，选用蝎毒、穿山龙、枸杞、虫草等十几味中药科学配制而成。据他介绍，龙蝎酒选用优质粮食酒作为载体，用酒通血脉行药势，借酒之力，用药之功，借饮酒习惯达到健身目的。同时，龙蝎酒将传统中医理论与现代生物工程相结合，保留了白酒的醇香，保持了中药功效，避免了中药杂味，呈现出自然本色，口感柔顺，色泽艳丽，无任何色素和添加剂。与传统药酒相比，龙蝎酒是一种营养健身酒，不同于药酒在饮用上的严格剂量限制，可根据个人酒量适当饮用，安全可靠，无副作用和依赖性，具有祛湿通络、消炎止痛、降血压、抗病毒、增强免疫力等功效，经农业部食品监督检查中心检测，龙蝎酒富含18种氨基酸及多种微量元素等活性物质。

目前，“龙蝎酒”已获国家专利，荣获“中国消费者满意名特优品牌”、1999年获得全国食品博览会金奖；2004年获人民大会堂中国农业大会指定用酒和重点推荐产品；2008年被中央机关老干部康乐文化指导中心指定为共和国老部长、老将军特供酒；2011年绿色中国年度焦点人物颁奖盛典指定用酒。中国医促会中老年健康指导委员会推荐产品，并获得中国著名品牌。蝎毒素、蝎精口服液通过多年试用对心脑血管系统疾病、癌症等病人医疗效果显著。

蝎精口服液，研发开始于1991年，经过多年的反复试验，利用蝎毒配伍多味中药萃取液，采用生物抑菌技术加工而成，含有多种氨基酸、微量元素、维生素等活性物质，具止咳、消炎、通络、抗癌、止痛、增强免疫力有着立竿见影的效果。

焙全蝎，原来蝎子加工都是用盐水煮干制作成蝎子罐头出售，这样加工后的蝎子营养成分、功效有一定的影响，后来采用焙烘干的形式，避免了高温对蝎子有效成分的影响。通过科学调味，味道鲜美、香脆可口，食用方便，保质期长，有效地保持了全蝎的营养、医疗、保健功能。长期食用确属延年益寿之佳品。

他研发的全蝎系列产品具有国际领先水平，对危害人类极大的各种病毒有预防和抑制作用，对于弘扬沂蒙精神，振兴当地经济做出了突出贡献，为人类医疗保健事业的发展探索出一条新路。

孙纯孝常说，健康事业是他不断拼搏的动力和源泉，他将为之终生奋斗。30年来的矢志不移、坚持不懈为他赢得了事业的成功和社会各界的认可。他曾先后被评为中国科技之星、劳动模范和拔尖人才，被誉为“中华蝎王”，获得过中国医疗卫生著名专家、中国国际权威专家、中医健康管理工程首席健康指导专家等称号。

敢立潮头唱大风

——记莱芜市政协委员、宏业建设监理有限公司董事长孙建修

在莱芜市有一个赫赫有名的监理企业，他们凭借着良好的社会信誉，赢得了社会的广泛赞誉。前不久，记者有幸来到了该家企业进行采访。整齐的办公室，现代化的办公设备，令人目不暇接。可是，谁曾知道，这家企业董事长兼经理孙建修有一段艰难的坎坷之路。

初见孙建修时，是在莱芜市高新区冯家林社区阳光花园建设工地上，他正对照图纸和一名监理人员沟通工程监理的细节，那份认真，那份执着，令人叹服。社区居委会的于主任告诉记者："冯家林和宏业监理公司合作已经十多年了，我们只要有工程，就聘用宏业监理！"

临危受命，成为公司重建的"当家人"

1995 年，孙建修从莱城建工集团调入莱城区城乡建设局工作。2003 年隶属建设局的原市宏业建设监理有限公司因经营不善，举步维艰，濒临倒闭。在公司生死存亡之际，大家首先想到了孙建修。

孙建修在建筑行业打拼这些年，从事过建筑技术、建筑管理，也从事过建设行政主管部门的管理工作，见证了莱芜建筑业的发展和城市的变迁，参与建设和指导了许多高层建筑、工业厂房和公共基础设施。大家都深信，凭借孙建修的能力和胆识，企业完全可以起死回生。于是，大家纷纷找到孙建修。"企业眼看着要倒闭，你还得出手帮一把，不能让大家丢饭碗啊！"

孙建修深知宏业监理公司当时已是内外交困，想让企业起死回生要花费很大的精力，还不一定能做好，但同事们找上门来，就是对自己的信任。孙建修不顾家人的反对，决定挑起这副重担。"既然大家相信我，我就干！"

要干就要干出个样子来，不能辜负大家的信任。当时的宏业监理公司，亏损严重，负债累累，比白手起家还要困难。孙建修从事企业管理工作多

年，深知做好企业的艰难，也能体会职工们的殷切期望。2004 年春节临近，他多方筹措资金，整合资源，注资 20 余万元，偿还债务，补发工资，让大家吃了一颗定心丸，度过了一个安乐祥和的春节。孙建修一直坚信，“众人拾柴火焰高”，干工作不是一个人的事，只有调动大家的工作积极性，才能使企业步入良性发展的轨道。

孙建修是这样说的，也是这样做的！他四处打听，搜集信息，只要听说谁家有工程项目要建设，他就主动上门联系。期间，曾无数次遭遇别人的冷遇，也曾吃过闭门羹，但他从不气馁，从不轻言放弃。功夫不负有心人，在孙建修的带领下，几个月下来，公司承揽到了十几个监理项目，解决了项目不足的问题。因为有项目做，资金运转状况也得到缓解。这些大家都看在眼里，记在心里。职工们说：“我们选孙建修做当家人，真是没有看走眼啊！”

严格监理，时刻不忘企业发展的“生命线”

孙建修经常说一句话：“质量是工程项目的生命线，谁家投资建厂盖楼都不容易，我们干监理的一定要负起责来，决不能让不合格工程流向社会，出现质量问题会愧对人民，愧对业主，愧对良心。”在监理过程中，不论严寒酷暑，孙建修都会不定期地到现场检查指导工作。特别对工程的地基与基础、主体、梁板柱、重要部位、重点结构、安装工程等，他都一丝不苟地梳理监管，绝不放过一个细微环节。2010 年腊月，有一个项目要赶进度，那天正好浇筑伐板基础混凝土，按要求留下影像资料，以便备查。正好新配的摄像机操作大家都不是很熟练，孙建修二话没说，扛着机器去了现场。在大冬天里一站就是几个小时，全身冻得没了知觉。

孙建修也经常说一句话："管理出人才，管理出精品。"在市住建局的领导下，他"以人为本"，创新管理模式，建立完善了一系列学习考核制度、工作制度，通过岗前培训、季度考核、年终总结等措施，提高监理人员素质，公司逐渐形成了一支文化层次高、知识面广、实践经验丰富的监理队伍。"没有严格的监理，就没有合格的工程。"正是基于这份执着和信念，并且在实际工作中恪尽职守，孙建修所带领的宏业监理公司在业内备受推崇。他们监理的安仙社区莲花河住宅楼小区，五年累计监理面积 10 余万平方米，从未出现质量安全事故，工程验收为市级优良，还被选定为山东省"两新工程建设"示范小区；小故事社区仁和花园、冯家林社区阳光花园、大桥社区锦桥花园、金缔凯旋城等小区均验收为市级优良工程……所监理的项目，每年都被市住建局推荐为春秋季"两新工程"省级检查现场。由于信誉好，2014 年底又承揽了福晨房地产公司开发的水岸华庭高档住宅楼建设项目，建筑面积 15 万平方米，现正在紧张地施工中……

说起公司的这些成绩，孙建修按捺不住心中的喜悦。他常说："累是累点，每当交付一项合格工程、一项精品工程，特别是得到业主、主管部门和社会认可后，心里都觉得无比自豪和骄傲。"这些年来，公司累计监理项目 560 余项，建筑面积达 180 余万平方米，实现利税 220 余万元。创"泰山杯"2 项、"省级优良"38 项、"市级优良"416 余项、"省级文明工地"46 项、"市级文明工地"89 项的佳绩。从未出现过质量安全事故，工程交验合格率 100%，优良率 80%以上，业主满意率 100%。由于工作突出，各种荣誉接踵而至，孙建修被评为"山东省建设工程评标专家"，2012 年当选为第九届莱芜市政协委员。2014 年被评为优秀市政协委员，2015 年，该公司被莱芜市工商行政管理局授予"守信用　重合同"单位。

兴趣广泛，他是一个热爱生活的"有心人"

在孙建修的办公室里，我们心中一颤，上千册书籍摆放在书橱、办公桌上，显得是那样气势不凡，不愧为是一位知识型的企业家，人称儒商。他创作的《人·桥·韵》诗文集；《心底飞歌》诗歌集，还有刊登他作品的十几种文学刊物，都是那么闪光入目。记者顺手拿起一本翻阅时，发现他创作的小说、散文、诗词、歌词等作品，内容丰富、涉及广泛、寓意深远。有咏菊花之佳句——"浩荡千里金秋，登高临远望风光"，亦有赞长勺战鼓之俊言——"轻则行云似流水，重则雷霆如万钧”。他曾填《沁园春》咏叹起航——“鸿雁高鸣，气吞山河，另辟蹊径竞风流”，也曾唱《满江红》以迎宾朋——“好兄弟，合作求共赢，诸事吉”。这些词句都抒发出感情和鞭策他人奋力前行的动力。

他创作的散文诗歌《相比之下》《砖，神奇的功力》《怀母念亲》《我的父亲》《滚铁环游记》《家乡的桥》《雪野秋景》《长相思·航体情》《清平乐·雪野》《忆秦娥·仲秋》《水龙吟·重阳望远》《沁园春·祖国颂》《中国梦·劳动美》《甲午殇》《百年潮·中国梦》歌曲已分别刊登在《山东文学》《当代小说》《北方音乐》《黄河之声》、中国《歌曲》等杂志上。他创作的《家风·国风》歌曲荣获第八届山东省“泰山文艺奖”音乐类三等奖。他已是中国散文学会会员、山东省作家协会会员、山东省散文学会会员、莱芜市作家协会会员。

1986 年，在莱城建工集团工作时，用自己的鲜血救活一名受重伤的职工。公司员工无论谁遇到困难他都会伸出援手。2006 年以来，曾帮助莱师附小 3 名学生完成小学学业；2008 年春节前夕，他还到苗山镇走访，为 30 余户困难村民送去了慰问品。2008 年汶川大地震参与捐款赈灾。在 2013 年政协会议期间，他慷慨解囊捐款资助一位白血病患者。患者家属说：“以最诚挚的心表达谢意。”

临行前，我们又看到了孙建修新创作的七言绝句：“以文会友天地宽，诚实守信事业广。淡泊名利身体健，快乐生活幸福长。”一首绝句道出了人生真谛！我们瞬间产生了无限遐想，他把人生的意义总结得淋漓尽致。“征程万里云鹏举，敢立潮头唱大风！”我们祝愿孙建修的美好人生更加丰富多彩，他的事业明天更加辉煌！

让荒山变绿山　让茶农变富农

——记日照市百满茶叶研究所所长宋百满

说起日照绿茶，不能不提宋百满。

宋百满，日照市岚山区后崖下茶业专业合作社理事长、日照市百满茶叶研究所所长和日照市百满茶业有限公司总经理。荣获岚山区科学进步奖三等奖，山东省科普带头人等荣誉称号。

兴办茶叶生产加工企业，推广茶叶生产新技术

2004年成立日照市百满茶业有限公司，现拥有加工车间3000余平方米，茶叶加工机械60余台套，年产干茶达到12万斤，产值2360万元。公司生产"百满"系列绿茶，具有江北绿茶特有的豌豆鲜味和板栗香味，形美色绿、香高味醇，深受广大消费者喜爱，连锁店达到38家。"百满"绿茶先后被评为山东十大名茶、山东大众放心茶、世界绿茶银奖、连续两届获得"中茶杯"全国名优茶评比一等奖、日照绿茶地理标志保护产品、无公害农产品、有机绿茶认证产品、山东名牌产品；"百满"商标被认定为山东省著名商标。创建研究平台，建立全市茶叶发展"产学研"联盟，开展茶叶抗冻选种，无性繁殖、无公害栽培管理等技术研究推广。宋百满同志申请的专利累计达到了31项，推广茶叶无性繁殖栽培达到1000亩，引进推广黄山群体、鸠坑、龙井43＃等优质茶叶种子30万余斤、建设生态茶园2800亩。

创办农民专业合作社，带头促进农民增收致富

为进一步促进农民增收，2008年1月宋百满带头创办了日照市岚山区后崖下茶业专业合作社，合作社以低于市场10％的价格提供的生产资料，又以高于同等质量鲜叶市场价格10％的格收购合作社成员生产的鲜叶，2013

年成员盈余返还总额143.9万元，达到可分配盈余的69%。受惠茶农人均年收入20000元，高于同行业非成员农民收入35%。成员发展到708户。组建了茶叶技术服务小组，聘请了市、区茶叶专家，对合作社成员内部实行统一技术指导、统一配方施肥、统一病虫害防治、统一鲜叶采摘、统一收购价格、统一标准质量为主要内容的"六统一"的生产管理模式。引导建立"农业龙头+合作社+基地+农户"的发展模式。每年培训人数达10000多人次，免费发放有机肥4680袋，进一步提高了广大农户茶叶生产的标准化水平，促进了茶产业发展的良性循环。

投身公益事业，发展日照绿茶旅游观光业

致富后的宋百满理事长将发展成果与茶农及合作社成员共享。积极投身于公益事业，为入合作社55岁以上的成员缴纳农村合作医疗保险141户，扶贫困难户38家。出资进行茶园基础设施改造，修建茶园防护林网，积极为村修公路、修建水坝，村换变压器捐款，筹建后崖下茶叶交易市场。带头献爱心，为白血病患者捐款，为地震灾区捐赠钱物，累计捐款达16万元。创办省农广校日照分校中等职业教育培训班，全省率先实现了"校企合作"，培训20～40岁的合作社成员148名。积极与多家知名院校专家教授进行交流合作，探讨社会主义新农村建设问题，成立曲阜师范大学山东省新农村建设社会实践基地，创建了校企研究平台，为百余名大学生提供实践基地。

立足公司和合作社的发展状况，他将下一步的发展方向定位在茶文化旅游和休闲观光农业上。投资1500万元在黄墩镇任家董旺庄建设集茶园文化、果园文化、菜园文化、苗木文化、生态农业养殖循环经济为一体的农家乐乡村旅游度假村，发展生态环保旅游观光农业，进一步提升日照绿茶的知名度。依托茶文化观光旅游进一步促进周边农户增收，促进周边广大农民加快全面建成小康社会步伐。如今，宋百满的茶园已经融入了巨峰镇百里绿茶长廊，让日照绿茶的整个产业链也灵动了起来。

中国服务器之父

——记浪潮集团董事长孙丕恕

2009年的一天，在德国德林斯顿飞往慕尼黑的飞机上，一位中国旅客神情专注地在一张餐巾纸上画着图。他正调动所有的思维神经描摹着一项雄心勃勃的跨国商业并购——收购全球第三大存储器厂商奇梦达。几个月后，这名中国企业家以3000万元人民币完成对奇梦达研发中心的收购。在这家傲慢的德国厂商提出25亿欧元的最初报价时，如此"物美价廉"的并购简直是不可思议。

这位用执着创造奇迹的企业家就是浪潮集团董事长、CEO、"中国服务器之父"孙丕恕。从一名专业技术人员到成功的创业者，他始终专注于中国信息产业核心设备的研发，创造了多个中国第一。他领导着浪潮集团经过十几年的自主研发探索，让这家濒临困境的国企华丽转身成为国内最大的服务器制造商和微软在华最大合作伙伴。在创业创新的漫漫征途上，孙丕恕用坚定和实干诠释了何谓执着的创业精神。

竞赛高手成长为出色IT工程师

1962年，孙丕恕出生于山东青岛郊县农村一个普通的农民家庭。身为农民的父母从没放松对孙丕恕学习的督促。1979年，他参加了全省数理化竞赛化学组的比赛。"在比赛中取得不错的成绩后，我觉得化学太简单了，不是高科技，电子行业才够复杂。"于是在填报高考志愿时，孙丕恕报考了山东大学电子学专业。"进入大学后，我除了吃饭睡觉，每天只干一件事，那就是学习。"孙丕恕说。

"1983年毕业后，我就来到了浪潮。我国的改革开放事业推动了IT行业的发展，我也很庆幸从事了IT行业。"孙丕恕自豪地说。

20世纪80年代，正值我国刚刚打开国门，一大批心怀“留学报国”理想的理工科大学生纷纷踏上留学之路，造就了改革开放后的第一轮出国潮。对于电子学出身的孙丕恕，出国深造意味着更成熟的专业环境和更有保障的发展前景。“不一定说要在国外工作才好，在国内同样可以干得好。”孙丕恕说。

早在1985年，孙丕恕就已经是一位才华出众的工程师，他带领的课题组研制出了中国第一代微型计算机0520系列。从1986～1989年，孙丕恕再接再厉，他领导开发的浪潮0530微机获国家计算机行业最高质量奖。此后，他的团队成功开发0540D微机，这在当时属国内首创，甚至在国际上也属于为数不多的推出此型号产品的厂家之一。这一重大突破，标志着国产PC的开发由简单模仿开始向独立研发转变。30岁时，孙丕恕获得了“科技先进工作者”的荣耀。

“国人在新时期设置的‘租界’。我下决心要回击这种歧视，打破他们在这一领域的垄断。”孙丕恕说。

1993年，孙丕恕和同事们来到新加坡，开始了小型机服务器的研究工作。为了节省经费，他们常吃方便面充饥；不舍得坐车时，步行几十里到各个相关科研机构查阅所需资料。在超强度的工作压力下，孙丕恕患上了严重的胃溃疡。但疾病并未使他停下前进的脚步。经过一年的不懈努力，在他的领导下，课题组终于研发出了第一台小型机服务器，打破了西方国家在此技术领域的绝对垄断。

孙丕恕的创业并未因重大的成就而停下脚步。1997年，在他的带领下，浪潮又开始了新的长征。当众多企业还在电脑市场中奋力搏杀，他率浪潮实现了主业转向服务器的华丽转身。“我们的特长在技术，向服务器转型是我们的必由之路。”孙丕恕说。

2002年11月，他启动了“天梭”工程，让中国拥有了第一台高效能服务器。此后在服务器性能上，六次打破世界纪录，迫使国外进口服务器连续降价达40%之多。“3000米接力赛，需要每一棒加速、加速、再加速，才能不断抢占制高点。”他用25年的苦追赶上了发达国家50年所取得的成就。如今，浪潮已经成为国内最大的IT企业之一。“我的梦想就是，打造一个百年IT强企。”孙丕恕激动地说。

孙丕恕领导下的浪潮，并不满足于服务器领域的卓越成就，他还将产业触角伸向了软件行业。

2005年，浪潮成为微软在华最大的合作伙伴，获得微软2亿元的投资，浪潮得以加快品牌国际化的进程。从这次合作起，浪潮开始大规模地采用微软的“·NET”平台，并帮助微软向客户推广“·NET”。

浪潮自主品牌的通信行业软件也迅速走出国门，先后在孟加拉、苏丹、布隆迪等国家和地区落地生根。同时，浪潮还积极发展对欧美、日韩的软件外包业务。

2007年，浪潮中标商务部委内瑞拉库阿科技工贸园项目，经过几年的努力，这一园区已成为南美最大的电脑生产基地，不但供应委内瑞拉国内市场，而且还辐射周边国家，有力地推动了浪潮海外事业的发展。

收购奇梦达:“穷小子”高攀“富家女”的智慧选择

2008年，为了填补中国在存储器领域的技术空白，改变整个集成电路产业庞大需求完全依靠进口的现状，孙丕恕向当时的全球第三大存储器厂商德国“奇梦达”提出合资建议。他得到的是对方傲慢的答复:“你们有什么规划，你们有多大投资，你们能干这个事吗?”“穷小子”想要高攀“富家女”，道路注定艰辛。但是孙丕恕态度坚决。

但在几个月后，乾坤大颠倒。在产业低谷和金融危机的双重压力下，奇梦达资金流枯竭，企业陷入困境。孙丕恕伺机调整策略——用并购取代合资，他即刻带领团队奔赴德林斯顿的奇梦达总部，将并购提案摆上了谈判桌，但对方开出25亿欧元的高价。

首轮谈判进展不顺，但孙丕恕并不罢休。在德林斯顿飞往慕尼黑的飞机上，孙丕恕迫不及待地在餐巾纸上写下了收购奇梦达的整体战略思路。

在这之后，孙丕恕对奇梦达的并购计划转入攻坚阶段，将价格从25亿欧元一直压到4亿欧元。但故事并未就此结束。又三个月后，奇梦达走投无路宣布破产保护，事情再度发生了质变。

“当时的情况不能进行全盘收购，选择性地收购对我们最有价值，并且也容易控制。”孙丕恕说。他深知在危机中规避风险、在挑战中把握机会的商业之道。孙丕恕决定抓住奇梦达最核心的存储器芯片技术，收编一个“缩水”奇梦达——只收购它的研发中心。从合资到并购、再到只并购核心研发体系，孙丕恕的海外抄底一波三折。最后，孙丕恕只用了3000万元人民币的价格便收购了其研发中心。

达则兼济天下，孙丕恕从容地践行着中国传统知识分子的至高理想。

如今，过了不惑之年的孙丕恕，拥有了更强大的信心、更为执着的信念、更加坚定的步伐，为当代青年树立起一个“实业报国”的闪闪坐标，它的标签上写着“坚忍不拔，脚踏实地”。

思路决定出路，布局决定结局

——记三三集团山东永平再生资源有限公司副总经理孙瑞卿

走进永平再生资源有限公司，首先映入眼帘的是陈列在道路两旁的钢雕艺术品，这些由废旧钢铁作原料、结合动漫人物精雕细琢而成的艺术品，自去年试验生产以来，广受市场青睐。一堆价值仅两三千元钱的废钢经创意加工后价格竟能涨至几倍乃至十几倍。提到这般点“石”成金之术，不能不提到一个人——三三集团山东永平再生资源有限公司副总经理孙瑞卿。

点“石”成金，废铜烂铁变身钢雕艺术

在山东永平再生资源有限公司从基层干起，孙瑞卿一步步地走到了今天的领导岗位。这和他勤思善学、紧跟时代的努力分不开。工作中，孙瑞卿认真学习，仔细思考，不断向工人师傅以及公司员工沟通，刻苦钻研专业技术，扩展自己的知识领域，很快掌握了再生资源加工设备多个领域，同时对废钢延伸领域在原有的基础上提出了自己改进的意见，并实施了设备生产的技术改进，在节约资源、降低能耗、保护环境、提高劳动生产率等方面具有重要作用。

在国家“十二五”规划重视整个生态环境平衡的影响下，随着人们对环保意识、创新意识和审美意识的不断提高，孙瑞卿预知市场发展潜在需求，认真学习废旧物资加工知识及再生资源延伸产业链的研发规划，带领团队创立集经济效益、社会效益和环境效益为一体的环保文化创意产业——钢雕产业，紧贴当前国家产业政策导向。他认为，“世上没有废品，只有放置不当的资源”。在这样理念的指导下，他把钢雕（废钢铁雕塑艺术品）作为一种产业项目进行开发。这样的一个文化创意、节能环保、循环再生结合于一体的新兴项目，在高密市首届创业大赛、潍坊市第六届创业大赛参加创业比赛

中得优异成绩，被评为“青年优秀创业项目”。

他说，公司还要投资3000万元建设一处钢雕创意主题公园，将公司设计制造的钢雕作品对外展出并销售。

加强管理，开创现代化企业管理新局面

孙瑞卿自担任公司管理者以来，深深地知道，要想企业更快更好地发展，员工的素质一定要不断提高。于是，他抓管理、抓业务、抓队伍，开创了现代化企业管理的新局面。

抓管理，上下一心谋发展。他一直把公司管理放在第一位，从公司的生产到公司的未来发展规划总结出一套系统的管理方案。最初公司招收的员工工作能力与个人素质参差不齐，纪律意识不强，为了提升员工的纪律意识，促进生产，孙瑞卿通过精心组织，建立健全了各项规章制度，引进了先进的生产设备，选配了最优秀的管理人才加入进来，经常与员工沟通交流，最终建成一支纪律性强的员工队伍，形成了上下一心谋发展的良好氛围。

抓业务，身先士卒求发展。工厂的销售市场发展是工作的重点也是难点，孙瑞卿着重分析市场，与大家讨论市场发展，确定公司生产设备在市场发展方向，分区分片逐个进行营销，带领员工做好宣传推广工作，为未来市场发展方向打下坚定基础，为产品销售奠定基础，并带领出优秀的销售团队。

抓队伍，提升素质共发展。在管理中孙瑞卿认识到，万事以人为本，人的基础打不好，事业就很难发展。于是，他规定每周抽出时间，组织员工开展业务培训与交流，并在车间设立讲堂，鼓励员工工作之余不忘学习。另

外，他还经常派员工走出去学习，回来后与其他员工共同交流。在不断的培训交流和学习中，员工的整体业务素质、综合能力都有了很大的提升。

投资东北乡，打造世界文化名片

在引领公司阔步前行的同时，孙瑞卿还抢抓莫言获得诺奖和电视剧《红高粱》拍摄的大好机遇，大胆投资文化旅游事业。2014 年，在孙瑞卿的带领下，在莫言家乡——山东高密东北乡打造成国内最大的以钢雕为主题的文化创意公园。公园主要分为远古时代、变形金刚、十二生肖、废钢艺术中心、红高粱文化中心等几大板块，内设咖啡厅、书画展、工艺品交易所、三 D 墙画等多个元素，同时穿插一些个性化的作品。园内雕塑作品全部用废钢铁打造，完全实现了资源的二次开发利用，在展现废物重生，节能环保理念的同时也展示了循环经济的特色，将创意、环保、艺术等概念传达给前来参观的游客，使游客都能体验一次遨游创意王国的奇幻历程，激发人们的创新意识和环保意识，使之也被评为"山东省循环经济教育示范基地"、公司被评为"山东省循环经济示范单位"，"中国废钢铁应用协会艺术中心"也在此钢雕园挂牌成立。

孙瑞卿说："1987 年，电影《红高粱》在我的家乡孙家口村进行拍摄，先进的思想和震撼的影视效果，对幼年的我触动很大，从那个时候起，我的心里就埋下了要借助文化旅游把家乡建设得更美丽、更富有的梦想的种子。"现在，公司的东北乡文化旅游项目被列为山东省重点项目。下一步，公司将加快循环产业园建设。随着二期、三期工程的开工建设，基地将向高品位、高附加值的再生材料精深加工产业园区发展。

孙瑞卿说："创业首先要创新，有创新才能持续发展，思路决定出路，布局决定结局。"三三集团山东永平再生资源有限公司也将会在创新中不断前进。

为了大地的丰收

——记施可丰化工股份有限公司总经理孙运生

2008年8月19日，山东省邹城市付宪全农作物种植合作社又将一面写有“货真价实、放心肥料”字样的锦旗送到施可丰公司，并带来了部分花生，他们说这是施用了“施可丰”牌长效缓释肥的花生，一定要让施可丰公司的孙运生总经理亲口尝尝他们丰收的果实。

像这样的故事，在施可丰还有很多。一家肥料生产企业，为什么能像磁石一样吸引着众多的农民关注，故事还得从施可丰公司的总经理孙运生说起——

施可丰因他而精彩

“施用施可丰，丰收有保证。”十年前这句广告语就随着施可丰复合肥传遍了长城南北，大江两岸。对中国磷复肥发展史稍有了解的人，都会知道“施可丰”这个复合肥行业的老牌子。作为国内最早的复合肥生产企业之一，施可丰曾在业内享有盛誉，但近几年来，在复合肥市场的竞争浪潮中却放慢了前进脚步。为扭转被动局面，2006年底，翔龙集团对施可丰公司领导班子进行了调整，确立了以孙运生总经理为核心的领导团队。

孙运生曾当过兵，教过书，当过村支书，还当过工人、车间主任、生产厂长、钢铁公司的总经理，有着丰富的人生阅历和工作经历，曾经在施可丰工作过多年，选他任总经理是再合适不过的人选。

孙运生常说：“企”字上面是“人”，人止则企兴，人是企业的根本，要想办好企业，人是关键。孙运生担任总经理后，大胆启用年轻员工，给他们压担子挑重任。同时他还从社会上广纳贤才，通过感情、事业和待遇留住人才。他通过与干部谈心、与员工交流、到市场上实地考察的方法找到了医治症结的良方——培育优秀企业文化、鼓舞员工士气，并对公司发展目标进行了重新定位，提出了“建缓控释肥料基地，做中国放心肥专家”的经营新理念，把2007年确立为品牌建设年，以质量铸品牌，以管理育品牌，以文化兴品牌，以服务扬品牌。

为强化市场工作，孙运生在上任之初曾五下东北，三下江南，果断、迅速地进行战略性调整，将营销作为工作的重心，全面加强营销制度建设，优化营销网络，实施市场细分，巩固市场基础，开拓新生市场，短时间内恢复并占领了市场高端地位。他以产品订货会为契机，组织新老经销商来公司参观考察，让经销商实实在在感受企业的发展氛围，增强认同感，短短三个多月的时间，100多家经销商牵手施可丰。

与此同时，孙运生上任以来，先后策划了一系列活动。如“一站式”服务大厅启用、100万吨长效缓释肥投产誓师大会、业务骨干军训、与中科院院地合作签约仪式、中试车间项目建设、承办经济开发区危险化学品事故应急救援演练等大活动、协办第二届世界缓控释肥料大会等，带动了公司产品结构的调整和内部人事组织机构的整合，激发了全体员工工作积极性和主动性，在客户、股东、行业、政府和社会各界树立了施可丰的崭新形象，在行业内外引起了广泛关注。

痴心一片推广新型肥料

我国是全球最大的化肥生产和消费国，但是多年来，我国化肥的使用中仍然存在着：氮、磷、钾比例不合理，氮、磷量高而钾量低，土壤中钾素连年亏缺的现象在逐年加大，肥料利用率低，平均只有33%左右，有效期不超过90天。这一方面造成了巨大的浪费，加大了农民的投入，同时也增加了环境的负担，使大量的氮成分挥发到空气中，大量的氮和磷随水流失到水域里，造成了环境的污染和水体的富营养化，同时也给粮食的安全带来了隐患。

施可丰化工股份有限公司与中科院沈阳应用生态研究所经过多年科研攻关，研制成功一种长效缓释复合肥料。该肥料内含的NAM添加剂，能有效抑制土壤中的脲酶活性、硝化细菌活性，并活化土壤中的磷素，提高氮和磷的利用率，一次施肥不用再次追肥。这种长效缓释肥能使作物生长优势突出，达到改善生态环境的效果，被专家称为真正的绿色肥、环保肥，代表了今后化学肥料的发展方向。

为了尽快让农民认识和接受这种肥料，从2007年初，孙运生就在公司内挑选了50多名农化服务人员经过统一培训后组成“施可丰新型肥料宣讲团”，在全国各地宣讲科学施肥知识。由于这些宣讲员具有丰富的农化知识和农村生活经历，他们讲的课深入浅出，操作性强，深受广大农民欢迎，有不少地出现了“争抢”宣讲团的火暴场面。截至目前，施可丰拳型肥料宣讲团已在山东、辽宁、吉林、哈尔滨、河南、江苏、安徽、山西、陕西、黑龙江、内蒙古等地举办科技讲座1000多场。

做中国的放心肥专家

孙运生当兵退伍回到家乡后，干过多年的村党支部书记，对化肥有着一种特殊的感情。目前，国内复合肥市场进入了新一轮“洗牌”期，肥料行业的利润越来越薄。面对激烈的市场竞争，有好多肥料生产为一己之私，靠“炒概念、降含量、换包装、明星代言”等手段忽悠老百姓。孙运生看在眼里，急在心上，他经常对员工说：我们都是农民出身，农民种地不容易，农民是弱势群体，伤天害理的事情我们不能做，我们要从身做起，做中国的施心肥专家，让老百姓感觉到“施可丰的肥好用、施可丰的人可交”。

孙运生是这样说的，也是这样做的。2007年新年第一天，施可丰化工一站式综合服务大厅开业仪式上，孙运生郑重提出了“做中国放心肥专家，让天下老百姓都用上放心肥”的新理念，并表示公司将以强势的品牌、专业的技术、优质的产品、贴心的服务，为建设社会主义新农村做出新的贡献；随即在100万吨长效缓释肥投产誓师大会上，他进一步诠释了施可丰励志做“中国放心肥专家”的经营理念，并制定了名牌战略指导思想。从农资质量万里行名优品牌施可丰长效缓释肥新产品推介会到施可丰农化服务队在全国各地农化知识讲座；从与中科院的院企合作到复合肥百强县工程的创建；从中国土壤肥力保育暨施可丰长效缓释肥发展研讨到长效缓施肥试验田的建立……孙运生带领施可丰人以独特风姿和创新风貌，在践行着做“中国放心肥专家”的理念，在同行业及社会各界树立了施可丰的崭新形象。

愿做新型缓控释肥料的探路者

施可丰化工股份有限公司现有100万吨长效缓复合肥的生产能力，是国内规模最大的长效缓释复合肥肥生产基地。他们与中国科学院联合研发的长效缓释复合肥内含长效因子，在综合运用抑制剂协同效应及磷素活化等技术方面达到国际先进水平。为进一步调整产品结构，满足高端市场需求，解决传统控释肥料包膜材料在土壤中降解时间长的难题，在孙运生的倡导下，施可丰公司与华南农业大学联姻开发新型控释肥技术。

2008年5月16日，施可丰化工股份有限公司10万吨/年异粒变速新型控肥释项目正式奠基，目前该项目土建工作已基本结束，大型设备即将陆续安装。项目投产后，施可丰公司将在全国同行业中率先形成了“内缓外控，缓控结合”的产品格局，企业抵御市场风浪的核心能力将进一步增强。

面对未来竞争日趋激烈的肥料市场，孙运生对笔者说，施可丰面对原料上涨的局面，坚持不降低含量，确保施可丰“放心肥专家”的品牌形象。他认为，企业的效益固然重要，但企业的社会责任感和使命感更重要，让天下的老百姓都用上放心肥是施可丰的经营理念。施可丰愿做新型缓控释肥料的探路者和推广人，做平衡施肥和测土配方施肥的倡导者和带头人，不断探索新型的农化服务模式，为大力发展环境友好型、土壤保育型等新型肥料，让天下的老百姓都用上放心肥料，为现代农业的可持续发展做出应有的贡献。

物流总部经济的开拓者

——记济南市人大代表、山东鹊华集团董事长滕善明

个人小记：滕善明，男，1970年出生，1988年8月参加工作，2004年6月入党，现任山东鹊华实业集团董事长，济南零点物流港有限公司董事长，2007年当选为济南市历城区第十六届人大代表，2012年当选为济南市第十五届人大代表、历城区第十七届人大代表、常委。同时担任济南市个体私营协会副会长、济南市工商联常务委员、济南市现代物流协会副会长、济南市历城区工商联副主席、济南市历城区鹊华诗社副会长。

立足本职，振兴企业，发展地方经济

1997年，滕善明以8000元开始创业。他先后承包了村办的专用汽车厂，组建了钢结构施工队，成立了钢结构公司，逐步发展为以钢结构生产经营为基础的工贸企业，产品销售至山东各地市及河北等地。

随着市场经济的发展，滕善明审时度势，抢抓机遇，利用厂区优越的地理位置优势，开发建设物流园区。2006年5月，济南零点物流港园区开业。他推广实施园区的规范化、标准化、信息化、生态化建设，打造物流总部经济，实现了仓储、装卸、信息、代管等服务功能整合，园区货物吞吐量约200万吨，成为集货物集散、商品配送、流通加工、物流信息服务集于一体，覆盖华北、华东、华南等地区的重要物流节点，济南市发展物流总部经济的重要载体。2009年成立济南鹊华信息科技有限公司，建设了山东物流信息网，打造全省最大的物流网上电子交易平台。还与用友软件合作，开发物流网上交易系统，实现实物、商品、信息和资金“四流合一”的集成优势。为发展第三方物流，成立了济南鹊华物流有限公司，集供应链管理、信息配载、仓储配送、城市配送、连锁商超配送于一体，在华北各省市设立办事机构30多个，为

广大客户提供仓储、代管、配送等一体化专业服务，成为全省城市商超配送的龙头企业。

鹊华集团零点物流港是华山地区连续多年的纳税大户，促进了地方经济社会的发展，在纳税、就业、社会稳定等方面都做出了积极的贡献。

诚信服务，热心公益，履行社会责任

滕善明在企业经营中诚信至上，打造诚信服务品牌；热心公益事业，履行社会责任。

作为一家成长型民营企业，面对日益激烈的市场竞争，文明诚信是企业生存发展的生命线，是企业发展的精神载体。滕善明坚持用科学发展观统领发展大局，诚信经营，依法纳税，努力打造文明诚信服务品牌，形成了爱岗敬业、诚实守信、热情服务、奉献社会的职业道德风范。企业成立了党支部、工会、团委，大力加强党的建设和企业文化建设。以人为本，关爱员工，提高全体员工的政治思想素质，努力构建和谐企业。广泛开展爱国主义、集体主义、社会主义教育和社会公德、职业道德、家庭美德教育，开展爱岗敬业教育，不断培育和提升企业文化，用企业精神凝聚员工。"诚信，团结，创新，执著"的企业精神和"产业报国、造福员工"的核心价值观得到全体员工的广泛认同并在工作生活中得到充分体现。鹊华集团坚持社会服务承诺制，有高标准的服务规范、保障机制和管理制度，是济南市物流行业唯一的省级标准化示范单位。企业守合同，重信用，银行信用和商业信用俱佳，享有较高的信誉度和社会知名度。企业内部安定团结，和谐发展。良好的信誉，为企业的发展营造了很好的社会环境。集团下属的济南零点物流园区在完善服务上下功夫，推行"一条龙"式物业管理服务，营造良好的经营环境；推动服务功能升级，提高了客户满意率，多次荣获山东省、济南市"文明诚信市场"等荣誉称号。

滕善明热心公益事业，积极扶贫济困，回馈社会，造福人民，鹊华集团及入驻零点物流港的企业为社会提供就业岗位4000多个。连续多年资助社会公益事业，救助失学儿童，捐助教育事业。在四川汶川地震、青海玉树地震等捐款活动中，积极组织员工、园区企业积极奉献爱心。连续多年捐助教育事业、慈善事业，多年来累计为扶贫、救灾、助残、助学等社会公益事业捐助200多万元，受到社会的好评。先后获得"历城区光彩事业先进单位"、"济南市抗震救灾先进单位"等荣誉称号。

抢抓机遇，规划未来，为社会再立新功

在新的历史时期，为加快科学发展，打造物流总部基地，推动经济社会发展，成为推动区域经济发展的引擎，滕善明规划济南零点物流港园区改扩建工程，规划建设济南零点国际商贸物流港，将大桥路片区建设成为集现代物流、电子商务、现代商贸、旅游休闲等功能于一体的国际化商贸物流集聚区和生态服务新城。项目位于济南市最大物流片区的大桥路，规划总占地约1450亩，总建筑面积202万平方米，总投资80亿元，主要建设电子商务物流服务园、商贸物流产业园、现代化多功能立体仓库、中青年创业园与企业孵化基地于一体的综合性现代商贸物流城。其中电子商务物流服务园占地

500 亩，建筑面积 66 万平方米，已被列为济南市重点建设项目，目前正在建设中。项目将高度整合社会资源，成为物流信息、商品集散和电子商务集成的运营枢纽，打造物流商贸业集聚区，有利于推动济南市建设成为全国性物流区域中心城市和率先成为全国性物流节点城市。项目的实施，将引入 2000 余家企业，提供 2 万个就业岗位，预计整体实现年营业收入 600 亿元，税收 4 亿元，具有良好的经济效益和社会效益。

滕善明及其山东鹊华集团的工作受到了各级党委政府的肯定。他本人先后获得济南市五一劳动奖章、济南市非公有制经济组织先进党务工作者、济南市招商引资先进个人、济南市历城区十大杰出青年等荣誉。企业先后获得国家 AAAA 级物流园区、中国五星级仓库、中国仓储服务金牌企业、山东省服务名牌企业、山东省重点服务业园区、山东省价格诚信单位、山东省物流与采购行业五十强企业、山东省服务业标准化示范单位、山东省消费者满意单位、济南市重点物流企业、济南市规范化文明诚信市场、济南市守合同重信用企业、济南市共产党员先锋号等荣誉。

新起点开启新征程，新蓝图孕育新希望。滕善明同志正带领全体员工，集中精力打造重点服务业集聚区，争做济南北跨桥头堡，做大做强物流园区经济，拓展发展空间，形成产业集聚效应，为促进我市经济社会的发展再立新功，做出新的更大的贡献。

凝重的责任，创新的生命

——记鸢飞大酒店行政总厨王爱刚

王爱刚，现任鸢飞大酒店行政总厨。以“责任、爱心、诚信”为价值观，经过多年的研究，创立了自己的日常管理法，从各方面调动了全员的工作积极性，取得了显著的成果。

王爱刚是“国家高级技师”，2002 被评为“山东名厨”“山东省技术能手”，后来相继获得“全国绿色厨艺大使”“中华名厨”“中国鲁菜烹饪特级大师”“中国烹饪大师”“潍坊市突出贡献技师”“最佳行政总厨”，2011 年 1 月被中国烹饪协会评为“餐饮业高级职业经理人”。

爱岗敬业，科学管理

为了提高餐饮品质、强化餐饮后厨管理，他通过学习不断加强对厨房的基础性管理，着力于厨房卫生、安全生产、操作规程、菜肴质量、控制成本等方面。在他的带领下，酒店出品部采取“请进来，走出去”的方法，大胆创新，本着“用爱经营、用良心服务”的理念，结合自身实际，推出了鸢飞厨房“七日管理法”，每日确立一个管理主题，有效地保证了酒店经营效益的稳定和提高，

七日常管理法，从食品的安全、厨房设备的安全、员工的精神状态、厨房的成本、菜品的创新、菜品的质量、厨房的卫生条件等七个方面，用时间观念来规定每天要做的事情，从侧面来鞭策每一个人，每个管理者，这也给每一个管理者精神上的支持，而管理法的建立在保证酒店各厨房的有序运行及厨房队伍、厨房文化的建设上也都起到了保障和促进作用，特别是对厨师队伍精神上的建设起了建设性的作用，集团领导对他的这套管理法很是赞同。因为此管理法对集团日后酒店业的发展有着重大的促进作用。

2015 年，王爱刚带领出品部的全体员工，紧紧围绕着集团公司和酒店提出的创新经营战略，本着“用爱经营，用良心服务”的理念，在众多四星级以上的酒店竞争中，硬件设施已无优势的情况下，通过“质量、速度两手抓”，加强“爱岗敬业”日常管理法的实施，通过对加强菜品的出品速度、出品质量的统一控制，一年菜品收入 450.7 万元，比预算计划 443.9 万元超出 6.8 万元，菜品成本 215 万元，比计划 216.5 万元降低出 1.5 万元，成本率 48.05%比计划 48.50%节余了 0.44%个点，成绩与管理效果是有目共睹的。

追求时尚，创新发展

在菜品创新方面王爱刚有很深的造诣。美国著名的管理学家彼得·杜拉克说过，“在变革的年代，经营的秘诀就是没有创新就意味着死亡！”作为出品部的上层领导，他对这句话有着深刻的理解，菜肴只有不断创新，餐饮产品才有吸引力，餐饮企业才有生命力。他带领各厨师长共同研究，根据季节性和人们的喜好、习惯，先后推出了“靓汤煲仔系列”、“冻食海参系列”“养生酥心面点”系列，他通过对原料、技法、口味等不同的方面进行尝试和探索，经过创新的几款菜品更是得到了客人的一致好评，同时也给酒店带来了非常好的收益。如：将鲜排骨进行腌制再用肠衣将排骨包装，再经过几道工序制作出的“肠衣排骨”、用一些海鲜经过特殊的腌制加工的“一品海鲜狮子头”，每天平均日销量达 25 份，日收入达 600 多元，其他创新菜品如：贡米麦仁海参、农家炒斗鸡、蜀香美味翅、手撕风干鸡、黑椒鹿柳、铁板牛仔骨、芙蓉海胆、风味羊腿、风干手撕鲈鱼、手撕羊脖，在宴会中推广，丰富菜品品种；面食如：鸢飞鲜奶油条、水晶粉条包、酥皮波露包、养生山药酥、香芋酥等受到客人的好评与认可。为了更好地发挥各个厨师的聪明才智，在巩固传统菜品的基础上，大力开展菜品创新，各厨房建立了岗位菜品创新机制，每周由主管以上人员带头挖掘创新，激发员工的创新热忱，对其在菜品创新做出成绩的厨师给予相应的物质与精神奖励，激励员工的创新积极性。同时又对好的创新菜品在宴会上、零点上给予推广，增加了酒店的收入。

在他的带领下，出品部员工更是以其高涨的士气不断地努力、再努力。首先，通过不断地推出新菜，吸引顾客，扩大市场占有率，在竞争中占据优势，为酒店树立好的口碑。其次，出品部各厨房不时研究开发推出新菜，使各厨房的厨师既有发挥聪明才智的途径，也有互相学习，不断充实、提高的机会，厨房的凝聚力因此不断增强，员工的工作士气也更加高涨。再次，菜肴创新为烹饪文化的繁荣发展做出了切实贡献。作为山东烹饪界的明星的他，时时刻刻牢记自己肩负的责任——传承烹饪文化，倡导现代餐饮。

节能降耗，控制成本

在日常管理中，王总厨非常注重成本控制管理，保证餐饮经营效益。一方面，根据“爱刚敬业七日管理法”注意降低在经营中的损耗，充分利用食品原料、降低原料消耗，如在菜品制作过程中有意识地将原来丢弃的下脚料回收再利用。出品部通过菜品创新及研究顾客需求将原来的下脚料制作出新品种，既满足了顾客的需求又降低了成本。同时，加强对水、电、气的充分合理利用和管理。

另一方面，积极配合采购、成本部进行三方定期询价，保证各类原料的定价合理性。厨师长参与厨房内部市场考察，保证了原料的进货质量及价格，从而有效地降低了进货原料的价格，使厨房成本得到有效的控制。

不管是严寒还是酷暑，王总厨对原料的验收要求都是非常严格的，从质地、颜色、新鲜度等，他和初加工的师傅们一起把好这第一关。

勇担责任，传递爱心

在日常管理中王总厨坚持“以人为本”的管理思想，重视与员工的思想沟通，及时了解员工的心声。不管谁家有困难，都当作是自己家的事。

一次，因宴会太多、零点又很忙，为了赶时间，王总厨亲自到厨房灶前掂起了大勺。在炉灶与炒锅轰响的声中不停忙着，等到宴会与零点基本结束时就快 10 点多了，他回到家时，见到妻子生气的样子，这才想起当天 5 岁小儿子因没人看管，独自在家一整天，爱人白天给王总厨打电话要他回来照看，他当时答应了，她就出差了，没想到会出现这样的情况。为了这，夫妻俩“冷战”了好几天，还是在同事的“说情”下，妻子才“转阴为晴”！

是啊，王总厨不是不爱儿子，不爱家，他心里装的更多的是酒店和客人啊！“用爱经营，用良心服务。”不能将这句话只当作口号，而是要真正作为自己的座右铭，将鸾飞的爱传递出去，成为更深邃、更富有社会责任的爱！

一位 80 后的传奇人物

——记营销传播专家王广伟

他，1980 年出生于泰安岱岳区一普通农民家庭中，第一学历是中专，而现在则是山东大学的特聘营销传播学专家、中国人民大学、清华大学、浙江大学客座教授。他学的专业是汽车运用与维修，而现在则是高级企业培训师、电子商务应用工程师、国内知名的品牌营销策划专家。刚参加工作时月薪是 300 元，企业还想解聘他，而现在一小时的收入都过万元，企业找他需要提前 15 天预约。他曾经因为没钱睡过泉城广场、10 元钱能当一周的生活费用，而现在他却成立了齐鲁私董会，辅导着多家上市公司，服务企业规模合计过千亿元。

知不足而后进　一本《引爆营销》闯江湖

2000 年正月初八初到济南的王广伟在济南九维家庭用品有限公司工作；2003～2006 年在三株集团吴炳新董事长麾下工作；2006～2007 在鲁商集团凌沛学董事长麾下的山东福瑞达生物工程有限公司工作。因为王广伟初始学历低、知识不足、家里也没有什么背景，所以他养成了勤于学习、勤于思考、勤于实践、勤于总结的好习惯，再加上三株集团、鲁商集团所给提供的大舞台，所以王广伟成长得特别快。25 岁时他就坐上了三株生态美集团企划总监的位置，通过多年的经验总结，28 岁时就出版了第一本专著《引爆营销》，这本书专门讲述中小企业如何在资金不足、渠道不广、品牌不亮的情况下如何去战胜竞争对手。该书被中新网誉为金融危机下最值得一读的好书，中共中央党校、江苏省委党校等都荐读，在上海、江苏、浙江、福建等地十分畅销。自此王广伟全身心地投入到了管理咨询策划行业。从 2008～2013 年王广伟就在济南雷德新思维管理咨询有限公司担任总裁一职。2009 年王广伟被山东大学聘为营销传播学专家。2010 年被前沿讲座评为中国杰出营销导师,同年出版了《市场营销部管理制度范本大全》一书。2009 年广东佛山典典瓷砖公司的唐金珠总经理找到了王广伟老师,希望让其能够对企业所经营的墙砖、地砖项目进行品牌营销策划方面的辅导,这一合作一直持续到了现在。尽管当下建材行业整体不景气,但典典瓷砖却连年攀升,企业规模也从当年的千万元到了现在的数亿元,销售网店遍布全国。对此,号称小学毕业学历的唐金珠总经理说,我们企业的成长是与王老师的辅导分不开的!

要做就做典范　巡讲福建莆田

莆田是一个神奇的地方,当地无木生木、五金生金,无茶生茶。莆田古时又称"兴化",当地有句俗语叫作"神仙难赚兴化钱",意思是神仙想从莆田人手里赚钱都很难。当地人说,莆田人又被称为东方的犹太人,他们的精明劲比温州人有过之而无不及。典典瓷砖总经理唐金珠是福建莆田人。她的小姑子,山里人家有限公司的总经理吴丽军女士,也是在莆田当地经营企业,主要做桶装水和小瓶水生意。当吴丽军女士看到王广伟帮助唐总把企业经营得有声有色、蒸蒸日上就专程来了济南三次,请王广伟南下福建帮她经营企业。王广伟讲做企业必须要有高度、有深度、有广度,通过缜密的市场调研就给山里人家根据实际情况进行战略定位:要做典范、要做冠军、要让更多的家庭和企业都喝山里人家水。因此就提出了,企业愿景:"水中典范,山里人家";企业使命"桶装水销量冠军";企业宣传口号"效率高的单位,效益好的企业,生活好的企业,不差钱的老板,都在喝山里人家"。经过战略上的调整和具体的落地执行配合,短短几个月的时间山里人家的声誉、知名度、销售额都获得了巨大的提高。山里人家的变化,被驻点帮扶企业的莆田市个私协秘书长林桂华先生敏锐地捕捉到了。林桂华秘书长说:王老师,都是我们莆田人赚别的地方人的钱,你怎么赚到我们赚钱人的家里来了?你有本事就不要像那些张口国际 500 强、闭口国内 50 强的所谓的营销大师、大忽悠一样讲些虚拟没谱的东西,有本事,你就结合我们小微企业现状给我们哪些初中都没有毕过业甚至连小学都没有上完的企业家门讲讲实战的营销课、必须要讲今天学完马上就能用的那种。你敢讲吗?王广伟笑着说,那你考验考验我吧。经过林桂华先生的再三考察,并亲自到了山东一趟去查看王广伟老师的真实性后,决定聘请王老师为当地进行为期五天的巡讲,在秀屿区、城厢区、仙游区等都留下了王广伟老师的身影,累计培训企业 3000 余家。2012 年后来又优选当地 68 家优秀企业的成功品牌运营经验出版了《品牌成长之路》一书;2013 年又结合外地返乡投资创业的莆田籍企业的案例出版了《莆商回归之路》一书。这两本书在海峡两岸引起了巨大轰动。2013 年王广伟老师又背《山东商报·创业版》聘请为首位创业导师,仅 2013～2014 年一年的时间里,王广伟就辅导了 300 多位创业者,没有向他们索要过半分钱。2013 年 6 月 8 日,王广伟老师又成立了山东华谋企业管理咨询有限公司,主要做公司治理、电子商务、国际化营销、资本运营等版块业务。同年,王广伟成为了山东省民营企业家协会理事职务,并加入了具有民间性、教育性、统战性,由梁启超、黄炎培、蔡元培等人于 1917 年创立的中华职业教育社,中华职业教育社由中共中央书记处直管,由中央统战部代管。

深入农村　帮助创业者　帮扶小微企业　积极参政议政

2014 年以前,王广伟在福建、浙江、上海等地的知名度要比在山东高很多,客户也多很多。从经济效益上来讲,王广伟的工作重点还是应该放在江浙地区而非山东。但是当年林桂华先生来山东考察时,山东省个私协秘书长张启伟先生曾对王老师说:你在外地也是帮企业成长,在山东也是帮企业成长,你为什么帮外地的企业就不帮山东的企业呢?这可能是张启伟先生不经意的言语,但是王广伟却深深地记在了心里。2014 年 4 月 22 日,王广伟在山东讲了第一电子商务公开课,随后就在山东境内的济南、泰安、淄博、东营、潍坊、菏泽、日照等地市进行巡讲,为菏泽定陶县的菜农们、为日照岚山区和泰安地区的茶农们、为寿光地区的果农们、为泰安宁阳地区卖钢球的农民都进行了巡讲,王广伟用电子商务知识所应用的行业涉及食品、药品、化妆品、酒水、家具、汽车建材等十余行业,瑞阳制药、新华制药、中邮医药、周村烧饼、秦老太食品、广饶卫达电子商城、桓台宝恩皮革、建富齿轮、东星源姜制品、金牛帆布、国爱堂食品、盛韵木门等都是他的学生。

2014 年 9 月王广伟成为了一名中国致公党党员,10 月份王广伟又被聘为 ICSB 全球中小企业创业联合会一中国分会副秘书长,自此王广伟也就走上了国际化舞台。ICSB—全球中小企业创业联合会,于 1955 年在英国伦敦成立的社会组织;会员由全球知名创业专家(含战略专家、管理专家、经济专家、金融专家、营销专家等)和著名企业家、出台创业政策公务员及初期创业者多个层面组成,目前在全球有 12 个分会 80 多个国家有 10000 多名会员。

积极参政议政,是每个民主党派成员义不容辞的责任和义务。2015 年,王广伟所撰写的《加快电子商务立法的建议》《推动电商联盟建设促进我国电商健康发展的建议》《构建国家级电商扶贫平台开展“互联网＋8000 万贫困人口”的建议》等多篇社情民意被山东省政协、全国政协和致公党中央采用，他被评为了2015年度致公党优秀党员。

尽管王广伟横跨了商界、学术界和政界三大界别，拥有显赫的光环和骄人的成绩。但他十分的低调、沉稳、随和，少言寡语，你很难把他和高级企业培训师这一工作联系起来。目前在互联网＋的强劲推动下，在大众创业万众创新的局面中，在“一带一路”的版图下，我们所有的炎黄子孙都在践行者自己的“中国梦”。而王广伟的中国梦则是用知识创造价值，帮助更多的中小企业、创业者们能够做得更健康、更长久、更盈利，走向更大的国际化舞台中。对此，我们期待着——期待着王广伟能够演绎他新的传奇。

取民之爱，博民之悦

——记山东民悦商贸股份有限公司董事长王建华

“要打造中国家居产品第一品牌!”说此话的人并非一位早已扬名立万的长者，也不是一位为他人加油鼓气的培训师，而是一位八零后创业小伙!他的名字叫王建华。那是他的目标，也是他正在进行的事业。

王建华1983年出生在一普通家庭之中，通过自己的努力考入了东北师范大学，就读工商管理专业。毕业后，他曾从事过多种职业，但每一行都小有成就。比如从事美发，他曾担任过山东湧鑫美业总经理;经营运输，则成为了天津经营运输公司的总经理。王建华先生虽出生于普通家庭，但多年商场拼打的经历练就了他独有的商业超前意识及稳扎稳打的作风。

随着生活水平的日益提高，人们越来越追求生活的质量，表现在家庭生活方面，自然家居日益成为人们关注的焦点。王建华从中把握住了时代的机遇。于2013年9月，他注册成立了山东民悦商贸股份有限公司。

做好产品

在民悦的厂房里，高高地悬挂着一幅巨大标语牌:“如果不讲质量将会全军覆没，如果没有质量将要天诛地灭。”这在民悦每个工厂里都触目可见。足可以印证“民悦”把质量视为生命。

王建华认为，优质产品和优质服务是企业形象和企业精神的体现，没有高质量的产品，高质量的服务，就没有高效益。木制品家具质量的好坏，尤其是木材内质的好坏并不是消费者一眼就能看出来的。因此，他经常教育员工:做家具是一个良心活，咱民悦要先做人，后做事。我们的产品是名牌，必须具有本企业精神的名牌职工才能生产出来。要做到:名牌产品名牌人，产品过硬服务精。它的核心不仅是创品牌、名牌的需要，而且还彰显企业文化。

民悦把这一理念变成实实在在的行动，从总部会议室到工厂、生产车间到处都挂着一个醒目的横幅标语："为次品率是零而奋斗！"在质量管理这个链条上，一个产品从原料采购到生产成品到销售有上百个工序，经过100多人的手。一个环节"掉链子"，产品质量就打了折扣。甚至于产生次品。因此，从公司质控部的质检员到工厂的QC小组，以质量、技术为主题，带领职工深入开展降废、减损、低耗、高效、零缺陷活动。自检、互检、专检，使每个人在每个环节上都知道自己的责任是什么，应该怎么做，形成了全天候、全方位、全员参加的质量管理体系。

在民悦，所有员工讲得最多的是质量，会开得最多的也是质量会。每天的晨会，每周的周会，每月的月会，都雷打不动。通过现场会诊找出质量问题，研究解决办法，处理相关人员。一次次的质量会，一件件的检查，把"质量"二字深深地扎根于职工脑海中，并付诸行动。在民悦，产品质量出了问题没商量余地，无论是谁，按章办事，坚决处罚，决不手软。一次会议上，王建华为民悦家具这种行为作出了诠释：家具质量的高标准是永无止境的，质量的追求是永恒的，产品质量的管理更是无限的，我们永远需要不断提高。

做好营销

随着竞争者越来越多，自然家居市场上，同质化竞争使企业不断陷入红海。面对竞争，王建华给民悦规划好了营销的路线。

多省搭建平台，将业务覆盖全国。截至2015年，民悦在黑龙江、江西、山西等省已有多家旗舰店和体验店。对于加盟店，从门面的设计与装修都到调整产品陈列、培训产品销售知识等，民悦总部都会予以大力支持。2015年7月31日，民悦江西黄竹庵家居生活馆火暴开业，新店位于江西省赣州于都黄竹庵，除了提供自然健康家居产品，也注重健康生活方式的渗透与绿色环保知识的宣扬，让顾客更好地享受"自然健康生活"，体验式购物带来的健康、服务与便利。民悦在江西迅速建立起了良好的品牌口碑，赢得了众多投资者和消费者的青睐。江西黄竹庵店店长肖淑华感慨道："对于开业能取得很好的业绩，我非常感谢总部的支持。加入民悦后，总部对新店的开张给予了最大的帮助，不仅让我们顺利开业，而且还拿下了非常不错的业绩。之前还是有些忐忑的，但看到今天的销售状况我对之后的经营更加有信心了。"

与互联网接轨。从2014年开始，民悦股份便正式迈入到一个高速发展的阶段，并开始尝试在实体店的基础上加入'互联网＋'的概念，通过线上线下配合，资源优化，建立自己的微营销体系，并即将构架起属于民悦自己的

O2O 商业模式——线上线下全接触 359 新三网模式，竭力满足各年龄阶段对自然健康家居产品的需求。

王建华非常重视与媒体等的合作。2015 年 7 月，民悦正式宣布与央视新闻直播间合作，双方将进行全方位媒体合作，通过双方强势平台之间的密切互动，为用户提供自然健康家居产品及服务。央视新闻直播间是中央电视台新闻频道推出的一档 8 小时直播节目，深受百姓喜爱。民悦与直播间的合作是名至实归的强强联手。双方的战略合作实现了优势资源的完美融合，将为用户提供更优质的产品体验和客户服务。

王建华人性化的自然家居产品和独特的经营模式，让民悦股份只用了两年时间，实现了从"望其项背"到"同台竞技"、从"跟踪发展"到"自主创新"、从"高级打工者"到"平等合作伙伴"的历史性转变。民悦股份逐渐成为一家致力于打造中国最大的自然家居生活平台的现代化、多元化于一体的企业集团，其业务覆盖了全国，并建立了南北两家分公司，与众多的一流企业建立了广泛的战略合作伙伴关系。

2015 年民悦成功上市，成为第一个上市的商贸公司。在谈及此点时，王建华说，我们没有什么秘诀，我们做的仅仅是四个字——"不忘初心"，时刻把创造自然健康家居生活放在第一位，踏踏实实地期望为人民的健康做一些事情。作为一个从事自然家居行业的企业，我们责无旁贷地以我们的慈爱之心去拓展市场，以更多的想象、更多的爱心、精心、用心；更大的动力、活力、能力去坚持不懈地为社会大众提供高科技的优质产品和人性化的服务。

带领群众奔小康的退伍军人

——记山东玉皇化工有限公司董事长王金书

从一名退伍兵村支部书记，凭着军人的良好素质，执着追求、艰苦奋斗，一步步地成长为一位为国家创造利润数亿元的著名企业家，王金书带领村民走上致富之路的凤凰涅槃历程，为社会展示的是革命军人不畏艰难、无私奉献的高尚品质，为历史镌刻的是共产党人心系社会的神圣责任和执政为民的崇高情怀。

艰苦创业，带领村民从贫穷走向富裕

1981年，王金书从部队退伍回到了老家，黄昏暮霭中的土坯墙，低矮得几乎是趴在地上的破旧房屋，贫穷而守旧的朴实的村民，沉闷地狗叫声……眼前这一幕与改革春风沐浴下城镇的繁华美丽冲撞着他的心灵。“这就是我的家乡，这就是我的村庄玉皇庙……”。人均200元左右的经济收入使王金书陷入深深的思考……1984年，他被推选为村支部书记，尽快带领群众致富是他任支部书记后提出的主要施政纲领。从此，他在带领群众致富的路上迈出实质性的一步。一方面他大胆对土地种植进行调整，是东明县第一批进行大棚种植试验及最早搞粮菜间作套种的村之一；另一方面，他围绕发展工副业、增加农民收入做文章。当时砖瓦销路很好，决定利用村南百余亩荒地兴建窑厂。为了筹措资金，王金书带头拿出自己家的全部积蓄。为向城里的一个战友借款，王金书骑自行车一个月往返村、县城28天，累计行程千余公里。真是磨破了嘴，跑断了腿，功夫不负有心人，最终通过借款与村民集资筹措到8万多元。苦心人，天不负，呕心沥血，终于建成了一座年生产能力达800万块砖的窑厂，通过大家的共同努力，当年盈利3万余元。

初步尝到了成功的喜悦后，更坚定了他发展工副业的决心和信心。良

好的开端是成功的一半，在王金书的带领下又先后办起养鸡厂、养鱼厂、塑料厂、打火机厂、杀虫剂厂等企业，但由于致富心切，操之过急，对市场考察力度不够，加上资金、技术支撑较差，终以失败告终。面对困难和挫折，王金书没有退却，而是在失败中总结经验和教训，在成功中学会风险预测和创新。有志者，事竟成。王金书开始边工作边学习，边摸索，边解放思想。通过对市场的反复考察和论证，他认为要立足资源优势，开发自己的产品，走好自己的路。通过反复酝酿讨论，决定以油气产品或副产品为原料，走深加工和精加工的路子。

从此之后，王金书一门心思放到了发展企业上来。为了解决技术难题，他跑科研院所，拜访专家教授。当听说他是一个农民，却要干科研院所中的前沿产品时，都认为这是不可能的，也不愿与其交流。虽然是常常受挫、坐冷板凳、一天一顿饭、住个车马店、几次在路途中病重晕倒，但是凭着对事业的执着追求及带领大家脱贫致富的使命感责任感，王金书不服输、不言败，以真诚和耐心感动了专家教授。玉皇化工先后成了 5 家院所的指导点和新产品实验基地。为了解决人才问题，王金书上南京、跑北京，历尽千辛万苦四处寻找专业技术人才，先后有 6 名高级工程师服务于玉皇化工，成为公司业务技术的有力支撑。玉皇化工由小到大，一步一步地发展起来，创造了显著的经济效益和社会效益。长期以来，安置农村剩余劳动力 400 多人，安排下岗职工 120 余人，仅 2005 年就向国家纳税 2281.6 万元。

王金书致富不忘乡亲，他将个人所得和奖金全部用于村公益事业，十几年来，累计向村水利建设、学校、村级公路、孤寡老人、残疾人、贫困大学生等捐资 560 多万元。他每年都为村里请专家教授传授农科技术，提高村民的科技兴农意识。贫穷落后的玉皇庙村在王金书的带领下发生了翻天覆地的变化。

村民富裕了，事业发展了，王金书依然保持着艰苦朴素的精神，在公司他坚持值班、查岗，同员工一起研究、解决生产现场中的困难和问题，依然和大伙在一起吃食堂，不搞任何特殊。上下班仍然骑着创业时期的金鹿牌自行车，以自己的模范行动带动、影响着村民和公司员工向着更高的层次不断前进。

依托科技，带领员工兴办高新技术企业

王金书领办的山东玉皇化工由简单的化工产品起步，逐步向科技含量高的产品延伸，不惜重金从北京、洛阳等地聘请高级工程师作为公司的常年技术顾问。同时与有关科研院所保持着密切的联系，先后引进各类专业技

术人才38人，培训人员89名，为公司的长远发展奠定了坚实基础。

1999年，经过市场预测和专家论证，王金书敏锐地意识到乙烯工程的副产品碳五深加工市场巨大。乙烯工程副产品碳五中含有大量国内外紧俏的化工中间体异戊二烯、间戊二烯、双环戊二烯等。随着我国乙烯生产能力的不断扩大，副产品碳五大量被作为工业燃料使用，对其综合利用十分有限，因此，碳五深加工不仅具有较高的开发价值，而且还可以带动医药、农药、橡胶等相关产业链的发展。于是他投资1000多万元，经过4年的小试、中试，终于在2003年11月建成了一套2万吨/年碳五深加工装置，并拥有自己的知识产权，成为继上海金山石化之后，我国第二个生产厂家。产品经省技术监督部门检测鉴定，填补省内空白，符合行业要求，经省科技厅成果鉴定为新产品、新材料，具有较高的科技含量，被省科技厅列入重点扶持高新技术企业之一。产品供不应求，分别进入农药、橡胶、涂料、油漆、固化剂等生产厂家。2004年，产品先后出口日本、美国等，开始进入国际市场。

目前，玉皇化工的20余种产品在市场具有良好的信誉。但是王金书认为，企业要有生命力，就必须不断注入新技术、生产新产品。2003年以来，公司先后开发生产了丙烯、MTBE、乙烷、苯等产品，完成技术改造和新产品开发投入4200万元。另外，一批新的高新科研项目正在酝酿之中。

再铸辉煌，创业路上不停步

王金书所领导的村富裕了，他兴办的企业壮大了，玉皇化工目前已发展为集开发、生产、销售于一体的中型精细化工企业。现有员工698人，总资产5.8亿元，固定资产3.98亿元，占地33万平方米。中国优秀品牌企业、山东省高新技术企业、菏泽市重点工业企业第六位、菏泽市经济增幅最快最好的企业之一、东明县重点骨干企业之一，2006年入选“中国化工企业经济效益500强、中国化工企业500强、中国化工化学助剂行业50强”。他本人于1994年和2001年被中共山东省委授予“优秀共产党员”，1995年被山东省政府授予“优秀乡镇企业家”和“劳动模范”，1996年被山东省委授予“优秀党务工作者”、“优秀企业家”，山东省第八次党代会代表，2004年被县委、县政府授予“功勋企业家”，2006年被中国企业家协会授予“中国优秀企业家”荣誉称号，2006年6月，被中共山东省委授予“山东省优秀共产党员”称号，连年荣获市、县先进个人和劳动模范等荣誉称号。

但是，作为一名共产党员和人大代表，王金书始终把自己放在零起点的位置上，心里装着村民百姓，情系企业和全体员工。几年来，他为村里的群众办了无以数计的好事，“有难找支部，有事找金书”成了村民的口头禅，他为员工全方位的服务和为企业发展处心积虑地思考已形成玉皇化工发展、集聚人才的一种无形资产。王金书常说:“我要以‘三个代表’为指导思想,以企业发展为奋斗目标,以群众利益为核心动力,用毕生精力回报党和人民”。如今,在玉皇化工,崇德、重才、敬业、创新已成为企业的核心精神,企业管理步入了规范化,职工有了稳定的经济收入、劳动保险、安全生产等优惠待遇,充分体现以人为本的企业理念。现在,王金书最大的愿望就是通过几年的努力,把玉皇公司做强做大,三年内销售收入突破10亿元,为国家多纳税,为股东多分红,为员工多创收,为社会多奉献;10年内,争取把玉皇庙村建成“华西式”的文明新村。

王金书正是以这种锐意进取、开拓创新的精神激励鞭策自己朝着更高更大的目标前进,实现自己的人生价值。

离子膜“公主”

——记山东东岳集团研究院副院长、氟材料加工研究室主任王婧

解开“中国化工人心中的痛”

中国是当今世界氯碱产能第一大国，但全球第一的光环并不能掩饰中国氯碱人的一块心病。

全氟离子膜，这枚化学工业“皇冠上的明珠”，被认为是氯碱装置的“心脏”，技术一直被美国和日本的公司垄断。由于未能掌握氯碱用离子膜的生产技术，中国氯碱的产业安全成了全行业最大的后顾之忧。

全氟离子膜，这张含金量极高的薄膜，曾是共和国几任化工部长、几代化工人未偿的夙愿，是中国化工人心中永远的痛，曾经阻滞了多少氯碱人自主自强、实现完全国产化的脚步。

从“六五”时期起，我国一代代化工人开始了漫长的离子膜国产化征程。直到2010年6月30日，一个民营科技化工企业——山东东岳集团100%国产化的全氟离子膜，在万吨级氯碱装置上一次通电成功。从此，中国氯碱行业终于有了“中国心”！

李克强、张德江同时在新华社内参上批示，要求国家有关部委全力支持东岳离子膜尽快实现国产化替代。胡锦涛、温家宝、李源潮先后视察东岳，对离子膜研发取得的成就给予高度评价。

王婧，就是这个项目研究团队中的骨干一员，唯一的一名女性。

为了氯碱产业的“中国心”

王婧是北京化工大学材料学专业博士研究生，毕业后，作为高层次人才

来到了东岳集团，与张永明博士一起，负责全氟离子膜的研究。作为国家重大科技项目，山东省高新技术"一号工程"的主要参与者，她深知责任重大。因为前期没有经验可循，她只能天天奋战在研究一线，一次次地思考，一遍遍地实验，在氟材料研究室干燥低湿的狭小环境里，成膜材料刺鼻的气味几乎让人窒息，但这些都没有影响她的研发热情，她经常是几天几夜不眠不休，关注着原料的一点点变化。面对紧张的研究工作，休息一天洗洗床单、被罩，都被她当成是一种放松，一个奢侈的愿望。经过一年半的努力，在克服重重困难和压力下，全氟磺酸/羧酸/网布增强复合离子膜的成型研究终于完成，并逐步应用到工业中。2013 年，担任东岳研究院副院长的王婧承担起了东岳氯碱膜品质升级和产业化、市场化推广重任。目前，离子膜现已大面积用于上海氯碱、中盐常州、苏化集团等氯碱企业，各项运行指标均达到和超过国外同类产品水平。

勇攀科技高峰的离子膜"公主"

从 2007 年至今，王靖已经在东岳集团度过了近九个春秋，九年的努力奋斗让她在科研项目方面硕果累累。先后承担了"863"计划、"十一五"、"十二五"科技支撑计划等国家级重大项目以及省级多项科研攻关项目，积极参与了欧盟第六框架、中国一加拿大国际合作等重大项目。其中，参与主持研发了我国首套 20 万平方米/年全氟离子膜工业化生产线，产品在国内外 20 多个厂家，20 台/套电解装置上应用，填补了国内行业空白。主持了山东省自主创新成果转化重大专项"太阳能电池封装用含氟功能膜材料开发"工作，开发了熔融吹塑法和流延复合法制备聚偏氟乙烯太阳能电池背光膜技术和高透明度封装膜材料生产技术。曾申请发明专利 26 项，发表论文 20 余篇。先后荣获国家技术发明奖二等奖、山东省技术发明奖一等奖、第八届山东省"发明创业奖"一等奖以及"山东省有突出贡献的中青年专家""中国膜行业优秀工程师"等荣誉，2012 年被列为中组部"万人计划"首批青年拔尖人才。

雄鹰何须等风来

——记盛大华天国际控股集团董事局主席王茹铮

他行事雷厉风行且富有成效，他用真情对待身边的每个人。在他的带领下，盛大华天人一路走来，践行着兄弟姐妹信任担当的最高境界。他们坦诚相待、荣辱与共，这样一群有血性、肯于付出的创业者们，抱着让大多数普通直销人在盛大华天的平台上找到存在的价值、收获人生梦想的信念，手拉手、心贴心地一路前行。他就是王茹铮，博奥克生物科技有限公司创新事业部执行总裁、盛大华天生物工程有限公司董事长、创富集团中汇万众股权投资管理公司首席顾问、中国直销产业联盟筹备委员会主任，也是2014最受尊敬的直销总裁。

2014年，王茹铮先生在山东聊城创立了盛大华天健康产业发展有限公司，公司位于山东省聊城经济开发区九州工业园，注册资金1.2亿元，是一家从事研究、开发和应用于人类大健康产业，大型综合性高新技术企业。公司以生物科技、养生养老、文化旅游、生态农业、移动互联、金融资产和国防教育七大产业为主体，各产业既独立又互通，真正意义上实现中国民族产业大融合，开创大数据复合式“营销”的新时代。

谋企业大局

王茹铮是个直率的人，对于直销行业所存在的问题，他都能坦然坦率沟通。在第五届中国直销文化论坛现场，当台下的同行就问：“目前中国的现状，一个人能不能经营多家公司？同时经营多家公司反而被开除的这个现象怎么解决？”他说：“那就看各个公司老板的心态了，这个世界是个开放的平台；这是个大融合的时代；也是个大数据的时代；大营销的时代，有容乃大，像云一样融合起来不好吗？公司和公司不竞争不好吗？我想说的意思很简单，现在所有的公司都把我们当经销商看待，既然是经销商，你就和公司是雇佣关系，别的公司就等于和我们没有关系，不封你才怪。我们是消费者，我们要维护我们消费者的权益，我们可以消费任何一家公司的产品而不是经销公司的产品就对了。我对这个现象一样深恶痛绝，所以我向大家庄严的承诺，我们公司永不封点，除非你是恶意诋毁公司、恶意越线、恶意搞恶意的行为，你可以消费任何一家直销公司的产品。”

在当今纷繁复杂的直销环境中，与很多人带着私心、功利的目的运作直销不同，王茹铮一直保持对直销本源清晰把握和坚守。他的思想中直销就是一个生活方式，是最好朋友之间的最好产品的家庭式分享。直销发展到今天，早该到了正本清源、拨乱反正的时代。他任何时刻都不会忘记呼吁更多热爱直销的人为直销的未来承担责任，引导直销重新走上让产品说话的时代，因为直销的本质就是产品的消费。

对于企业的发展，王茹铮早已规划好。他认为，盛大华天的生态模式将分两步走，先是打造垂直产业链，比如文化旅游、金融资产、现代农业等板块，随后盛大华天将会将这些板块再做横向融合，从底层打通。从2015年开始，盛大华天加快生态布局，致力于打造生态产业链。使之产业集群化、系统专业化。其中生物科技板块首当其冲，取得了不菲的业绩，成为盛大华天快速发展的主导力量。其次养生养老板块也是势头不减，继在宁夏银川开设第二家分院后，也将陆续布局全国，开设第三家、第四家分院。移动互联在云端板块更是做得风生水起，呈现出良好的发展态势。

在他的布局中，未来盛大华天仍然以生物科技为依托，同时并行七大产业板块。在谈到未来发展的重点时，王茹铮认为七大产业必须同时推进，不能有一个掉队。他表示，盛大华天多个产业板块分开来做主要是从业务发展速度来考虑，2015年前后，各大板块逐步分批打包上市。

谋兄弟姐妹情谊

王茹铮说，任何一个商业模式的成功与否是要看它成全的是谁？它是用什么一种方法来打造你的团队，博奥克·盛大华天是要通过利益关系网，来寻找到我们兄弟姐妹的情义网，我们要通过打造利益共同体这个方便法门，来寻找到我们的命运共同体，在这一点上，我们盛大华天人做到了。

但他也曾如此告诫大家：“对于直销行业的新人来说，要踏踏实实地做好市场，不要认为在直销行业里面可以一夜暴富，直销和其他的行业是一样的，需要我们不断地、不懈地努力才有机会获得成功。”他还说：“风口论都是机会主义者，未来真正能够改变产业，改变世界的人应该是雄鹰型的企业，而不是苦苦等风，应该是实现自我翱翔，冲破雾霾打破现在。盛大华天要成为时代的雄鹰，开创自己的未来，开创民族产业的未来。”朴实的话语中，流露着务实的风格和负责任的系统领导人的姿态和格局。

有这样一位对兄弟姐妹真诚；对人生信仰虔诚；对所处行业热诚的事业领航者，是直销行业的幸运。博奥克·盛大华天也将在他的带领下，树行业新风、创行业先河。

大雪过后是丰年

——记山东华万网络科技有限公司董事长王在明

一

这些年来，纷纷扬扬的大雪似乎一直纠缠在王在明的梦中：铺天盖地的雪片从天而降，瞬间把自己吞没。眼泪刚涌出眼眶就冻成了冰碴子。鼻涕堵在鼻腔里却怎么也擤不出来。浑身上下仿佛一下子冻成透明……

所以，当2015年的第一场大雪跌跌撞撞地扑向泉城，王在明就站在了办公室的窗前，一站就是大半天。从明珠大厦的32楼向远处望去，此时的济南已经银装素裹，那些高楼、树木、街道、花园，都在肆意飘舞的大雪中变得海市蜃楼般飘缈，幻化成虚无。王在明睁大眼睛使劲分辨，人行道上一个火红的小点在慢慢移动，突然间就消失了。王在明的心里“咯噔”一下：应该是一位红衣少女滑倒在了雪地里！

王在明离开窗户，坐回到办公椅上，点上一支烟。梦中挥之不去的那场大雪，已经跟随了自己20多年了吧？他闭上眼睛，铺天盖地的雪片从天而降……

二

1990年隆冬。德惠。此时，24岁的王在明是淄博特种陶瓷厂的一名业务员。

如果这样用倒叙的方式展开这个故事，带来的效果可能会更震撼。但这不符合王在明的性格。有一是一，按部就班，这是20多年来王在明闯荡商海的准则。所以，我们还是把镜头转到故事的开始，那是1990年的7月。

1990年7月，王在明从山东建材学院矿产资源开发专业毕业。

作为当时的国家建筑材料工业局直属的三所重点院校之一，王在明的面前有很多的单位可以挑选。而他选择的却是淄博特种陶瓷厂。其中的原由，只是"陶瓷"二字。

在建材学院学习的4年时间里，王在明的业余时间都泡在了淄博的陶瓷博物馆里。那些穿越千年依旧光彩夺目的陶瓷制品，泥和火的完美演绎，紧紧地拴住了王在明青春萌动的心，也翻动起他孩提时代的梦想。

和一块泥巴，捏一只小猫或小猪，趁妈妈不备，丢进火焰熊熊的炉灶中……这应该是那个年代，无数农村小伙伴们都曾经干过的乐事，王在明也不例外。但让他一直耿耿于怀的是，无数次的努力，却没有得到一件完整的作品。

怀揣陶瓷梦想的王在明，风风火火地来到建在半山腰的淄博特种陶瓷厂，成为了500多名特陶人中的一员。按照厂里的规定，新来的大学生王在明下到车间，开始了半年的入职实习。

三

但王在明不知道的是，此时的特陶厂，已经站到了悬崖的边上。常年的三角债，压得特陶厂气喘吁吁，寸步难行。从陶瓷辊棒车间转到石棉瓦车间继续实习的王在明，心中的陶瓷梦开始离他越来越远，就像一条在浑浊的泥水中看不清方向的鱼，他急需探出头来呼吸一口新鲜的空气。

所以，当厂里贴出公告扩大业务员队伍时，王在明就毫不犹豫地第一个报了名。他如愿以偿，分到的区域很大：东三省。

对特陶厂来说，东三省是一块冰封已久的心病。十几家客户，50多万元欠款，5年的时间里，业务员去了一茬又一茬，即便是分管厂长亲自出马，也从未要回一分钱。

就这样，隆冬时节，个子不高人不胖的王在明，坐上了开往"千里冰封、万里雪飘"东三省的火车，第一站来到了松辽平原腹部的德惠。他找了一家最便宜的小旅馆住下，打算明天一早就去德惠建筑公司看看。

早早起床，洗漱完毕，王在明推开旅馆的大门，一下子惊呆了：天啊，这是怎么了！铺天盖地的雪片从天而降，瞬间把他吞没。眼泪刚涌出眼眶就冻成了冰碴子。鼻涕堵在鼻腔里却怎么也擤不出来。浑身上下仿佛一下子冻成透明……王在明想退回屋里去，但一个声音喝住了这个念头：不能后退！就是下刀子也不能后退!!

四

5公里的路，王在明在漫天大雪中跌跌撞撞走了足足5个多钟头。当他颤抖着敲开德惠建筑公司传达室的屋门时，着实把守门的大爷吓了一跳。说明了情况，慈祥的大爷心疼地把王在明叫进了屋里，为他冲上了一碗滚烫的姜糖水。

连续三天，王在明每天都早早地来到建筑公司等他们的经理，这让刚刚就任的刘云会很是感动。第三天的下午，王在明终于走进了刘云会的办公室。可刘云会想不到的是，王在明提出的第一个要求，却是清点库存和破损，主动承担损失。刘云会破例留这位山东的小老弟吃了一顿热乎乎的晚饭。

第四天一早，王在明拿上德惠建筑公司5000元的欠款，高高兴兴地坐上了回山东的火车。这是特陶厂五年来来自东三省的第一次回款！王在明深情地望着窗外的山峦大地，雪停了，阳光投射在上面，到处金光灿烂……

五

那场大雪过后，王在明的事业迎来了十年的春天。

不到两年的时间，王在明就理顺了东三省的业务，往日的欠款基本结清。1993年8月，为了开拓南方市场，厂领导将王在明派往广东、福建。在厦门、佛山、石湾，让王在明大开眼界。南方如火如荼的发展，使他热血沸腾。他马不停蹄地走访客户，用山东人特有的真诚与客户成为朋友。但特陶厂的保守与南方的开放还是让王在明大受痛苦，于是，一个大胆的想法在他的脑海中出现……

1994年秋天，正是收获的季节。王在明却辞职了。他东借西凑了2万元钱，在张店区柳泉路上租了一间平房，带着一名刚刚走出校门的大学生，成立了自己的第一家公司：淄博华鹏陶瓷机械公司。那时的王在明浑身有使不完的劲儿。不到一年的时间，就成为了德国海登皇格、意大利西玛等世界陶瓷机械知名品牌的中国总代理，业务遍及全国。1996年，王在明创办了淄博日月天餐饮集团，开始向多元化发展。1998年，又创办了山东联讯电子有限公司，成为中国第一批研发生产手机电池的企业。

企业的不断扩张和迅速发展，让王在明感到了管理的重要性。1998年9月，王在明来到人民大学，成为中国第一批MBA。在王在明的眼前，一张宏伟的蓝图正徐徐展开，犹如一首令人血脉偾张的交响曲即将达到高潮。但令他万万没有想到的是，这一切却在某一刻戛然而止！

六

王在明清楚地记得，那一天的雨像疯了一样一晚上没有停歇。2000年6

月23日的2点30分，王在明看了一下手表，开上车冲进了雨中。今天德国的客商6点40分到达济南遥墙国际机场，王在明答应去接机。

雨刷完全失去了作用，王在明只能开着大灯慢慢地前行。不知过了多长时间，瓢泼大雨突然停了。王在明心里一阵兴奋。他看了一下手表，5点20分。又看了一下路标，泰安东。从蒙阴到泰安，往日不到一个小时，今天却跑了3个小时，王在明无奈地摇了一下头。好在雨停了，无论如何不能失信客商！他把车速定在200迈，车子憋足了劲忽地一下冲了出去。王在明只觉得眼前一黑，世界一片黑暗……

不知过了多长时间，王在明隐隐约约听到有人在说话，他想睁开眼睛，可眼睛就是不听话。他的眼前有一大片跳跃的红色，哦，那是过年时母亲做的寿桃吗，桃尖上那抹艳红让他感到是那么亲切。"回家，回家……"他喃喃道，眼角流下一串泪水。

"醒了！他醒过来了!!"

七

王在明的老家在沂蒙山区，属于蒙阴县岱崮镇，名字叫大崮村栗子坪庄。村子不大，只有100多口人，但村子很美，坐落在山脚下，花果飘香。

自从上次车祸之后，王在明就回到了老家静养。房前的那棵有年头的石榴树还在开着火一样的花朵，院中的柿子树已经撑开了厚厚的绿阴。王在明从来没有像现在这样仔细地观察过自己生活生长的村子，日出或月落，他都会到处走走逛逛，一草一木都是那样的亲切。他想为自己的老家做点什么。

2002年的春天，王在明放弃了原先的企业，来到上海，成立了上海一代园林科技有限公司，寻找着大千世界与家乡交集的节点。

念念不忘，必有回响。一天，在朋友的办公室，他吃到了有生以来最美味的桃子，朋友告诉他，这种桃叫中华蜜桃，是一种高档果品，很受欢迎。王在明的老家虽然是个山村，却不见一棵桃树。如果把蜜桃引过去，那该有多好！

八

现在的岱崮镇已经成为著名的桃乡。每年春天，满山遍野桃花盛开，游人如织。秋天一到，蜜桃飘香，各地客商纷至沓来。老将军迟浩田兴之所至，挥毫写下了"中华蜜桃第一镇"。

这些年来，王在明把翅膀安放在泉城，把身子扎在家乡，他要完成一个带着家乡蜜桃飞起来的梦想。

2007 年，王在明和家里的大哥投资 100 多万元，建起了 4000 多吨的冷库。2009 年，他整合 10000 多亩桃园，成立了长兴果品合作社。2010 年，他为家乡的蜜桃申请注册了“华蜜”商标。2015 年 8 月，在山东省首届农产品峰会上，经过权威机构专家的评估，“华蜜”品牌价值为 5.99 亿元人民币，成为山东省有机绿色果品第一品牌。

十年磨一剑。王在明感到已经到了该腾飞的时刻。2015 年 11 月，他成立了山东华万网络科技有限公司，定位为互联网＋营销工具开发集成商。他要为“华蜜”安上互联网的翅膀……

九

泉城 2015 年第一场大雪还在纷纷扬扬地下着。王在明的心里却开满了五彩缤纷的鲜花。哦，是春天来了……

爱心撑起一方天空

——记莒县福利服装厂厂长辛兴芬

这是一个十分普通的女性，也像万千普通的女性一样不善于张扬自己，所以在人群中，她不会引起你的注意。然而只要你与她接触几分钟，你就会为她那颗充满爱意的心灵所深深地震撼。这爱，来得是那么博大，播撒得是那么无拘无束。

她，就是莒县福利服装厂厂长、日照市就业再就业优秀个人、市"五一"劳动奖章获得者辛兴芬。

临危受命创业艰

1996年，莒县水利局服装厂经过改制，时年40岁的辛兴芬成为厂长、法人代表。她接手的是怎样一个厂子？机器老化破旧，全厂仅剩12名工人，终年没有活干，几年没发工资，人心散乱……

面对困难，老辛没有退缩，她决定从开拓市场入手，靠优质的服务和合格的产品树立形象。主意打定后，她立即四处寻找市场，可人家一听立刻摇头："你们连窗帘都做不好，还想做服装，我们可不敢开这个玩笑。"那些日子里，老辛腿跑肿了，口说干了，她的诚心、她的韧劲终于打动了青岛胶州市一家服装公司，可人家只答应她加工800件服装，这样一算，老辛连运费都赚不回来，但她并没有犹豫，没有气馁。她相信：天道酬勤，只有把这800件服装加工好了，自己才会有机会，有实力说话。回来后，她拿出自己所有的积蓄，东拼西凑，上了一部分机器，并自行贷款给工人发放了工资，最大限度地稳定了人心，鼓足了他们的干劲。工人们也以实际行动感谢着老辛对她们的关爱。当这批做工精美、质量优良的服装发出去后，对方大吃一惊，无论如何也不相信是他们做出的。老辛便趁热打铁，自己出资邀请他们来参观指导，亲眼看了服装生产的全过程后，客户信服了。并随之与老辛建立了长期合作关系。

面对每一份订单，辛兴芬都小心翼翼地对待，没有什么承诺，更没有什么豪言壮语，只是一心一意地做好当前的每一件事。献出一颗诚心，赢得一片信任，同时也赢得了大量订单，局面就这样慢慢打开了。目前，莒县福利服装厂已发展到180多台先进机器，员工280余名，其中残疾职工100多名，占职工人数的40%，再就业职工80多名，年加工各类服装50多万套，平均月接订单4万余件，产品远销美、意、德、日、韩等十多个国家和地区。2005年3月份，福利服装厂新厂正式动工建设，总投资600万元，新建厂房4500平方米，年生产能力200多万套，可以安排700名工人就业，其中可以安排残疾职工400名。

诚实守信拓市场

老辛接手福利服装厂后，始终以客户的需求为第一需要，坚持以质量求生存，以效率求信誉。以过硬的产品质量、良好的信誉和一副侠义心肠，赢得了客户的信任，拓开了产品市场。十余年来，从没出现过一次质量索赔事件，老辛在省内服装出口加工界也小有名气。莒县福利服装厂没有专门的业务员，老辛的名字就成了一张重信守诺的金字招牌，为莒县福利服装厂引来了源源不断的订单。2003年9月份，省交通进出口公司有15000件的服装加工出口生意，时间紧、任务重，他们在考察了十几个厂子后，最终决定把这批活交给业务已经很繁忙、且工期很紧的福利服装厂，理由只有一个：这儿信得过！果然不出20天，15000件服装全部保质保量地按时完成。公司经理感慨地说："曾有20多个厂子跟我们合作，但像你这样拼命的还真不多呢!”

常言说:“同行是冤家。”内行人都知道,服装加工行业现在已进入战国时代,市场、人才竞争十分激烈。但她明白扎堆拓市场、抱团闯天下的道理。始终坚持一个原则:“同行有难不袖手旁观,不拆台,自己的人员想走的全力支持。”去年夏天,安丘有一厂家,由于交货期紧,还有250件服装干不过来,要求帮忙。这么点儿活,工期又那么紧,再加上自己厂里也还有干不完的活儿,所以,她很不想接,但看着对方那副无奈和恳求的样子,辛厂长的心软了,她知道这么点儿活,别的厂家一般是不会接的,更知道完不成外贸订单的结果。救急如救火,她走进车间,对着已经连续奋战了数天的工人们满怀歉疚地说了声:“我对不起你们了。”把大体情况向大家说了一遍,还没等辛厂长的话音落下,工人们就争先恐后地说:“厂长您放心,我们一定完成任务。”经过两天的日夜奋战,2500件服装加工提前一天保质保量地完成。当电话打到安丘后,对方简直是喜不自禁,不敢相信自己的耳朵。

口碑万人传。由于老辛拿着职工好,不仅从不拖欠工资,而且工资收入在同行业中也是最高的。所以本县有些服装加工厂里的职工慕名而来,不少是能独当一面的技术能手。她知道厂子培养一个技术能手的艰辛,对这些来投奔她的人,她总是一概苦口婆心地劝他们回去,而自己手下的员工想离开,她则大力支持连钱带物地欢送。本厂一位姓王的员工想离开厂子独自经营,老辛得知后,非常支持,立即无偿赠送6台旧机器,并帮着介绍客户、引荐职工,在她的大力支持下,这个服装加工户的事业也迅速红火起来。职工部建英家庭困难,想到国外去打工,辛兴芬听了很高兴,大力支持。如今,这位在非洲毛里求斯同样干服装且小有成就的职工,仍念念不忘辛厂长的恩情。

情系职工暖人心

她的心里时刻装着全厂里的每一个职工,用爱温暖着每一个人的心。福利服装厂的职工中有1/4的残疾人,从她接手的第一天,她就用自己瘦弱的肩头为这些弱者撑起了一方母爱的天空。厂里的小鲍,是一幼儿麻痹症患者,行走艰难,如厕不易,老辛就为她另安排了如厕的地方,并且只要不出差在外,就天天代为打扫收拾。感动得小鲍逢人就说:“辛厂长,真比俺娘拿俺还好!”去年厂里来了两位聋哑员工,老辛隔三差五地领她们到自己家里洗澡。她拿着残疾人当自己的孩子带,一些残疾人的亲属心里过意不去,有时登门拜谢,她总是笑笑说:“没什么,多关心她们一点是应该的。”

不仅如此,那些身心健全的员工,也无时不享受着老辛的无私关爱。一次，女工夏培梅忽然病倒了，老辛发现后，二话没说，背起她就往医院跑。待病人脱离危险已是天晌了，老辛又匆匆忙忙地赶回家为小夏做午饭，正巧她在胜利油田工作的哥哥出差顺路来看她。看到她为难的样子，十分了解妹妹秉性的哥哥说："我去咱姐姐家吧，你忙完了也快去。"可当她在医院侍候完病号后，她哥哥已等不及走了。为此，她感到深深的歉疚，但又为小夏的病情好转备感欣慰。

现在有的企业招不到人，有的企业靠制度也关不住人。而在这里，职工你赶都赶不走。有一位女工的亲友在县城一家大企业里干，几次来招她过去，她说什么也不去，老辛也劝她过去，可这位女工说："辛厂长，钱再多我也不去，您对我们这样好，我就认准了跟您干。"如今，小小的福利厂，像一块富有吸力的磁铁，让那些曾经在此工作的人们都自觉自愿地把扎根在这里。

几年来，老辛始终坚持以社会效益为第一，按时纳税并积极回报社会，以实际行动为弱者撑起了一方爱的天空。追求永无止境，她虽没有凌云的壮志和万丈的激情，但她有踏实有力的行动，有无限执着的爱，我们有理由相信，她的路将愈走愈宽，愈走愈远！

“玩”出来的亿万富翁

——记银光富思数码技术有限公司董事长徐瑞明

八年多的时间，他先后投资成立了山东机客网络技术有限公司、山东艾丽奥动漫有限公司、上海好莱亚宽投资有限公司、山东银光天宏房地产发展有限公司、临沂汇银投资有限公司、临沂杰克斯奇体育管理有限公司等知名企业。

创业八年多，他先后获得“山东十大创业青年”“十大优秀青年企业家”“中国青年创业奖”等多个荣誉称号，获得美国DEMO全球季军、中国总冠军、美国“RED HERRING最佳创意奖”、“清科最具投资价值企业奖”等数个行业殊荣。

他就是徐瑞明

2012年，徐瑞明又以5.1亿元资产市值，列入福布斯全球30岁以内的30名创业企业家榜单，为了给有志青年提供创业平台，他在临沂经济技术开发区投资建立了3万余平方米的青年创业园区，鼓励年轻人加入平台开展创业事业。

这一切发生都发生在“80后”CEO徐瑞明的身上。虽然还很年轻，但已是一个有着八年创业史的新锐企业家。甚至有IT业内人士毫不吝惜地称他为“网络小巨人。”

少年露锋芒

1988年，徐瑞明出生于临沂费县。11岁接触电脑和网络后，很快便熟练掌握了三种编程语言，对于做Flash动画产生了浓厚兴趣。就是这位在老师眼里成绩并不突出的一个普通学生，15岁获得中国金闪客奖，已成为当时业内知名的6大"闪客"之一,搭建了网络工作平台,名曰"仙之族"。

这期间,他在网络上统领了4个比他大5岁左右的程序爱好者,开始了他们的资本积累。几个月后,他们每个人的年收入稳定在10万元左右。2004年8月,他带领自己的队伍参加了8.1网络卫国反击战,成功入侵了日本气象厅,并协助攻击了卫星防御系统。

徐瑞明16岁时考入了一家省级艺术院校。进校后,他发现已经学了几年绘画的他却还要每天坐在画板前老老实实地打线条画素描时,于是他放弃学业,开始了真正的创业。他并不认同读书无用论,从创业到现在,其实也在不断学习,但靠着几本专业书和搜索引擎,什么时候需要什么时候学,需要什么就学什么,徐瑞明说:"我学习的目标是有用,而不是拿分毕业。"

一个偶然机会,徐瑞明接触到当地一家军工企业旗下设备精良的大型广告公司。经过商谈接触,最终双方以合资形式对公司进行重组,银光网络数码技术有限公司成立,少年徐瑞明正式拥有了CEO的头衔。

真干实干　少年壮志可见一斑

在2004年的互联网大会期间,16岁的徐瑞明成了临沂市第一位出席的互联网公司代表。他发名片,递简介,完全一个"小业务员"的模样。但当徐瑞明向参会友人介绍自己来自山东临沂时,与会人员无不表现出惊叹的神情,那个在人们心目中的革命老区,怎么会有这么年轻的互联网公司小老板!

精彩的演讲获得了热烈的掌声和赞叹声,这个来自革命老区的小伙子完全不亚于北京、上海科技园区中的大老板。会中,徐瑞明首次陈述了对于第二代互联网互动协议的开发和服务延伸,并演示了娱乐服务赢利的模式及FLASH加载影音技术。三天会议期间,他签署了高达11万部作品版权的合作协议。

就在这次大会上,美国MySpace创始人布拉德·格林斯潘与这个来自中国沂蒙山区的小伙子敲定了合作意向。由格林斯潘掌控的BroadWebAsia(BWA)公司投资960万美元,入股E族人,共同成立山东银光技术有限公司,徐瑞明占50%股份。E族人由此成为山东省第一家成功获得世界级风险投资的网站。次年11月,公司在美国OTCBB板块成功上市。

事实证明,勤奋和天分成就了这位少年CEO,在不断的积累和实践中,2007年下半年,中国迎来了3G网络的春风,徐瑞明带领原班创业团队创办了一家网络技术有限公司,致力于为全国手机用户提供手机应用下载服务。徐瑞明将娱乐内容及3G服务进行结合,开创了无线互联网娱乐服务的新天地；通过不断收购重组，拓展新的SP技术并保持高速发展，打破了国内3G服务由外国人来做的垄断模式，同时，在徐瑞明的正确领导下，全体员工戒骄戒躁，积极与地方强势媒体展开合作，将3G手机互动技术应用到电视、广播、报纸、杂志等传统强势媒体中，打造了多平台共同发展，3G价值国人共同分享的共赢趋势。据统计，当时3G领域的增值服务，徐瑞明旗下的机客公司已占据30%以上市场份额，仅次于纳斯达克上市公司斯凯公司，并且公司还在不断改善优化合作结构，先后与湖南卫视、济南电视台等强势媒体展开观众互动合作，公司努力保持每月10%以上的价值增长。

2012年初，徐瑞明带领团队代表中国前往美国参加"创新世界高通总决赛"(DEMO)。经过3天的软件产品评比，公司最终斩获全球第三名的好成绩。这是DEMO举办21年来，第一次有中国的高新技术企业获得世界级总决赛名次。

承担社会责任　身体力行做公益

通过八年多的创业历练之路，徐瑞明已成为一名成功的企业家。多年来，他创办的企业始终将产品科学创新作为重点，竭力打造互联网高新企业第一品牌。公司涉足互联网、手机增值、金融投资、动漫广告、印刷等多个高新技术领域，为符合国家火炬计划要求标准的高新企业。公司还多次获得国家级信息技术产业基金扶持，获得省科技厅、信息产业厅的专项资金支持。

当企业有了足够的资金基础，徐瑞明有了新的打算，不仅要发展事业，而且还要奉献社会。他主动联系上了志愿者协会，自己身先士卒，并带领全体员工加入组织当中。他说：我们是年轻的队伍，我们不仅有事业心，而且还要有社会公德心。如果这个社会不繁荣、不和谐。哪来的我们高新产业的发展？公司先后为志愿者协会投资服务器等硬件设备、制作开发专用网站系统，并为其免费印刷数万余元的宣传制品。此外，他还带领公司员工，多次走访慰问孤儿院、敬老院。徐瑞明通过亲身实践，不但体现了一个积极创业、健康向上的青年形象，而且还鼓舞了一代80后！

逆势而起，引领风潮

——记鲁电集团有限公司董事长杨东廷

山东鲁电集团有限公司是致力于电力装置、电力自动化、信息化和能效管理的高新技术企业和软件企业。近年，鲁电集团迅速发展，现有员工516人，其中技术人员占35％，大专以上学历占60％以上，另外集团在济南、聊城、天津、新疆等地区设有数家核心子公司和山东鲁电科学技术研究院，集团产品已销往全国21个省市、自治区及海外市场。她的高速发展和一个人的领导分不开，他就是鲁电集团有限公司董事长杨东廷。

面对冲击，逆势增长

近年来，新常态下各行业所遭遇的冲击。但谈及此，杨东廷言语里颇为轻松，他说："对我们鲁电来说不但没受影响，反而担心的是产能不够的问题。"跟别的企业销量下滑为订单发愁相反，鲁电的订单从来不是问题，反而是生产受限。"我们最主要的矛盾是交不上货，供不应求。"

其实，作为鲁电赖以起家的智能电网配套业务，当前整个行业的变局并不像杨东廷说的这般轻松。

"电力市场变化很大，原来采购以县为单位，市、省、国家逐级向上，而现在基本全部转为省、国家以上平台采购了，这样一来必然会有一些没有资质的中小企业受到冲击。这对他们的生产能力、资金能力、履约能力都是考验，有的根本就进不了这个门槛，还有的企业只能给有资质的企业代工，利润率可想而知。"杨东廷说道。

之所以逆势增长，靠的当然是鲁电十几年技术和品牌的积累。"行情好的时候大家都有饭吃，现在需求降下来，考验的就是企业的内功是否扎实，这也是新常态下国家有意通过市场的手段挤出泡沫，实现优胜劣汰，这对行业的长远发展肯定是有利的。”

当然，除了扎实的积累，提前转型节能环保市场也是鲁电“剩者为王”的重要支撑。“当前经济低迷很大程度上是因为传统行业的产能过剩，像山东这种工业结构，钢铁、化工、机械等能耗单位存在巨大大的内部节能和挖潜需求，我们前期通过对接和到企业做诊断，发现很多高耗能企业都没有整体节能统筹和规划，有的只是在点上做改造，发展潜力非常大。”杨东廷表示，在节能改造领域公司既有领先业内的先进技术，又有运作合同能源管理等新型节能模式的经验，目前公司正优选一批大企业做节能示范，再由点到面地复制。

“由我们企业主办的首个节能减排展览馆今年 6 月份已经开馆，我们有信心把它做成节能技术展示、交易、对接的平台。”杨东廷表示，这两天由宁波市政府、企业组成的考察团专程前来对接，已经达成意向：双方互相将节能产品和技术引进，并做出一批示范项目。这无疑为鲁电的节能平台开创了新的合作模式。

目前展览馆被归纳为六大平台：政府节能宣传平台，青少年科普平台，用能企业节能培训平台，网上三维展示及交易平台，节能产品、技术交易平台，节能技术推广、项目合作平台。最终汇聚成——节能减排公众服务平台。六大平台中，节能宣传、青少年科普的用意是体验、培训，提高公众节能意识。其他四个平台都带有交易性质，即推广应用，技术、产品、方案为供应商服务；洽谈、培训、会务为客户服务。

看准新需求，引领企业转型

几年的发展，鲁电集团成为了国家火炬计划重点高新技术企业和软件企业、国家首批节能服务备案单位、中国节能协会常务理事单位和山东省节能环保示范企业。杨东廷说，但是要促使节能减排真正成为整体经济转方式、调结构的推进力量，取得更大的社会效益，必须有效提高社会节能意识。

“去日本参观时发现不少企业内部都设有一个自己产品的展示中心；不少台湾企业展览馆的超市功能也很到位，卖出的产品很多。”杨东廷说，目前国内节能减排产品和需求结合存在巨大的空白，“这也是我们建馆的初衷。”

区别于这些展馆，杨东廷说，他们建的展览馆不是企业自身展示馆，目标是实现节能技术“供”与“用”的资源整合，更有效地促进节能技术推广，推进全社会节能水平的提升，这也是发展的客观需求。

从合同能源管理，到搭建节能技术推广服务，鲁电集团也借此实现从生产服务到商务服务的升级转型。

以新需求为转型突破口，杨东廷认为虽然有专业经验、融资渠道、客户资源、政府支持，软硬产品也都有，但维持最为艰难。

在中国节能协会和他们签订的战略合作协议书上，有“建设和招商”支持的款项，“这就是一部分利好”，杨东廷说，省里、市里特别支持，专门推介相关企业进驻展览馆。

展览馆建成开始运营，为企业的发展开辟了新空间。鲁电集团对未来的经营进行了粗略的匡算，令人期待。但与这些希望相比，更重要的是功能的提升和完善，从而推动经济效益和社会效益的共同提高。

这种新需求，或者说是创新的理念成为了企业转型发展的龙头，开辟了新空间，更值得期待。

展望未来，路漫漫其修远兮，杨东廷说：我会继续坚持党的政策、方针、路线，坚持科学发展观，弘扬民族与科学精神，带领鲁电同仁继续努力奋进，更好地去实现“共同的鲁电，共同的未来”的企业精神，为社会造福，为大众造福！

独树一帜的“品牌领先者”

——记山东统一陶瓷科技公司董事长袁国梁

“神七”问天，人们在为之骄傲的同时，有多少为其默默奉献的人们泪流满面。在这样一个尖端科技的领域，你可以想象到电子业、铝业、服装业等等行业为了参与其中，纷纷将高科技的元素渗透。然而，谁能想到，泥巴也被注入高科技相伴“神七”问天呢？

袁国梁，就是创造这个奇迹的人，这位来自瓷都淄博的山东汉把一种可以防静电的瓷砖铺进了中国航天城。“神州七号”载人航天飞船控制装配中心精密仪器多、人员集中，产生的静电非常多，如果不采取措施，静电放电时产生的电磁波会干扰精密仪器的工作。自从袁国梁的瓷砖“入驻”后，“神七”就在一个没有电磁干扰、全真的“太空”中装配、试验。

作为统一陶瓷有限公司的董事长，满脑子想法的袁国梁在当地陶瓷业中已经不是一位普通的与他人竞争者，而是要统领陶瓷业的领头羊。

涉足陌生的陶瓷业

像所有创业者一样，袁国梁的成功也是用艰辛换来的。他学过电气焊、干过机械加工，开过面粉厂，销售过饲料，当过司机。无论是干哪一行，他都对自己说要做最好的。为老板开车，无论多晚，他都要把车擦得干干净净。也正是这一点，老板看中了他，从一个司机直接安排他当车间主任。那年刚满 20 岁的他什么也不懂，但他心里最清楚不过的是一点，珍惜机会。在边学边干的过程中，他还同另一个伙伴研究出一种炼钢用的保温帽口，这种绝热材料可以节能 10%～15%，获得了山东科技成果二等奖。“即使是在村里开面粉厂，我的面粉在方圆 20 里都很有名，别人的加工费是 2 分 5，我的是 2 分 8。”袁国梁总是在自己的圈儿里搞出点小名堂。

2000年，一方面是帮朋友的忙，一方面袁国梁自己想再换一个行当，他带着180万元钱开始涉足陶瓷业。到了这个大企业，袁国梁感到遍地是黄金，“浪费太大，无论是原材料还是电、人工，使用都很随意。”虽然那时他对陶瓷一窍不通，但他有管理经验。作为车间主任，半年时间他把117个生产工人裁员到67个，并对设备进行改造，以前3条生产线干的活他只用2条，而且运行非常自如。老板立即提升他为生产经理。其实，在这半年里，他只回家一个星期，每天两三点睡觉，5点起床，“我就是要学东西，我懂设备、懂机械，只是不懂技术，所以要快速学。半年后，所有的技术、流程我都掌握了。”如今，生产线上有什么问题，他坐在办公室就可以遥控指挥。

从“不入流”到进入“高科技”

给别人打了三年长工，他离开了，很辛酸。统一陶瓷是他负债64万元建的厂。建厂伊始，他就告诫自己，薪水不是留住人才的唯一，关键要有好的制度。企业要发展必须要有真正的人才，陶瓷业的人才不是说高学历，更重要的是经验。有句话叫陶瓷行业无博士，袁国梁解释说，在陶瓷业，懂技术不一定懂生产，懂生产不一定懂销售，产品的一个缺陷也许是多环节、多工序综合性产生的，有些缺陷是很难分析的，所以经验非常重要。袁国梁曾经三下广东，许诺年薪30万元才得一人才。

业内人士都在讨论陶瓷业能生存10年还是30年的时候，袁国梁的想法显得很“不入流”。“我认为，不是这个行业存在多少年的问题，而是产品创新能否跟上的问题。”袁国梁信誓旦旦：陶瓷行业就是真的要倒闭，统一也要倒在最后。

如何才能倒在最后？他开始琢磨怎样与众不同。偶然的机会，他听朋友说起静电的危害很大。人们穿着化纤服装活动时可以产生数千伏电压的静电，在干燥季节可达上万伏。带电人体对医疗诊断仪器、监护仪器等都会有很大影响。国外曾发生过多起因静电放电造成心电起搏器误动作使心脏病人丧生的事例。“那可是一条命啊。”说者无意听者有心，袁国梁开始动起脑子，为了让自己的思路更清晰，他在饭店住了一个星期，每天三顿泡面。

“我要让人体的静电通过地砖导走。”主意一定，他就开始请人到信息产业部请教，走访航天城了解情况。原来，一些高精密仪器用来防静电的是PVC，其成分是聚氯乙烯合成材料，一旦有火燃烧，它会释放有毒的氯气。航天城以前为了防静电，是在地面上先用一些钢材打龙骨，然后铺一层三氯氢氨，它不仅有毒，而且不耐磨。了解清楚后，袁国梁开始潜心搞研发，历经两年，投入1000多万元，一次次失败，一次次从头再来。终于，他的“防静电复古生态砖”问世了。信息产业部防静电产品质量监督检验中心、兵器工业静电检测中心、国家建筑卫生陶瓷质量监督检验中心,连续三年的检测报告证明,其放射性和电性能均符合标准要求。也就是说,“防静电复古生态砖”不仅可以防静电,而且无毒无害,生态环保。“最重要的是,如果我现有生产能力满足的情况下,每年可以为国家节约15亿元钢材。”

泥巴玩成了高科技

不到2岁的统一陶瓷就敢于向世界顶级挑战,并在30个月呕心沥血的攻关之后一举拿下世界防静电领域苦思多年的难题,防静电复古生态砖问世;纷纷扬扬的订单、参观者,以及业内外各大媒体从世界各地蜂拥而来,统一陶瓷一度陷入短货的危机;以“防静电复古生态砖”为首,“瓦伦蒂诺”、“潘帕斯”,统一旗下几大复古砖子品牌开始在国内市场大行其道,并迅速渗透到国外市场,出口比例占到20%;与此同时,“全国高科技建筑陶瓷指定生产供货单位”、“中国名优品牌”、“山东省十大自主创新品牌企业”等奖项纷至沓来……

潮水般的荣誉与褒扬未能撼动袁国梁与生俱来的警醒,他依旧思维冷静目光敏锐,依旧不善用妙语连珠哗众取宠,偶尔一语道来的真知灼见却让每一个聆听者为之正襟侧目。

袁国梁介绍,在市场竞争日趋激烈的情况下,防静电复古生态砖能够脱颖而出,凭借的是可靠的性能与明确的市场区分。静电危害在生产领域已经得到充分认识,而在与人们生存息息相关的现代生活中,静电防护却往往得不到应有的重视。人体长期在静电辐射下,会使人焦躁不安、头痛、胸闷、呼吸困难、咳嗽。在家庭生活当中,化纤衣服,脚下的地毯、日常的塑料用具、锃亮的油漆家具及至各种家电均可能出现静电现象,静电可吸附空气中大量的尘埃,而且带电性越大、吸附尘埃的数量就越多,而尘埃中往往含有多种有毒物质和病菌,轻则刺激皮肤,影响皮肤的光泽和细嫩,重则使皮肤起癍生疮,更严重的还会引发支气管哮喘和心律失常等病症。包括防静电复古生态砖在内,目前国内外现有的防静电设施还只局限在工业、生产以及公共活动领域,从工用到民用,还有相当长的路,需要企业付出相当大的努力。

“绿色和节能一直是统一陶瓷努力的方向,统一陶瓷的未来,就是要走一条高科技绿色环保之路。”袁国梁的话郑重而铿锵:“目前统一陶瓷已被批准为‘防静电复古生态砖’国家标准的主要起草单位,同时与国家标准委制定了防静电陶瓷国家标准,现行业标准与国家标准已申报立项。用专业的人做专业的事，努力打造中国最标准化的复古砖样板厂；同时遵循国际化运营规则，完全按照上市公司的运作模式来运营，争取用最快的速度实现上市，是我们近几年的目标。未来几十年内，统一陶瓷都将一如既往地坚持自主创新，在防静电超薄系列产品领域，以及今后更多的研发项目中实现新的突破，不断地引导环保节能的新潮流和新趋势，为'淄博陶瓷，当代国窑'作出更好的、更有力的诠释。"

防静电复古生态砖举世瞩目的成就，有力地诠释了"淄博陶瓷，当代国窑"的品牌形象；袁国梁独立于风口浪尖却不失睿智冷静的良言，也让我们看到了淄博、全国乃至世界建陶行业的崭新明天。

一份快餐缔造一个"传奇"

——记济南超意兴餐饮有限公司总经理张超

"这把子肉，有肥肉却不腻，口味独特，真是好吃。"济南名吃把子肉就是这么神奇。提起"大米干饭把子肉"，济南人马上就会想到超意兴。济南超意兴餐饮有限公司成立于1993年，历经21年发展，不足20平方米的小店，已经发展成为一家拥有100多家的连锁快餐企业，员工2000多人，集快餐经营、食品生产、营养餐配送于一体的综合性大众餐饮连锁企业。在深耕济南的同时，公司还走向省会都市圈，相继在淄博、泰安等地开设分店，切切实实地刮起一场中式快餐界的"泉城风"。

从"正泰恒"到"超意兴"百年老字号的前世今生

"今天中午饭去哪吃啊？""去超意兴吃把子肉去。"这是每到"饭点"，在济南街头经常能听到的对话。

可别小瞧"超意兴"在济南人心目中的地位，此前，超意兴的把子肉、四喜丸子已被评为中华名小吃、中华名菜；五香酱豆腐、五香面筋、老济南甜沫、三鲜菜盒等被评为地方（名优）小吃、山东名小吃等。打开济南地图，输入"超意兴"，就会弹出百余家连锁店，遍布济南大街小巷。

谁能想象这家成立于1993年的企业，最初只是仅仅有10平方米店面的小店面呢？

21年前，济南超意兴餐饮有限公司总经理张超才只有24岁。他在济南火车站南站附近开了个小餐馆，起了个响亮的名字—"超意兴"，寓意"用超出一般人的思维方式，使企业生意兴旺发达"，顺口又吉利。如今，张超最初的愿望得以实现，甚至远远超出了他最初的想象。

其实，"大米干饭把子肉"并非始于1993年，"超意兴"在快餐界是个崭新的品牌，但它的前身是拥有101年时间的老字号"正泰恒"。说起超意兴的历史，时间要回溯到1912年。那一年，济南人张书翰在济南商埠纬十二路繁华区域开了一间饭铺，形成了以大米干饭与把子肉为主的经营模式，商埠地区的百姓和官员都以能吃上“正泰恒合记”的大米干饭把子肉为荣。

民国期间，张书翰的儿子张效周继承父业，并将饭铺迁到商埠中心地区的万紫(字)巷附近，仍然主营大米干饭与把子肉，并改字号为“正泰恒饭馆”，一时生意兴隆。1948年济南解放以后，张效周与丁连仁、刁汝杰等人合作成立了私营企业“正泰恒合记”。20世纪50年代实行公私合营后，“正泰恒饭馆”仍主打大米干饭把子肉，深得市民喜爱。

成立快餐烹饪研发机构快餐也能做出“老滋味”

老字号如何跟得上现代经济的脚步？这是很多百年老企业都会思考的一个问题。在超意兴，解决这个问题的方式是，既要保留传统工艺，又要用现代技术进行“武装”，将传统与现代相融合。

当年，张效周之侄张延新10多岁时进“正泰恒饭馆”跟叔叔学徒，逐渐掌握了酱鸡蛋、酱豆腐、酱辣椒、酱面筋、四喜丸子等多种烹饪技术，尤以制作把子肉为精。出自张延新之手的把子肉，肥而不腻、瘦而不柴，入口有醇厚的余香，掉在地上，像豆腐一样摔得稀碎，吃过的人都赞不绝口。而张超正是张延新的长子，深得把子肉制作秘诀。

对家常菜，很多餐饮界人士看不上眼，认为不入流、小儿科，然而张超却不这么认为，他的观点是把家常菜做好，顾客不想在家吃了，就到超意兴吃，超意兴就成了顾客的第二个家。“做济南老百姓吃得起、放心的家常鲁菜。”这是张超对超意兴的定位。在张超看来，济南的家常菜，离不开老济南口味，像把子肉、四喜丸子、五香酱豆腐、甜沫等，济南市民耳熟能详。公司科研人员在传统制作工艺基础上进行研究，确定了把子肉及相关系列菜品的现代制作工艺，使菜品更具营养价值，口感、色泽等更符合现代饮食习惯。

“能为顾客提供安全、健康的平价菜品，能为每一位顾客省一两元钱，这样的工作很有意义。”张超说，十多年来，正是怀揣着这样的想法，超意兴越干越好，最好的店一天最多能卖近千块把子肉。

中央厨房、标准采购“好菜不只是厨师做出来的”

如何在快餐的速食结构下保证最正宗最地道的老济南口味？在超意兴的厨房，可以找到答案。

“一道好菜，不只是厨师做出来的。”张超说，“厨师的手艺不是不重要，这句话主要是想说明一个道理，没有好的原材料，就不会有好的菜品。”超意兴的进货把关很严，肉类基本都和大的品牌厂家，如维尔康、雨润等直接合作，调料则和德馨斋、李锦记等合作，大米直接从东北产地进，这样从源头上保证了菜品的质量。

现代餐饮越来越多地呼唤质量、标准与服务，而这一切在超意兴则具体为“中央厨房”“冷链配送”“标准采购”。为了保证原材料的采购质量，降低采购成本，超意兴购地 20 亩，投资千万元建成大型集中配送中心，安装了全新的分拣和加工设备，实现了快餐产品流水作业的现代化，由此建成济南餐饮业最大的快餐生产加工基地。

据悉，超意兴快餐生产基地具有多条流水线，能够成吨出品把子肉、四喜丸子、炸豆腐、炸鸡蛋等快餐产品，其加工设备来自德国和国内知名厂家，食品原料全部为国家认证的绿色产品。整个基地配套科学，出品控制严密，从原料采购、检验、分切、初加工、深度加工，一直到成品输出，都形成了现代化的流水化作业程序，最终由制作中心配送到各家连锁餐厅，形成市场一致、成品一致、美味一致、价位一致的品牌快餐，实现“不走样”的复制能力，确保每位来超意兴的顾客享受到真正传统的老济南名优小吃。

精耕济南，辐射山东将老济南口味发扬光大

在张超看来，未来三年肯定是快餐市场洗牌的过程，因此，他已经早早着手绘制了一个属于超意兴的蓝图，从今年 3 月份开始，他已经在全省各城市注册分公司，争取两年内完成省会城市都市圈城市的布点工作，精耕济南、辐射山东、走向全国。

“2014 年一年开了 48 家店。”张超说，去年开店的范围主要着眼于济南都市圈，如淄博、德州、滨州等城市，今年重点开发泰安、聊城和莱芜等地，泰安现已开业两家。而且，超意兴进驻哪个城市，都能成为他们的便民早餐工程。“在外地经营情况可能不如济南好，但盈利不一定差。因为外地房租便宜，用工便宜，员工流失率低。”

此前，39 家企业被授予“济南老字号”称号，“超意兴”榜上有名，不久前，济南老字号协会宣告成立，其首任会长便是张超，肩上的责任突然变重了。张超内心有个鲁菜情结，他的父亲曾是鲁菜老店新梅村的厨师，自己从事餐饮，也有些“家传”色彩。这让张超很有成就感，他说，他要挖掘传统鲁菜的精髓，然后加以推广，让更多济南人享受到地道、实惠的家常鲁菜。他说：“济南有很多老字号企业，由于前期经营不善，逐渐消失了。希望借助老字号协会这个平台，能拯救一些老字号，把一些传统技艺保留下来，并逐步发扬光大。”

历尽天华成此景

——记济南净香园北坦熟食总店总经理张华

在泉城黄河岸畔，是被称为济南老工业区的天桥区，这里人杰地灵，崇贤敬友。岁月的流水在这片沃土汇聚了笃诚、信念和勇气，在新时期“实现新跨越、再造新天桥”的感召下，涌现出许多讲奉献、有担当的好人好事，——荣登“济南好人榜”的净香园北坦熟食总店经理张华就是其中一位。

张华是老天桥人，曾是济南制锁总厂的职工，一参加工作就进了这个厂，从普通工人干到驻西安办事处经理，年年被厂里评为先进工作者。济南制锁总厂曾是生产“101”锁具的知名企业，当年的创建人就有张华的祖父张增治。然而时光变迁，1995 年受经济大环境影响，企业效益滑坡，张华和他爱人双双成了下岗工人。他永远忘不了签订下岗协议后的当晚，捂着被子哭的那一宿，他知道第二天走出家门，已经变成一个没娘的孩子，更不知道出路何在。这个年龄段共和国下岗职工的心情，多么有共性啊！也难怪后来当选天桥区人大代表第一次参会的他，当全体起立奏起国际歌时，不能自已，激动得热泪盈眶，是啊，以前干个体当小商小贩的自卑感已经荡然无存，重又找到了集体感，感到责任感更强了，更有使命感了。

而他确实干过小商小贩，也确实失业不失志，从小商小贩一步步干到今天。人生如溪流，坎坷以为歌。时代给了他另外一个舞台，他卖过冰棍，卖过水果，卖过羊肉串，也卖过儿童玩的气球，后来又开过一段时间的出租车。他的祖上开过饭馆，卖过肉食，偶然的一天他在老家居然找到了一张熟肉配方，于是从 1997 年起，他开始推着三轮车上街卖熟肉，三轮车上挂起“净香园熟食店”醒目的大牌子。北坦大街那时很繁华，周边小区密集，他那时 30 岁出头，瘦长个儿，穿白上衣、扎领带，戴口罩，切肉时戴塑料卫生手套，动作娴熟潇洒，很扎眼，吸引顾客排队购买。大概也就是从那时起，“净香园熟食店"有了顾客排队购买的传统，当然，这主要还是他卖的熟肉口味好。

说到口味，今天的净香园熟食店售出的几十个品种，那是有一说一，个个别致，口感、颜色没得说。1997年秋，北坦街面有人腾出一个14平方米的门面店，张华凑钱毫不犹豫租了下来，刚开始本小利薄，但他仍然坚持当天的肉当天卖，卖不完送人也不留到第二天，决不以次充好。虽有了自己的店面，他也是亲力亲为，不管天气好坏，凌晨三点就起床去七里堡市场进鲜肉，忙起来顾不得吃饭。妻子王玉美心疼地说，"看你，走路都不走直线，今天又累晕了吧。"功夫不负苦心人，第二年熟食店就盈利5万多元，那个时候"万元户"已不得了，有5万元可真算是个钱呢！随着店面扩大，市场要求你扩大再生产，他开始招用下岗职工，后来安置的下岗无业人员占全体员工的80%，先后解决下岗职工再就业100余人次。为了增加经营品种，他注重改良配方，出资购买香肠及其他产品配置秘方，先后推出精肉烤肠、秘制酱牛肉、特色烤肉、红焖猪蹄、精致丸子等几十种产品，产品一律实行明码标价，还准备进一步开发在济南几乎失传的"五香肚"。在创业发展中，他一贯的要求是把安全和品质放在第一位，不断完善质量保障措施，配料虽贵，绝不敢省物力，工序虽繁，绝不敢省人工，把质量意识严格到近乎苛刻的地步，用他的话说，那是"整天战战兢兢、如履薄冰"。有一次一个新来的员工把生肉掉在了水泥地上，弯腰拾起来随手就放进了筐里，他看到后急忙走过去，对这个小伙子说，"这样可不行，吃的东西不比别的，必须得拿到水龙头跟前再冲洗冲洗。"小伙子红着脸说看着水泥地挺干净的，"那也不行，咱们干这个的，得对得住自己的良心，生肉滑，掉地上很正常，再洗一遍不就行了。"结果是他和那小伙子把一筐生肉抬过去，挨个冲洗了一遍。香肠加工要经过18道工序才可出锅，冬天雾霾天气多，香肠高温煮过后还得进行喷水，晾晒不充分的香肠他宁愿折本也不推向市面。

"厚德敏行，相伴共赢"——这是净香园人的座右铭。这不仅仅是老板与员工的相伴共赢，还有经营中与顾客的相伴共赢，与同行的相伴共赢。他深知谋职的艰难，胸阔以爱人，善待每一个员工，店里的年轻人都不称呼他"张总"，总是亲切地唤他"华叔"。他的员工，有的十六七岁就来上班，现在成了家孩子都大了，还跟着干。有钱大家赚，店里每年都组织员工外出旅游，今年第一批去厦门的员工刚刚回来，第二批正准备动身。在对待顾客上，食品称重他要求只能高不能低，决不让顾客感到吃亏。2009年的时候，猪肉价格暴涨，但他决定店里的香肠不涨价，结果少挣了四五十万元，但也使得新老顾客增加了信任感，每天店门前排起的长队，成为北坦一景，连交警也要赶过来疏通交通，有时竟达"一斤难求"的程度。今天的净香园熟食早已是声名远扬、享誉四方，是济南市旅游局推荐特产食品，被评为山东风味名吃、济南名优风味小吃、“好客山东”八大特色小吃名店。他是从国有大企业出来的管理者，受当年企业文化的熏陶，思想开明，做事讲原则、重仁义，对个人的辛勤付出无怨无悔，谦谦君子，赐我百朋，在同行业中他有着很高的声望，2011 年就被评为天桥区“首届十大金牌工人”，现在担任着山东省食文化研究会理事，北坦美食协会副会长。

路，在开拓者脚下不断延伸；事业，在勤奋者手中不断升华。张华不是那种满足于一时成功而疏于放眼未来的人，今天的净香园在济南市区已有七八个分店，他从容地前瞻趋势，在净香园熟食店的基础上，于 2012 年在齐烟九点的华山脚下成立济南尚德食品有限公司，在坝子工业园建起了 1 万平方米的食品加工生产车间，四层高的冷冻、晾晒大楼拔地而起。目前新厂区从业人员都是技工以上学历，研究生学历的也不乏其人，他的企业已被评为济南市“工字号”创业基地。

生命就像一簇跳荡的火焰，燃烧了自己，照亮了别人。张华就是这样的人。历尽天华成此景，人间万事出艰辛。创业的特殊经历和甘苦锤炼了他的人生，经过近二十年的打拼，他的企业从一粒种子长成了参天大树，在他看来，人生不经忧患，则德慧不成，——“做事儿和做人一样，守住本分才能基业长青。”

“真”字成就“真知味”

——记济南飞红五大件餐饮有限公司董事长张全福

据了解，济南飞红五大件餐饮有限公司创业十多年来，坚守一个“真”字，本着“为人类享受原生态健康美味而孜孜以求”的不懈追求，赢得了诸多客户的“信赖”和一直好评。

熟悉“五大件”的人很清楚，正是他们寻遍大自然原生态的纯真食材和用原汁原味的纯真烹饪理念加上顶真的确保酒店安全卫生的严格管理手段，让真知味在众多酒店中脱颖而出，目前已拥有多家分店。济南飞红五大件餐饮有限公司的成功告诉人们：是一个“真”字养育了它；无论餐饮市场如何风云变幻，赢得宾客“信赖”，是餐饮业的生存之本。

山水之间，显真爱

董事长张全福的一句话很有江湖味：餐饮业应该是“替天行道”的活。咋叫“替天行道”呢？民以食为天，而提供食的餐饮人，就必须以健康美味为己任，此为“道”，不健康不为道，不美味也不为道。在人们追求原生态饮食的今天，替人们寻遍天下原生态健康食材，并竭尽所能把他们变成美味，就是餐饮人应尽的“天职”。

那是个滴水成冰、寒气刺骨的隆冬季节。五大件的汽车驶进济南偏远小镇的一个农贸市场，车还未停稳，张董就急匆匆地跑到专卖豆制品的小摊前，时而在豆腐上细细嗅闻，时而拿一片百页放在嘴里细细咀嚼，还不时地向摊主打听制作豆制品的生产加工点。当他打探到曾作为朝廷贡品的“千层百玉板”就在十几里外的乡村加工点时，顾不上吃饭，便急忙驱车赶往加工点。

这家现冠名“姜氏百页”的卤百页果然名不虚传。原料为优质大豆，经纯盐卤点制、手工制作而成。其成品色泽金黄，柔嫩细腻，薄明如纸。烹煮时不但久炖不碎，而且色泽也由金黄转为洁白，汤稠如奶，口味纯正，营养丰富。张董大喜，随即与这家“千层白玉板”签订供货合同，如今“姜氏百页”已成为客人到五大件用餐必点的一道名菜。

这是五大件找寻原生态食材的一个缩影。而这样的事情，几乎发生在他们的每一道菜肴上。

美食名牌，献真情

五大件坚持“以真为真，以新为魂，以人为本，以诚取信，以好取胜”的企业发展理念，精心打造原生态健康品牌，把好吃、营养、健康带给每位食客。为此，公司做到了：一是烹制菜肴摒弃了鸡精、味精等化学调味品，用秘制高汤调味，做到了“一菜一汤，一菜一味，不用味素、色素，原汁原味”，打造出原生态菜肴品牌。二是建立了自己的原生态种植、养殖基地，从源头上保证了菜肴的绿色、环保、原生态。三是引进施行了先进的5S、5常管理法，使酒店的菜肴制作、对客服务、现场管理做到了科学化规范化、程序化，确保了卫生、环保、节约、安全和服务的高标准。

在倡导低碳生活的今天，低碳餐厅也逐渐成为餐饮企业的发展趋势。五大件生态图率先成为低碳餐厅的践行者，在全市餐饮业中率先采用低碳理念打造“低碳、环保环境厨房”，不仅节能环保，而且常年保持舒适的恒温，让大厨们在这里轻松愉快地为宾客们烹制出各种原生态健康美味佳肴，让宾客们享受自然、田园的就餐环境，打造城市中的乡村，乡村中的家园。“以真为根，以新为魂”。

公司采用先进管理模式，以科学发展思路，亲情化的服务理念，以“相亲相爱一家人”为公司之歌。“我们一定要做得更好，顾客的满意是我们一天的工作目标”，培训以人为本的企业文化，不断求实创新，追求卓越，成为济南企业界一颗璀璨的新星。

生态园区，营情趣

老济南府农家五大件餐饮有限公司从当初的小酒店发展到拥有多家分店、加盟店，跨区域跨行业的公司，现旗下有农家五大件特色餐厅、嘉恒餐厅、将军路五大件店、宝食洁餐具消毒厂等多家加盟连锁店，2008年公司深度开发，向更高层酒店行业进军，开发了西周大酒店，2011年开发了华能路五大件，2012开发了正丰路五大件生态园。

老济南府农家五大件，店面装潢拙朴雅致，具有浓郁的农家气息。酒店采用先进的管理模式，科学的发展手段，辅以亲人般的服务，培育以人为本的企业文化，是济南餐饮界一颗璀璨的新星。

多年来农家五大件在“我们应该做得更好”的企业理念引得下，不断创新求实，追求卓越，以优美的环境、高质稳定的菜品、迅速快捷的优质服务赢得顾客，引领农家菜的潮流。

再难也勇往直前

——记山东省十佳自强模范张士峰

“残疾人同样能通过劳动获得尊重和认同，同样能靠自己的努力实现人生梦想，同样能成为社会财富的创造者。”在第五次山东省自强模范暨助残先进表彰大会，山东省十佳自强模范张士峰作为残疾人代表上台发言，讲述自己的经历。

因工致残　逆境中不放弃梦想

张士峰是高唐县政协委员，县残联主席团副主席，山东菱通重工机械有限公司党支部书记、总经理。他眼神里透着自信，铿锵有力的声音极富感染力。

1997 年，当时 21 岁的张士峰，是一家建筑公司总经理助理，塔吊失控从 21 米高空撞下来，昏迷了 7 天，一醒来就不得不面对残酷的事实：胸部压缩性骨折并脊髓损伤，几次康复手术失败，使他成了无法正常行走的残疾人。

身体致残后他尝尽逆境生存的艰辛，但不向命运低头，边做小生意维持生活，边参加全国律师函授学习。母亲赶着牛车送他去县司法局培训，怕自己行动不便，上厕所给别人添麻烦，提前一天就不喝水，怀揣着馒头和咸菜，捧着书本一坐就是一天。冬天没有暖气，手脚都冻起了泡。很多人都劝他说：士峰，别这么苦拼了，安稳地过好小日子就行！

“可我告诉自己，有信心、有梦想才有希望，只要有机会拼搏，就不能认输！”张士峰倔强地说，他很快取得了山东大学法律本科证书。

知识拓宽视野　伤残后第七年创建自己的企业

一直以来，传统砖瓦生产对土地资源的破坏令人痛心，国家要求使用新型建材，保护日渐萎缩的农田。制造新型免烧砖的机械，既是大好商机，又能环保节能、造福后代，为此，张士峰踏上了创业的征程。

对于创业的艰辛，张士峰讲述了一个故事：我四处考察学习，为了得到拥有顶尖技术的武汉砖机研究所技术支持，我先后去了五次。开始他们认为这个行业门槛高，我没有实力。最后一次去，我给自己下了死命令：拿不到技术决不回家！我找了家20元一个铺位的地下室，每天早去晚回，和专家们交流技术，探讨发展。第十二天傍晚，从研究所出来正赶上大雨，我拄着拐慢慢地向住处挪，浑身都湿透了，所长遇见我，下车握住我的手含着泪说："你这种精神太让人佩服了，我们全力支持你！"

2004年1月，伤残后的第七年，张士峰终于创建了自己的企业——山东菱通重工机械有限公司。"我认为把企业做好，才是对自己负责，才能造福他人，创造更大的社会价值，这是我能想到的最有尊严的生活，不管再痛再难，我都要勇往直前！"

经过十年的诚信经营，公司现已成为注册资金5000万元、年销售额2.2亿元，产品远销俄罗斯、巴西等38个国家，并在俄罗斯设立了海外客服中心。公司研发的23项技术获得国家专利，建立了聊城市技术中心、新型墙材及设备重点实验室，公司获得"高唐县258重点企业""跨越赶超优秀企业""聊城市级高新技术企业"省级"守合同重信用企业""省级技术创新企业""山东名牌产品"等荣誉称号。

"我坚信天道酬勤，厚德载物。一有时间就坚持学习，现被清华授予EMBA工商管理硕士，下一步我还想去哈弗商学院深造。因为我相信，心有多大，舞台就有多大。"提到未来，张士峰自信满满。

成立创业扶贫基地　长期参与扶残助残活动

"我充分调动残疾人员工的聪明才智，让更多人看到：残疾人同样能通过劳动获得尊重和认同，同样能靠自己的努力实现人生梦想，同样能成为社会财富的创造者！"张士峰说。

张士峰在自己成功的同时，长期参与慈善公益特别是扶残助残活动，经常资助那些曾和他一样身陷困境的残疾人，帮助他们树立信心，完成学业，自强自立。在汶川地震等捐助活动中，带头捐赠10万余元；出资3万余元资助11名残疾人大学生。2014年被聊城市残联评为"道德模范"。

山东菱通重工机械有限公司吸纳 72 名残疾人就业，扩建的 500 亩苗木种植基地带动 300 余户残疾人家庭脱贫致富，先后被评为市、省级“残疾人就业扶贫优秀基地”，2013 年获“山东省残疾人就业扶贫示范基地”。

在张士峰看来，创业有起点，事业无终点，成功来自坚持，梦想创造奇迹！

将低调进行到底

——记山东魏桥创业集团董事长张士平

山东有两“张”，东有张瑞敏，西有张士平。

论财力，张士平不输张瑞敏；但论名气，张士平则远不如张瑞敏。原因据说是张士平这人“异常的低调”。

张士平是谁？全球最大棉纺织企业魏桥创业集团的当家人，三度加冕的山东首富。

但常言道，“树大招风”。张士平一直以来深谙此道，除去每年两会期间偶尔应付一下记者们的围追堵截，很少接受媒体的采访。近期，一则题为“山东首富张士平自建电网比国家电网低 1/3”的报道，将行事低调的张士平和他的魏桥集团推到了舆论的风口浪尖。但是面对外界的议论纷纷，张士平似乎有意将低调进行到底。

白手起家

1946 年，张士平出生于山东邹平一个普通的农民家庭。同很多同龄人一样，他初中毕业后就参加了工作，不仅做过“推车工”“扛包工”，而且还遭遇过文革“劳改”。即便在如此恶劣的环境里，张士平也没有意志消沉，凡事都要争个第一。“在庆云劳改期间，叫我当带工的，那时我 22 岁。我们干了整个县第一名。我是第一个去的，最后一个回来的。”

1981 年，张士平迎来了命运转折点。这一年，他上任邹平县第五油棉厂厂长。对此，他父亲张尊河的解释是，因为“勤快”。但这显然不足以注解其后来取得的巨大成功。熟悉张士平的人称，除了计划经济向市场经济体制转变过程中提供的机遇外，张士平的发迹与其“胆大包天”有着莫大关系。

20 世纪 80 年代左右，国家对棉花控制非常严格，油棉厂除了在旺季收购一些棉花进行简单加工外，其余时间基本上是无活可干。为了改变厂子半年开工半年闲置的状态，张士平在同行中率先走出去收购大豆、棉籽，加工油料。由于经营有方，两年后，油棉厂一跃成为全国供销系统效益最好的企业。

张士平此举后来引来众多同行的竞相效仿，不过此时的他已经把目光转向了毛巾厂项目，并在建厂当年就实现了25万元的利润。

无论是上榨油厂，还是毛巾厂，资金都是张士平必须跨越的一道坎。当时国家并没有完善的融资渠道，张士平靠的就是职工集资的几十万元。

现在看这点钱不起眼，但在当时，对油棉厂的几十名职工而言，这已经是他们的全部家底。“不冒这样的风险，就没有魏桥。”

逆向决策成就财富

真正让张士平声名鹊起的是，经过二十多年打拼，在他的领导下，这个小小的乡镇企业迅速成长为如今全球最大的棉纺企业魏桥创业。

这个惊人成就的造就离不开张士平运用得当的逆向决策。在张士平看来，每一次市场波动都蕴藏着巨大的发展机遇，市场地位和发展差距往往在市场低谷时形成。

不按常理出牌，他屡试不爽。

由于纺织业连年亏损，国家不得不在1997年开始下狠手限产压锭，前后合计的压锭数量约为1000万锭。行业的寒冬对张士平而言却是难得的良机，1999年，张士平兼并山东滨州一棉，将产能扩大到33万锭，一举成为山东棉纺企业的龙头。

2005年，实行了40年之久的全球纺织品配额制度寿终正寝，先是美国三次限制中国纺织品进入数量，此后，欧盟设限威胁接踵而至。面对国内外市场的不利因素，张士平继续逆势扩张。到2007年度2月，魏桥创业拥有近650万纱锭和5万多台织机，成了全球最大的棉纺织企业。

如今，张士平旗下的魏桥纺织、魏联印染等多家企业，共同组成了一个从纺纱、织布到印染、服装、家纺的完整纺织产业链，人称“亚洲棉王”。

更让人吃惊的是，生产能力的迅速扩张不仅没有把魏桥拖垮，反而带来了各项财务指标的迅猛增长。魏桥纺织业绩报告显示，其营业收入2005年达135.8亿元，2006年达198.3亿元，毛利分别为16.5%和16.8%，远远高于同期10%左右的行业平均毛利水平。

毋庸置疑，魏桥的巨大成功依靠着张士平自己对市场的独特理解和把握，“从20世纪90年代大家就认为国内市场饱和了，但直到现在中国棉纱出口还小于进口，这说明中国自产的棉纱是不够用的，关键是怎样发挥自身优势，把来自国外的棉纱挤出去”。

对接资本转型铝业

“亚洲棉王”，这个口号够响亮，但由于企业属集体所有，企业的发展并没有给张士平及其家族带来太多的个人财富。

公开资料显示，集体性质的邹平供销联合社在2010年3月前一直是魏桥创业的绝对控股股东，而在2007年11月邹平供销联合社改制前，张士平家族在魏桥创业中的直接持股比例仅为5.86%，按2006年12月31日魏桥创业集团净资产125亿元计算，其当时直接拥有魏桥创业的财富还不到8亿元。纺织行业在中国属于成熟产业，不仅成长性有限，而且竞争激烈。要实现财富的迅速扩张，张士平必须另谋出路。

经过深思熟虑，铝业成为了他的最终选择。纺织业的生产需要大量热能，为降低成本，同许多同业企业一样，魏桥也采取了纺织、热电联产的生产模式。而有了电力保证后，抓住时机介入同样高耗能的铝业也就顺理成章。

电解铝、铝锭、氧化铝……这几年，魏桥一直在不断地拓展其铝产业链，并最终形成了纺织与铝电齐头并进、互补互利的产业布局。

张士平实现财富倍增，主要得益于中国宏桥的上市。2011年3月23日，中国第五大铝产品制造商中国宏桥在港交所正式挂牌，作为大股东，张士平家族身家骤增40多亿元。

其实早在2006年，张士平就已经开始为铝电业务上市作准备。仅用了不到一个月的时间，凭借巧妙的设计、高超的财技，张士平不仅掌握了铝业公司的100%股权，而且还成功绕过“10号文”这道“天堑”，完成了红筹上市结构搭建。

至此，张士平可谓真正的名利双收。但这也带来一些副作用，全国各地指名要到魏桥参观的越来越多，这对低调的张士平而言不胜烦扰。

虽然明白不能因为这事和地方政府顶得太厉害，但张士平也有自己的“底线”：不能太多，影响企业正常运作。

“现在，要不是陪着参观，我都很少去。”或许正是因为这种“低调”，外界才始终未能对其财富估算达成共识。去年，胡润榜估算张士平家族财富为300亿元，而一份山东媒体的财富榜则估算其财富为700多亿元。

供电风波未来存疑

魏桥第一次在媒体大面积曝光，竟然是以“电改斗士”形象示人，这多少让张士平有些措手不及。

对于此次供电风波，外界争论的焦点在于魏桥发电不仅自给自足，而且还以低廉的价格对外供电，在电网垄断长期无法打破、阶梯电价频遭质疑的今天，人们对其打破中国电改困局寄以厚望。

但对于魏桥本身而言，自备电网能有今天的局面得来不易，供电风波的结局有可能决定着整个集团的命运。

魏桥自建电厂，用张士平的话说是，被逼上的梁山。张士平曾在多次内部讲话中提及，彼时新建自备电厂确实出于生产发展的需要。20 世纪 90 年代，中国电力资源紧缺，电力供应不稳，经常出现随意拉闸限电现象，严重影响纺织企业生产秩序并大量增加成本。

为了彻底摆脱不合理电价和电力部门的束缚，1998 年，张士平决定投资建设自备电厂。但自备电厂自建成投产开始，就与国家电网摩擦不断。1999 年 9 月 28 日，魏桥第一热电厂建成投产，三天后就接到了淄博电网要求其从大电网中解列的通知。

谁都知道孤网运行风险很高，一旦出现断电事故，将没有任何后备措施。但淄博电网态度坚决，张士平权衡再三后，决定解列，开始孤网运行。

没想到，魏桥系电网却因祸得福，13 年来，魏桥系统的自备电厂向集团内部提供了可靠且廉价的电力资源，大大降低了生产成本，令同行羡慕不已，这亦是魏桥系的核心竞争力所在。

以中国宏桥为例，作为一家传统的铝业公司，中国宏桥拥有迥异于同行的高毛利率。据招股说明书披露，2009 年，中国宏桥铝产品每吨的平均成本仅为 10627 元，而据专业市场研究公司安泰科的数据，当年的行业平均水平为 11375 元；2010 年前三季，其铝产品的平均成本更是奇迹般地下降至每吨 8256 元。中国宏桥的低成本如何形成，自备发电是关键。

此次供电风波爆发前，国家电网一直都在尝试"收编"魏桥电网，魏桥能保有今天的局面实属不易，"文斗"、"武斗"，张士平皆有尝试。

魏桥模式能不能复制，会不会被招安，社会各界争论不休，猜测不断，就连张士平的大女儿、魏桥纺织董事长张红霞落选十八大代表，也引起人们诸多猜想。

对此，张士平选择了继续保持低调。

张三怪和他的徒河黑猪

——记山东徒河黑猪食品有限公司董事长、总经理张训照

在黄河之滨的济阳县，张训照是个名人，作为山东徒河黑猪食品有限公司董事长、总经理，他既是企业家，也是响当当的"猪倌儿"。短短九年间，徒河黑猪这一地方土猪，在张训照手里被发扬光大，不仅掀起了一场餐桌旋风，而且还远嫁非洲贝宁，成为中非农业援助项目，为国争光。

正所谓成大事者不谋于众，细算下来，这些年，张训照走的可不是平常路，身上也是"怪事"一大堆，人送雅号"张三怪"。而要解开他这三怪，要从九年前说起。

第一怪：猪种再贵也不卖

行内人都知道，在畜牧界有个不成文的规则，那就是炒种苗。手里只要有好猪种，光靠炒种卖种就发了。而像张训照手里的这些徒河黑猪，如果走炒种卖种的路，几千万元甚至上亿元的家当都挣下了。但如果那样做，徒河黑猪这个品种就做烂了，更辜负了自己最初的梦想，所以他这些年一头种猪都没舍得卖。

"我这些年做的不是生意，不是企业，而是事业。"说起来，徒河黑猪种苗得之不易，张训照一直倍加珍惜。

原来，在养猪之前，张训照当过济阳县林业局的副局长。是什么原因促使局长放下身价，甘心当一名"猪倌"？张训照介绍，这是因为他遇到了一种古老珍稀的猪种——徒河黑猪。

2005年年底，张训照在济阳一村支书家吃了一顿猪肉，肉香独特，村支书说这是徒河黑猪肉，许多村民专门饲养这种黑猪供自己食用。这让张训照想起他前不久刚刚遇到的一件事，他在北京和朋友吃饭时发现，席上没有

一道用猪肉做的菜，这是因为大家担心吃到泔水猪。

两件事一对比，张训照发现了商机。“如果专门养殖徒河黑猪，就会迎合人们想吃放心肉的消费需求，市场潜力很大。”于是，2006 年初，张训照沿徒骇河流域在聊城、滨州、济南寻找三个多月，花费 40 余万元，买回 103 头黑猪种猪。但后来鉴定，这些种猪经过多代杂交血统已不纯，不能再做种猪。张训照只好把这些种猪宰杀，按照普通猪肉的价格出售，损失 20 多万元。

后来，在生猪养殖专家的帮助下，张训照又沿徒骇河走访 20 多个乡镇、50 多名养殖户，收购到 81 头类似徒河黑猪的种猪，经血统鉴定，其中有 30 头纯种徒河黑猪。2007 年底，张训照又投资 300 多万元，将一个占地 40 多亩的废弃养鸡场改造成养殖基地，专门养殖徒河黑猪。为抢救发掘这一宝贵猪种资源，徒河黑猪公司建立了徒河黑猪原种场，成为我国徒河黑猪首家保种基地。

第二怪：想法让猪长不快

张训照的第二怪是他养猪的方式跟别人不一样，甚至是大相径庭。

此前，很多人都有一个共识。这些年，猪越长越快，肉香味却越来越差。猪肉的健康和质量，很大程度上将，原因就出在养殖过程。张训照说，徒河黑猪最大的特点就是长得慢，普通的白色猪种，2.2 斤饲料就能生产一斤猪肉，四个月就能出栏，徒河黑猪要五六斤饲料才能生产一斤肉，一年时间才出栏。也正是因为这个原因，它的肉质才会香醇无比。但是，因为徒河黑猪生长周期长，养殖成本高，所以很多农户不愿养这种猪。这导致徒河黑猪的数量越来越少，从而更显得珍稀。

但张训照不这么想，在他看来，长得快不是好事，要想尽办法让猪长不快，他提出快乐养猪法。

一方面，市面上养猪用含催生成分等成品饲料一概不能用。张训照介绍，当今市场上生猪养殖所用的成品饲料往往添加激素、瘦肉精、抗生素、三聚氰胺等添加剂，打破了猪的正常生长规律，猪肉中的药残对人体的损害也越来越大。而徒河黑猪养殖场建立了有机饲料生产基地，拥有自主研发、自主产权的饲料加工调配企业，饲料选取优质纯粮系列产品，如玉米、豆粕、麸皮、稻糠等，绝不添加任何违禁药物。同时采取在饲料中添加中药的方式对疫病进行防控，使用中药方剂治疗猪病，使得生产出的猪肉中不仅无抗生素等药物的残留，而且含有一些对人体有益的重要成分。从根源上实现了真正意义上的绿色饲喂。

徒河黑猪的肉嫩味香，但肥肉较多，为降低猪肉的肥膘，张训照专为徒河黑猪设计了跨栏、舔舐木桩、玩球、游泳等运动项目。并在饲料中添加中药,用中药方剂防治猪病,绝不添加任何的激素、瘦肉精和抗生素成分,该项举措已获国家发明专利。

第三怪:杀完猪肉冻起来

很多买过徒河黑猪肉的市民都会发现,无论店面大小,徒河黑猪肉店卖的肉都是冻肉,没有我们常见的冷鲜肉。难道这是为了好保存,或者徒河黑猪的技术不过硬,做不出冷鲜肉其实,这正是张训照卖肉的一大怪,且是故意为之。

张训照介绍,猪肉看着干干净净,其实里面含有40多种细菌病毒。在常温下,这些细菌病毒繁殖很快。我们在农贸市场常见的热鲜肉,就是屠宰后未经过任何处理的鲜肉,其实最不新鲜。而后来流行的冷鲜肉,多为0～4摄氏度保存,虽然能够抑制细菌病毒的活性,但并不能杀死它们。为了解决这一难题,徒河黑猪采用了欧美国家常用的做法,将肉冻到－35摄氏度,将绝大多数细菌病毒冻死,然后用进口电锯切割并装入真空袋。因而,徒河黑猪也是国内唯一一家无活菌鲜肉供应商。

2014年7月7日,山东徒河黑猪食品有限公司与非洲贝宁大波波市签署战略合作伙伴协议,徒河黑猪公司将在贝宁建设黑猪生产基地。据悉,这是一项国家援助项目,将投资1000万美元,在贝宁建设徒河黑猪养殖繁育基地。公司计划将在10年内建设30万头黑猪养殖基地,并建立面向全球的徒河黑猪养殖销售网络,使徒河黑猪成为一流的国际化高端品牌。

老张说:为了承诺,我们不会因短期的利益出卖未来,我努力坚持,只为得到越来越多的客户的认可和追随,这正是我继续前进的最大动力。我们相信,在不久的将来,徒河黑猪将会出现在越来越多家庭的餐桌上。

山东 MALL 第一人

——记世纪泰华集团副董事长冯义厚

以亏损高达 3.8 亿元的银河集团为“底子”，发展成山东最大的商业地产项目——泰华 MALL，这个业界传奇的缔造者就是冯义厚。他的身份是世纪泰华集团副董事长、大墉置业总经理。

泰华之前的商业“流离”史

泰华 Mall 的最初创意，与冯义厚的加拿大生活经历不无关系。

加拿大拥有世界上最早而且最大的 Mall 体系，有成熟的 Mall 发展商。对商业的天生秉性，使得冯义厚在加拿大的时候就敏感地关注到了 Mall，他一度考察了北美 42 个 Mall，大到楼体设计小到货架布局，甚至连服务员面对顾客时的笑容，都是研究对象，仅照片就拍了 10 多公斤。

事实上，这段经历也是他人生中重要的一次转折。

20 年前，冯义厚是一个淳朴的乡村少年，从没出过家乡临朐，直至到省城济南上中专。两年中专，成绩优异，电脑编程尤其拿手，“最后竟然客串当老师，代授所有的电脑课。”

毕业时，他被分配到青岛，就职于某外贸进出口公司。同进公司的 26 名毕业生，无一例外都毕业于国内名牌大学。中专毕业的冯义厚“极为自卑”。由于做外贸，“最没信心的就是语言”，于是重拾英语，经过三个学期的自考，竟然拿到了英语专业自考专科毕业证。

自从潍坊昌乐发现蓝宝石矿后，身在省外贸工艺品公司的冯义厚成了山东最早从事宝石贸易和加工的人。“一开始是向国外卖毛胚，发现利润太低，后来便加工打磨后再出售到香港、美国，利润成倍增长，1990 年就有 600 万元的利润了。”

随后，山东省外贸进出口公司等四个股东出资成立了一家合资公司，由香港方出任总经理，冯义厚时为负责生产的副厂长，这令他成为了省内屈指可数的宝石鉴定行家。

一个晚上，他来到车间，习惯性地拿起一粒宝石，灯光下一照，看出了问题，“最高品级的宝石中混入了低品级宝石”。数万粒宝石，他连夜验了一遍，发现“分级全乱了”，450 万元的货，实际价值竟只剩下了 180 万元，这意味着近 300 万元的国有资产已经流失。

这个事件，让生性直爽的冯义厚怒而辞职，从体制内突然“流”出，眼前一片漆黑。

凭着在行业内的经验，不久，冯义厚有机会经营一个金店。1993 年 11 月，黄金首饰大世界在青岛开业，第二年底，青岛 55 家金店全被打败，当时的成绩是三个月内狂卖 100 公斤黄金首饰。金店老总于是联合起来，针对这个瘦高个、娃娃脸、手持大哥大的“毛头小子”开起“批斗会”。

看到青岛黄金消费市场已经饱和，冯义厚决定立即转型。1994 年 11 月，淑姿百货开业，成为青岛女孩心中的时尚代名词；次年 11 月，山东第一家欧伯莱/高丝专卖店开业，2.4 米的柜台，一天营业额竟达 1.4 万元……

就在事业风生水起之时，他突然跑到了人民大学读书。并在北京发现了另一个商机——有着法国血统的大磨坊面包店。此后几年，大磨坊青岛 Jusco 店、大磨坊海信广场店、红磨坊佳乐家店相继开业。

期间的 1998 年，他与身为大学计算机老师的太太结婚。如今回头看，冯义厚说：“这些年做的最正确的事，一是从外贸公司辞职，二是娶了位好太太。”1999 年，两人移居加拿大温哥华。

旅居加拿大的冯义厚，增加了很多阅历和体验，东西方的东西得到充分糅合。除照顾两个相继出生的女儿，他还总想“折腾”出点事来。于是创办了有“移民接待站”之称的“大唐旅社”，受到帮助的中国移民自然颇为感激，他的女儿出生一位移民竟送价值 3 万多元人民币的红包。

从“老银河”开始“发芽”

彼时，被称为潍坊“商业奇才”的刘云江，被一纸调令调任亏损高达 3.8 亿元的银河集团总经理。

半个月内，38 岁的刘云江满头黑发白了不少。几日后，刘的夫人直飞温哥华，找到了冯义厚：“你回去帮帮你大哥吧。”

第二天，冯义厚就飞回了山东。“六个月吧。等做完一套完整的方案，企业发展步入正轨后，我就回来。”这是冯义厚最初的想法。

没成想，这一呆，就是六年。

当时，银河的账面上连一分钱也拿不出。“银河的资本运营情况已经到了无可挽救的地步，国有企业的运作方式无法从根本上拯救银河，破产是唯一的选择。”经过分析，他们得出了结论。

但破产具体怎么个破法？他们定下的基调是，首先要确保将银河拖欠的2240万元职工集资，以及22个月的工资及时补发，对银行欠款也要尽力偿还。他们作出了一个决策：收购破产银河，悉数承担他们的债务，并注入新的资金激活。

决策作出，资金却成了具体操作的瓶颈。刘云江、冯义厚等人倾囊而出，开始自筹资金。而用冯义厚的话是：“我们不知道能不能长成大树，但最起码可以发出新芽吧。”

于是，当年10月份，寓意于“世纪伟业，康泰中华”的世纪泰华公司成立，收购银河集团破产后的资产，并悉数承担其债务。第一件事就是对银河集团所属的购物中心重新装修。刚刚接手时，银河所留下的后遗症令冯义厚颇为心惊，“连14元钱的煤都赊不出来”。

当时看到商场保安在寒冷的屋里坐立难安，冯义厚当即让人“买煤生炉子”，而当打电话让以前的供煤商送两箱共14元钱的煤时，被赖账赖怕了的供货商坚决表示“先付钱再送煤”。

一位天津的供货商提着半袋子购物卡，千里迢迢而来，当满怀希望的她得知老银河已经倒闭后，绝望地把价值十几万元的卡倒在沟里，当场号啕大哭……

看在眼里，冯义厚震惊不已，决定留下来，与合作伙伴协力打造世纪泰华。

做中小城市CBD运营商

“回想起来，自1993年以来，每年的秋冬季好像都是在忙碌同一件事——店铺开业！也许这就是命运。我本是一个珠宝进出口商，却在一个偶然的时机转入零售这一行。于是十几年来不停地尝试，不停地装修，经历了无数次不同的开业。”冯义厚说。

五年间，世纪泰华在潍坊商业奠定了自己的绝对地位，此后五年，世纪泰华决定做“中小城市CBD运营商”，主打产品便是城市Mall。“泰华城是潍坊CBD的重心，我们把这个项目称为‘城市的心’。”世纪泰华零售事业部总经理李志亭告诉记者。

国内的Mall基本可以分为三种类型：一种是养猪，开发商建好了就分割成商铺卖掉，后期运营很难得到保证；一种是养伴娘，开发商是把Mall做道具，以Mall带动周边地块升值，在地产上变现，譬如北京金源Mall和上海新天地；还有一种就是我们泰华，我们是养孩子——养儿防老，我们辛辛苦苦地经营，是为了获得持续收益。

“养孩子”思路具体体现在泰华城“偏低的利润，偏高的服务”。以冯义厚的话说，“这就像农民种地，前几个月要继续不断地投入，最后才能得到丰收。”

此前Mall均由地产商开发，而泰华城则是国内第一家由商业团队开发并自主运营的Mall，其底气来自泰华在商业和酒店领域的轻车熟路。

冯义厚的终极构想，则是以泰华城为主打产品，进行泛泰华城的建设，由此催生中小城市CBD发展的“潍坊模式”。成为方圆100公里内有吸引力的一个“点”。

我们规划了三个层次：一是经营层面，可以获得经营收益；二是资产层面，通过良好的经营，我们所拥有的物业资产价值会越来越高；三是资本层面，我们最终还是要把资产和收益证券化，做成房地产投资基金(REITs)。冯义厚说，泰华Mall选择自主经营、只租不售的模式，与REITs的理念不谋而合。

业内人士表示，通过房地产信托基金融到的资金是资本收入，不用还本，而且资产的回报率要求较低，只要保持在5%就可以，如果该资产的租金回报在5%以上，还会有额外的收益。

按照冯义厚的理解，在完成泰华Mall之后，世纪泰华就已具备了做一支REITs的基本条件——25万平方米的规模，资产在十几个亿。“泰华更具吸引力的地方在于，它把自己定位成专注于中小城市CBD区域的MALL发展商。国际投资者尤其喜欢这样的清晰战略。”零售业调查公司美国AC尼尔森中国总部的一位人士表示。

最牛淘品牌炼成记

——记山东韩都衣舍服饰有限公司总经理赵迎光

在《星你》热潮已经退去的 5 月，再拿女神千颂伊说事儿似乎有些 OUT 了。

但在商界的眼里，这一点都不过时。

淘宝网上女装品类排名第一的电商品牌韩都衣舍创始人，今年才满 40 岁的赵迎光，就盯上了千颂伊扮演者全智贤身上的商业价值，进而重金聘请她作为自家产品的代言人。

事实上，赵迎光的创业故事，也充分展现出新时代品牌崛起的互联网路径。他 1997 年大学毕业后到韩国工作了十年，见证了韩国电子商务从起步到成熟的过程，并将其定位为自己职业发展的方向。

在韩国工作期间，2002 年，赵迎光兼职在易趣网开了一家韩国化妆品店。2005 年，他转至淘宝网经营，做过化妆品销售、防辐射孕妇装，最终于 2008 年主攻女装，从代购起步，到产研销一体，成为淘宝女装一哥，2013 年销售额过 10 亿元。

4 月 20 日晚上，赵迎光在朋友圈里发布了一个消息，他们 4 月 21 日的聚划算品牌团，预订人数已经达到破纪录的 5.3 万人，同一时间的其他品牌，最多的才 1.6 万人。

如此悬殊的差异，以往从来没有出现过——这里面代言人全智贤的能量占了相当大的比重。

不务正业：边上班边开网店

作为在淘宝网上女装品类排名第一的电商品牌的创始人，身高 168cm 的赵迎光算不上懂得时尚。甚至，他自己觉得看不出哪件衣服算好看。他婚前穿假名牌,婚后衣服全由老婆操办。

几乎每天早上9点半,赵迎光都会准时出现在济南的办公室,韩都衣舍严格执行打卡制。赵迎光用蚂蚁兵团来解释韩都衣舍的团队精神,坚信勤能补拙。据悉,韩都衣舍员工的平均年龄不超过25岁,超过1600人的总人数还在持续膨胀。目前,韩都衣舍的日均订单为25000单,毛利率在55%左右。

而这些,并不在9年前赵迎光的人生规划之中。

1995年,从山东大学韩语专业毕业的赵迎光进入山东国际经济技术合作公司,成了一名临时工。两年后,他被派驻首尔,开始了长达10年的韩国生活,工作就是接待前往韩国考察的山东企业老板,扮演着司机、翻译、导游的角色。

工作之余,他兼职遥控做起了网店小买卖。化妆品、汽车用品、母婴用品……他卖过一款韩国HICO品牌的鼻梁增高器,产品说明是自己翻译的。他的收获是,在网上卖东西,产品说明要写得很详细。

2006年,淘宝开始有意推注册的公司,酝酿两年后正式上线"淘宝商城",赵迎光嗅到了电子商务升温的前奏,回国注册了公司。

在朋友家仅有8平方米的二层小仓库里,赵迎光支了一张桌子,雇了一个员工,正式开始创业。

当卖奶粉一个月可以卖个二三十万元的销售额,挣得出工资钱时,赵迎光辞了工作,专职做起了电子商务。但仅仅两三个月,赵迎光就知道,这个事情挺悬。虽然营业额一个月有个几十万元,但毛利也才10%,纯利不到3%,加上价格竞争越来越激烈,到头来也只能挣个辛苦钱。

玩出新意:代购红海中找到蓝海

2007年,一个偶然的机会,赵迎光被朋友带去韩国YSP网上服装销售公司参观。巨大的摄影棚,1万平方米的仓库,促销季每天3万元的订单量,赵迎光就像进入仙境的爱丽丝,充满好奇心。

那时候,他没听说过Zara,也不懂什么叫"快时尚"。在朋友的引荐下,他见到了社长朱春燮。朱向他传授了三条经验:第一,在网上卖东西,最好是有自己的牌子;第二,最好卖女装;第三,要做女装的话,款式尽量多,更新尽量快。

回国后,赵迎光对原有的母婴用品团队的五六个人说,"清仓!转做女装"。2008年春节后,他开始启动韩都衣舍这个项目。

复制YSP模式,重点是款式多,更新快。在济南这个北方二线城市,赵迎光只能从韩国代购做起。此时,淘宝上的韩国代购已经是一片红海,在韩国上千的服装品牌中,大量的商家集中于其中几十个,因为品牌和款式高度重合,只能打价格战。

赵迎光不满足于只赚那10%的代购费。他招揽一批学生,将韩语系和服装设计系的搭配在一起,从韩国3000个服装品牌中挑选出1000个,分给40个人,每人每天从25个品牌的官方网站上挑出8件新品COPY款式,这意味着赵迎光的淘宝店里每天有300款新品。他还要求上架下架都跟随官网的速度,始终保持新鲜感。这和Zara为人熟知的买手制颇为类似。

“代购一开始就写韩都衣舍,根本不写韩国的原品牌。”赵迎光找到了曲径通幽的路。“一千个品牌里,大家都做那热门的20个品牌,而我做别人不做的那980个品牌,可以自由定价。”当所有代购为那10%的利润拼得你死我活,韩都衣舍却可以按官网两倍的价钱销售,轻松做个50%的利润。

靠着这个代购模式的新玩法,韩都衣舍成为淘宝代购里的新星。不过,这只是生存的第一步,韩都衣舍的品牌之路才刚刚开始。

在培养了买手一年之后,赵迎光决定从“代购商品”转为“代购款式”,真正的买手小组建立起来。买手小组不再跟踪固定品牌,小组之间是竞争关系。他们像从前一样选出款式,进行样衣采购,然后打样,选料,在国内找工厂量产,即“韩国设计,中国生产,韩都衣舍出品”。韩都衣舍迅速成为淘宝最红的韩装品牌。

如今,韩都衣舍的买手小组已经超过130个了,产品开发团队的人数,超过400人。

未来之路:用电商平台打造中国的Zara

“从门外汉进入这个行业做,做到什么程度,可以取得发展呢?我感觉就是成精了就可以发展了。”赵迎光说成精了就像老中医,在摸着石头过河的坚持中培养出一种直觉。

用赵本人的话,韩都衣舍“一开始就赚钱,赚多赚少而已”。到了2012年,韩都衣舍年度交易额达6亿元,重复购买率为38%,成为淘宝第一女装品牌。

在他看来,包括韩都衣舍在内的服装电商实行单品运营模式,和传统行业的订货会模式大相径庭。传统企业或许能做好二级部门,但缺少互联网基因的他们很难领悟第一级。

对于韩都衣舍来说,第一级部门等同于品牌。请韩国搭配师搭配,在韩国拍摄图片,写细节化的文案,在微博、微信、贴吧等互联网媒介进行推广行销，传统服装企业缺少这样的互联网基因。赵迎光拒绝那些打给加盟商看的广告，“绝不做冠名”。他看重直接和消费者沟通的方式，比如电影贴片。

和淘宝排名前三的女装品牌——茵曼的创始人方建华不同，赵迎光提倡多品牌运营，“如果第一级部门是品牌，第二级部门就是我们的品牌孵化器”，并且做了尝试。目前，韩都衣舍旗下有七个子品牌，除了原有的休闲女装，还有男装、童装、职业女装、包括鞋子等。显然，赵迎光的野心是用电商平台打造中国的Zara。

Zara对大牌的模仿和低廉售价，深受原创者诟病。韩都衣舍同样面临被认为是“山寨”的问题。但赵迎光不以为然，“中国做山寨的是主流，成长起来的不还是极少数吗？模仿是创新的基础”。

像追女生一样追合作伙伴

百两金，是赵迎光的花名，草药，来自《本草纲目》。百两金、甘草、黄芪、淡竹叶、厚朴是韩都衣舍的五个创业元老，均生于70后，也曾都有正当的职业。三个律师、一个做房地产的MBA，其中既有高考状元，又有榜眼。“找创业伙伴，我个人认为最高水平比你高，如何让比你优秀的人与你一起创业？要展开猛烈的追求。”赵迎光说追求创业伙伴就像追求漂亮的女孩子。用自信和股份，赵迎光追求到了韩都衣舍现在的四位元老。

在众多夫妻或个人起家的淘宝店努力控股公司时，心宽体胖的赵迎光早早采取了放权的管理。形成相对平等的核心管理团队，分管不同的业务，这样去核心化的分权管理让韩都衣舍发展超乎寻常得快。

赵迎光说自己一直都是个创业者，他从小就跟着做生意的母亲东奔西跑，读大学时也倒腾过诸如卖电风扇等小物件的买卖。他形容自己是一棵树，这么多年一直默默努力，等待着花开那一刻的美丽。

梦起东方

——记山东东阿东方阿胶股份有限公司董事长赵云峰

孟子曰:“天降大任于斯人也,必先苦其心志,劳其筋骨,饿其体肤,空乏其身,行拂乱其所为,所以动心忍性,曾益其所不能。”

与马云、牛根生、史玉柱等诸多成功人士一样,赵云峰在创业初期也经历了很多的苦痛与磨难。而这种磨难正是促使他一步步地走向成功的动力,这种苦痛也是常人难以想象的,恰恰是这两样内在与外在的东西,成就了赵云峰的今天和他一手创办的山东东阿东方阿胶股份有限公司的辉煌。

1995 年,赵云峰聊城商校毕业被分配到东阿县物资局工作,计划经济时代能有这样的一个单位,着实让年轻人羡慕。当单位做汽车贸易工作正是风生水起的时候,由于国家市场机制的改革,国家物资系统和供销系统不再是市场领域的“领头羊”,单位的运营日益难以为继。此时,他果断选择了离职。他坚信,只要肯踏实的工作,不吝啬青春和汗水,总会有碗饭吃的。这是他最简单的想法,其实在他内心里还蕴藏着一团熊熊燃烧的火焰,就是自己做一番事业,不想为自己的一生留下遗憾,因为他心中始终有一个梦想。

梦起东方展宏图,开拓进取谱新篇

做企业不是一句话两句话说做就能做成的,单单资金问题就是很大的困难。当时手里仅有 4800 块钱,这对于想创办企业的人来说,只是杯水车薪。但这一切并没有打击到赵云峰那颗创业的雄心,于逆境中前进就是要付出更多的努力。在亲戚朋友们的帮助下,东拼西凑,1995 年之初,在铜城工业园区悄然成立东阿县阿宝开发食品厂,赵云峰迈出了创业史上最为艰难的第一步。

一座废弃的老厂房,房屋破旧不堪,没有太多的机械设备,最值钱的一样就是原来企业倒闭后留下的一台多年不用的旧锅炉，这是他全部的家当。条件简陋并没有锉削他的积极性，他和几个兄弟利用自己掌握的机械维修方面的知识，将这台锅炉重新维修好，尽早使企业投入正常运营。那时候赵云峰将全部精力都放在了企业上，特别是条件简陋的厂房，要是赶上下雨天，别人都是往家跑，而他和他的伙伴们却要往厂子里跑，因为厂房漏雨啊，那里面是用借来的钱买来的设备和原材料啊！那时候，赵云峰就天天"泡"在厂子里，全身心地投入到厂子的建设与改造上。

企业最初生产的是，"阿宝"牌枣汁、枣浆一类的保健饮品。为了能买到便宜且品质上等的大枣，赵云峰就开着农用三轮车，去德州乐陵等地的农户这里，挨家挨户地去收购大枣。寒冷的冬天，赵云峰穿上破旧的大衣，天不亮就出发了，车上除了一堆装大枣用的麻袋外，还有一个装满开水的暖瓶，几个馒头还有一包咸菜，但赵云峰吃的是津津有味。有时候实在累得不行了，就躺在三轮车的车厢里，裹着大衣枕着麻袋睡一会儿，醒来后再继续赶路。他说，自己正处于创业阶段，只要能把企业办起来，就算吃再多的苦也无所谓。

第一批产品出来后，赵云峰就与厂子的业务人员一起带着样品到河北、安徽、济南、泰安等周边省市去寻找市场。到当地寻找经销商，挨家挨户地摆放，向客户讲解产品。没想到，在短短的几个月的时间里，企业产品迅速发到了石家庄、合肥、济南、临沂、新泰、滕州等地，在市场中站住了一个脚尖儿，"阿宝"牌系列保健饮用品受到了老百姓的普遍欢迎，竟然还出现了供不应求的现象。

企业发展了，他又把目光紧紧地盯在了阿胶保健食品上。那时候东阿只有东阿阿胶集团生产阿胶，而没有其他企业涉足阿胶膏、阿胶浆一类的产品。可这个项目刚刚开始没多久，由于当时国家政策体制问题，对国有企业进行重点保护，有关部门不允许赵云峰的企业继续生产，大批的原材料被拉走，剩下的一些已经不能再继续生产，赵云峰深深地陷入了人生的第一个苦恼之中。

在经过不懈的努力后，2002 年一座崭新的厂房屹立于东阿县铜城工业园，赵云峰开始了他的阿胶生产之路。

这一年，赵云峰注册成立了山东东阿东方阿胶生物工程有限公司，着力于打造阿胶高、中、低不同层次的系列品牌，努力向社会呈现让老百姓吃得起的好阿胶。在他的带领下，公司在全县同等民营企业中率先通过了 ISO9001 质量管理体系认证及 HACCP 食品安全管理体系认证，取得了 GMP 认证和 QS 认证。在国家食品药品管理局取得"贡禧堂牌阿胶浆"、"贡禧堂牌阿胶参杞颗粒"、"贡禧堂牌阿胶片"、"贡禧堂牌阿胶枸杞口服液"、"贡禧堂牌阿胶地黄膏"五个产品的保健食品批准证书，并严格按照批准文件组织生产，坚持员工与企业共同成长的发展观，把责任视为品牌之根，把品质视为品牌之本，把文化视为品牌之魂，把传播视为品牌之翼，聚焦"营销，研发，拓展"三大重点，抢抓机遇，开拓创新，与时俱进，为繁荣民族传统医药而不懈努力着。

2010年，公司在基本实现了从财务管理到业务流程、从电话访销到物流配送、从人力资源管理到专卖户籍化管理、从办公自动化到存货管理等方面微机信息化管理。在东阿县经济开发区征地100余亩，新建现代化综合生产基地，分设两个十万级GMP净化车间，产品研发技术中心楼及配套办公设施，被评为聊城市重点项目并纳入政府"十二五"规划。2011年，公司正式推出"贡禧堂"这一明朝初期创建的百年老字号品牌，汲取传统阿胶工艺精华，在此基础上进行了工艺技术创新，使这一老字号品牌具备了现代化、规模化生产。2013年，公司注册资本1210万元，拥有资产6650万元，阿胶及其系列产品生产能力达3000余吨。2013年12月31日，公司在齐鲁股权交易中心正式挂牌上市，这标志着公司向资本市场迈出了关键的一步，是东阿县首家成功挂牌上市的民营阿胶企业，为企业进军现代化资本运营市场奠定了坚实基础。

在新的市场体制下，他敏锐的感觉到要始终坚持品牌化运营理念，打造阿胶高端品牌形象，延伸产业链条，必须聚焦国内外大型商超连锁，建立市场销售最为关键的核心渠道，就是以商超为市场的终端营销。事实证明策略是正确的，企业很快走上多渠道开发市场道路。在稳定占领全国大中型超市的同时，加大OTC医药连锁店的开发力度，并组建专业电商团队，成立公司旗舰店。为公司培养了大批稳定的客户，赢得了良好的口碑和信誉。先后与沃尔玛、家乐福、大润发、京东商城、广药集团等国际知名终端运营商建立了良好的合作关系。

吃水不忘挖井人，回报社会显真情

作为一个现代企业家，赵云峰坚持将"关爱生命、大爱生活"作为不懈的追求。在做大做强企业、打造中国保健阿胶第一品牌的同时，忠实履行企业公民应尽的社会责任，始终不忘感恩社会。一直热心于地方公益事业，以回报社会为己任，积极吸纳下岗职工，并聘请专家进行专业培训，让他们再一次走向工作岗位。近三年多次为敬老院、灾区组织捐款捐物，救助失学儿童、孤寡老人，向社会各界组织举办的活动捐款捐物近20万元，被东阿县慈善总会评为“最具爱心企业”。他个人也荣获山东省个体私营经济践行科学发展观带头人、山东省个体私营企业理事会先进工作者、山东省农村青年创业致富带头人、聊城市富民兴聊劳动奖、聊城市慈善奖热心慈善事业先进个人、东阿县第五届十大杰出青年、东阿县双十百千文明争创活动道德模范、东阿县学习型先进个人等称号。笼罩在他的身上光环越来越多,作为企业家的他,使命感与责任感也就越重,可是他依然笑着,带着笑容、带着梦想去面对一切,迎接一切。

赵云峰的追梦之旅,成为了全体东方阿胶人共同的追梦之旅。雄关漫道真如铁,而今迈步从头越。时空的交汇给了东方阿胶人空前的发展机遇,天时、地利、人和的“合力”使东方阿胶人迈出了实现梦想的坚实的脚步。企业即将踏上全国交易新三板的舞台,将给予东方阿胶人更大的信心与更清晰的目标,助其在新的腾飞与跨越中迈向更高、更好、更强的目标。

梦起东方,就像冉冉升起的太阳,必将照亮世界,温暖人心。

宝剑锋从磨砺出

——记冠县宸合纺织有限公司总经理周爱花

“生活是公平的，哪怕你吃了很多苦，只要你坚持下去，一定会有收获。”马云的这句名言运用在冠县宸合纺织有限公司总经理周爱花身上是再适合不过了。也许成功的创业者都一样，要经历一些挫折才能成为站得高、望得远的集大成者。

跨界与超越

创业之初从来都是艰难的，周爱花也不例外。记者从与她的谈话中发现，她是个干练、成熟、有文化、有思想的人。她向记者介绍，自 1982 年毕业以来，她先是在土产公司参加工作。五年后，下岗开始自主创业。她首先从事了烟酒生意，从路边经营发展到个体门面经营，这一干就是十年。1998 年，又曾干过餐饮服务业，这一干就是十三年。

2011 年 5 月成立冠县宸合纺织有限公司。最初创业时，很多人都说，纺织行业面临着前所未有的危机，进入了冬季。周爱花却不这么看。但比人言更可畏的是资金。因为租不起房，她只好把仓库当成栖身地，装卸费也不舍得花，将所有资金都投入在公司生产。从一开始就实行公司化运作，用领先的流程设计和现代化的管理体系来带领团队。周爱花狠抓企业经营管理，不但研发了比往年更多的系列新产品，同时，通过白天停工、晚上开工这样错时作业，使每个月的电费节约一半。而且还把坯布超市搬到网上轻纺城，进一步拓展网上贸易。经过一年多的艰苦奋斗，很快翻了身，公司业绩有了好的转变，慢慢地走向正轨。

守信与创新

周爱花认为市场更具有挑战性更能锻炼人。她既注重企业文化，也非常注重守信品质，是一位懂经营、善管理、讲诚信、树品牌的企业实干家。当年公司与供货商签订购货合同，恰逢市场萎靡，其他企业纷纷与该供货商联系取消订单，周爱花明明知道汇出款去就会损失几十万元，但他仍坚持汇款以保证合同的有效性，完成了这笔订单，在业内留下了良好的口碑，为企业发展打下了坚实的基础。访中周爱花告诉记者，坚持创业、诚信守业是他创业以来最大的感慨。

在商界摸爬滚打三十余载，周爱花依旧保持儒雅的气质和温文的品性。产业经营至今的这些春秋，悲伤或喜悦，低谷或成就，总有一批死心塌地的老员工们陪伴在周爱花的身旁，她脚踏实地、恪守诚信的人格魅力让员工们相信，这个企业一定会有一个更好的明天。

人才是企业发展的第一要素。周爱花发自内心的感谢手下这些员工们，公司所坚持的企业宗旨中就有一条"造福员工"。她认为"不能为做生意而做生意"，只靠利害关系而维持并不能成为长久的情谊。因此公司致力于制度化管理和人性化管理。制度管理即率先使用软件管理让公司运作流程化。公司对员工进行多层次、多门类、多样化的技能培训，实施人才战略。而人性化则是制定各项职工福利，完善员工的各项社会保险……公司员工工资年平均增长15%，有效稳定了员工队伍。公司在努力营造让人有归属感的企业氛围。周爱花总经理的个人魅力也使得员工们成为一个具有向心力的团体。

秉持着"精益求精，持续创新"企业精神，宸合纺织在技术上不断精益求精的过程中，公司在传统经营模式的基础上，也在追求着营销方式的创新，利用新媒体的传播优势，将目标放置在了网络纺织实体店上。"只靠传统的经营模式已经不行了"，周爱花这样说道。公司必须转换经营观念，更好地利用现代网络资源网络传播手段。

坚持"创标杆，做精品"的发展战略，确立"永远为顾客提供满意的纱线"共同愿景，秉承"为顾客创造价值、为员工创造快乐、为社会创造财富"的使命，发扬"诚信，和谐，创新，卓越"的双弘精神，推动公司更好更快地发展。

感恩与回馈

"我的企业取得一点成绩不算什么，人要不断进取，创新发展，多做贡献，以感恩的心回报国家，回报社会。"这是出身贫苦农民家庭的周爱花的肺腑之言。她在成功创办企业的同时，时刻不忘履行一个企业公民的社会责任。

依法纳税，争当典范。周爱花认真开展税法学习，自觉遵守税收法律、法规。增强法律意识，了解税法、遵守税法。加强财务管理，树立良好企业信誉和形象，积极纳税。

回报社会，共建文明。企业的发展离不开社会，周爱花积极行动、发展经济、增加效益、创造价值，为文明冠县建设添砖加瓦，贡献力量。她积极投入公益事业，扶贫助残，为创建和谐社会做出贡献，春节期间，她为敬老院赠送棉衣棉被，为多个村庄的“五保”老人送油送面，资助贫困大学生，为弘扬孝道、促进和谐做出了贡献，受到了群众广泛赞扬。

盛况背后的红木情怀

——记济南大户人家红木家具有限公司董事长周世建

伴随着中华文化的复兴,中式风格的器具、建筑等开始回归,红木家具更是大受市场欢迎。红木家具被热捧、投资者的涌入、原材料的枯竭与限制流通等,使得近几年红木家具市场热火朝天,价格一路飙升。再加上一部分外行业的企业携资金涌入,让红木家具行业略显浮躁,反映在终端的销售上,各个品牌的产品千差万别,真假难辨,消费者莫衷一是,没有标的。

在行业浮躁期,却有一些品牌依靠准确的定位与过硬的品质在市场上的影响力越来越大,靠着口碑传播逐渐雄踞一方。他们的发展印证了一个道理,不管行业有多么浮躁,消费者可能在一定时期内被虚假信息蛊惑,但最终是真材料好品质赢得市场。济南大户人家红木家具有限公司的发展基本上是靠着口碑传播一步步地走到今天,他们是新商业环境中的宠儿,是应新市场之势而起的好品牌。大户人家红木家具有限公司的领导者周世建拥有过人的人格魄力、细微的经营策略以及高瞻的战略眼光,很好地抓住了新时代的商业机遇。

源于喜爱缘结红木,传承文化大户人家

谈起红木,周世建先生的喜爱之情溢于言表。刚开始入行时做红木家具经销,但当时不太懂,只以赚钱为目的,后来通过不断学习和了解,被红木家具所承载的优秀传统文化和精湛的传统工艺所吸引,深深地爱上了红木家具,一发而不可收。2005 年,周世建先生开始自己生产红木家具,作为可以承载他生命价值的事业!

把红木家具当作一份事业,做一番可以传承文化精髓艺术灵魂的事业以滋养后人流芳百世,红木材质尊贵,长时间保存性能稳定,上百年方能成

才的红木目前市场保有量越来越少，价值愈加珍贵，把古人留下的文化艺术附着在离人们生活最近的家具上，长期潜移默化地去滋养身心，是一项真正值得追求的事业！

在“大户人家”四个字中寓意着“士风，礼仪，儒雅，尊贵，商道精神”等明清时代中国社会文化的重要特征，在其红木家具上完全镌刻出来，做可以传承的家具，这是周世建先生心中事业的真正价值所在！

品质铸就好口碑，价值赢得消费者

要么不做，要做就要做到最好！这是周世建一贯坚持的原则。创立“大户人家”之初，中国红木家具市场方兴未艾，炒作之风盛行，因市场需求量大，一些厂商以次充好、工艺粗糙的红木家具换取高额短暂利润等现象让周世建先生痛心不已。他说，红木成材极其漫长，如果我们购回来这么珍贵的资源而不能把它做成亘古流传的珍品，就是有罪的一代，是对生命与后人“不负责任”的一代！

周世建先生做着他钟爱的事业，“大户人家”做高端红木家具就一定做出一流的具有收藏价值的艺术品，就像他所坚持做的“私人定制，宫廷原版”。大户人家红木家具每一件产品都采用与标签相一致的原地正宗大料木材，烘干标准全部在12%以下，很多都保持在8%左右，以确保产品的恒久稳定；各个连接处采用全卯榫连接，不用一颗五金配件与支撑，全部按照古工艺制作，两块材料卯榫结构连接好想拆下来，如果不是内行师傅都难以肢解；更为细节的是，周世建先生要求同一件家具、同一套家具全部采用同样树龄的材料制作，且纹理相近，这样家具的收缩比就很接近，不容易出现因为材质密度不同而出现的开裂现象，基本可以达到独板和同根木的双拼制作，此举以确保家具的浑然天成，大户人家红木家具精细的做工，还能在细微处体现主人独特的品位，极具收藏增值潜力；对于市场上很多商家为了缩短工期而减少复杂工艺的制作，“大户人家”却严格按照古书记载，注重每一个细节的精雕细琢，每一块材料精细打造，做出来原汁原味的古典文化艺术家具，让人们可以体味达官贵人们的奢华生活和风流雅士们超然的境界，如今很多消费者慕名而来，在这里找到了他们所喜爱的红木家具。为何会出现这种现象呢，周世建先生这样看待，真正吸引消费者的是“大户人家”红木家具的“价值”，再加上长期回馈给消费者的“实惠”，核心是消费者在“大户人家”购买到的“价值”。

永远坚持做文化红木，让诚信基因注入品牌

红木家具是我国优秀传统文化的载体，文化永远是红木家具的精髓，做

可以传承的红木家具，是大户人家永远的坚持！浪费珍稀资源与留下糟粕作品在周世建先生看来是对后世最“不负责任”的行为，“大户人家”就是出于对红木资源逐渐枯竭，对文化艺术没有在家具产品上得到良好的传承而苦心经营的！做可以传承的精品红木家具，让“大户人家”生产出的红木家具必须有艺术价值，必须有收藏价值，必须有文化的传承价值，是周世建先生事业的终极“价值”！

人要长大，企业也要做大做强，“诚信”是企业的指明灯。周世建先生认为：“诚信不是一种口号、一个广告语，而是企业的核心优势。让我真正值得骄傲的是大户人家在消费者心目中的认可与肯定，而非规模与产值。”这种信念就是周世建先生对企业“诚信”经营的严格要求。

在济南，大户人家红木家具有限公司就是个“异数”，发展势头强劲，每当周末，顾客络绎不绝。

任何一个成功都不是空穴来风，大户人家红木家具有限公司在周世建的带领下，已经构建了一个强有力的品牌体系。或许以上之种种都是“术”的层面，也即使谋划事业的策略；但深究其中，无一不是“情”在作怪。周世建对红木和家具的热爱超出寻常，好的家具在他心中就像自己的“孩子”，需要用心地付出。

在周世建看来，作为家具人，在行业内应有担当。大户人家有今日之盛况，皆源于周世建内心的那份担当。这份担当，守护着大户人家事业发展中经营的方方面面，并影响到越来越多的人。

心随梦想一起飞

——记山东嘉增旅行社总经理曾涛

从名不经传的装修队成长为一家拥有千万元资产的建筑装饰工程有限公司，从一个门外汉到装饰行业的领军者，弟子遍布济南大小装饰公司，从装饰事业最辉煌的时候抽出大量时间创立旅行社。他——桐徽艺建筑装饰工程有限公司总经理、济南嘉增旅游有限公司总经理曾涛。这些别人看来近乎传奇的经历，让曾涛的身份丰富起来，也让他追逐梦想的征程显得绚丽多彩。

当记者一行走进曾涛位于无影山中路的公司时，立即为墙上挂满的奖牌所吸引：中国装饰行业500强企业、国家建设部和中国装饰协会联合颁发的中国建筑工程鲁班奖（国家优质工程）、共青团安徽省委驻山东工作委员直属团支部……一块块奖牌记录着公司辉煌历程。

心怀壮志，让梦想闪烁智慧的光芒

采访前就听说曾涛出生于安徽“文都”桐城，桐城自古名人辈出，有“天下文章，出于桐城乎”的说法。曾涛时常讲，荣耀只代表过去，梦，还在前方！朴实的言语之间总是透露着几分文才。

1997年在家乡工作多年的曾涛像许多同乡人一样，准备外出寻找更好的发展机会。经过一番选择，曾涛带上行囊踏上了北上的列车，虽然只有高中文凭，但凭着一股机灵劲，他很快就找到一家装饰公司从做学徒开始，学技术、画图纸。曾涛抓住难得的学习机会，埋头苦学，很快就掌握了家装的全部技术要求，并学会了图纸设计。他那梦寐已久的家装公司终于在1998年成立，刚起步虽然公司不大，但曾涛对未来充满了信心。经过几年的打拼，公司在他的努力下不断发展着，正当事业蒸蒸日上之时，曾涛却作出了一个大胆的决定，放弃经营多年的北京市场毅然决定把公司转到济南发展。

是什么让曾涛作出这样的决定？家人反对、朋友不理解，那段时间变成了曾涛人生中最困惑的一个时期。在和曾涛的聊天中，他道出其中的原由，原来，在曾涛的眼里，弟弟一直是自己的榜样，20 世纪 90 年代初，单身来济南，开办了第一家五金店，不到几年时间生意上就小有成就，资产突破千万元。每年春节回家兄弟两人谈的最多就是齐鲁文化和山东人文环境，在弟弟的感染下，出生于"文都"桐城的曾涛，怀着对齐鲁文化的仰慕，终在一次和弟弟的交谈中，流露出要转到济南发展的念头。当听说哥哥要放弃北京多年的经营到济南发展，弟弟一时也很犹豫，但曾涛最终还是突破家人的阻力，选择来到济南。

虽说早有思想准备，但真正面对现实时，心里落差还是很大，来到济南一切都得从头开始。既然选择就必须义无反顾地走下去，面对陌生的环境，平时忙于工作弟弟无暇顾及曾涛，他白天跑市场找业务，晚上还得加班加点干活，没有一丝喘息的时间。现在回想起那段经历时，曾涛不由自主地流露出自豪感。

细心严谨，让梦想插上腾飞的翅膀

是金子总会发出耀眼的光芒，2002 年，曾涛的桐徽艺装饰实业有限公司正式在济南挂牌成立。

曾涛工作细心严谨是出了名的。日常工作中，每天他都要带领设计、工程、客服等部门负责人到工地查看，凡是发现质量问题，他都要查明原因，并找出最好的解决办法，绝不允许有不利于客户的事情发生。一次，他发现公司施工人员虽然按要求铺设了地板砖，常人看不出有什么问题，但作为一名从事家装行业多年的曾涛却看出了瑕疵。生气的他立即拿起榔头把屋里的地砖给全砸了，并严厉地批评施工人员。随后，公司自掏腰包买来相同型号的瓷砖又为客户进行了重新铺设，虽然损失了 1 万元，但却为公司赢得了声誉。曾涛总是把客户的利益放在第一位，他深知只有始终为客户着想，公司才能不断发展壮大。

成功往往都是在不经意间，2003 年，曾涛给一位客户做家庭装修时，他那认真细致的工作态度，给客户留下了深刻印象。

不久后，就是因为这位客户的一个信息，从此让公司走出了困境。曾涛回想起当时的情景感觉还是那么清晰，2003 年 3 月，之前那位客户突然打来电话，告诉他有家单位办公楼装饰工程正在招标。机会难得，得到这个消息后，曾涛彻夜未眠，虽说公司已有一定家装经验，但工装方面也没有现成的经验借鉴，如何才能拿下这个项目？曾涛凭着初生牛犊不怕虎的那股韧劲，知己知彼方能百战不殆,他当即对该单位的情况和要求进行详细了解,第一时间召集公司技术人员研究方案……通过层层选拔桐徽艺装饰公司最终中标。就是这个工程,让曾涛从此走出困境,实现了企业的盈利。

就是凭着一种责任感,曾涛带领团队先后取得了不俗的成绩,公司也在不断发展壮大,2005 年被评为中国装饰行业 500 强企业,2011 年桐徽艺装饰实业有限公司在济南军区空军信息化指挥工程中被国家建设部和中国装饰协会评为中国建筑工作鲁班奖(国家优质工程)……

助人为乐,让梦想充满温暖的阳光

企业发展了,更应该关注困难群众的生活,从一次新闻中得知,菏泽地区有个孩子父母残疾,家庭非常困难,曾涛当即联系到当地的慈善机构与其结成帮扶对子……几年来曾涛先后帮助过多名失学儿童。在 2008 年汶川地震中,当他看到那一双双因失去亲人而悲伤的眼神时,曾涛心里有说不出的痛楚。他决定为灾区尽一份力所能及的贡献,主动联系到济南的慈善机构,送去了 5 万元现金,后期又捐献了很多生活用品。

帮助员工,乐善好施。说起曾涛,员工都要主动说两句。施工人员大部分来自农村,他们常年在外,家人难得团聚一次,只有听说亲属来济南,曾涛都要将住宿及生活用品安排好。

安徽小伙汪小鹏毫不避讳说:“没有曾总的帮助,也就没有我的今天。”事情还得回到 2008 年,刚到济南发展的汪小鹏,因为工作一时没有着落,吃饭都成了问题,眼看就要流落街头。就在这时汪小鹏从网上看到了桐徽艺装饰公司总经理曾涛是同乡,实在走投无路他抱着试试看找到了公司寻求帮助。看到汪小鹏狼狈样子,曾涛不禁想起了自己刚刚出来打拼的情景,心里一阵酸楚。工作没有找到之前就住在我这里……曾涛那暖融融的话语让汪小鹏至今记忆犹新。就这样汪小鹏就吃住在曾涛公司,直到找到工作为止,曾涛没有收汪小鹏 1 分钱。后来,汪小鹏不负众望,在酒水行业也是做得风生水起,成立了自己的公司,并在济南安了家。

曾涛的慷慨是出了名的,谁家有困难,首先想到的是他,找到他只要能帮助,肯定会提供援助。

多元发展谱华章　奉献社会构和谐

——记山东金柱集团有限公司董事长、山东省人大代表兹留柱

近年来，山东金柱集团有限公司在董事长兹留柱的率领下，以科学发展观为指导，以做大做强为目标，紧跟国家城镇化建设发展步伐，创新发展模式，调整产业结构、转变经营管理方式，成功走出了一条多元发展、跨越发展的成功之路，使企业由一个产业单一、管理粗放的建筑施工企业迅速转变为集工程承包、房地产开发、投资管理、建材生产、能源物流和生物制药为一体的大型企业集团。董事长兹留柱被评为“山东省依靠职工办企事业优秀个人”“全国建设系统劳动模范”“全国优秀施工企业家”“聊城市首届功勋企业家”，被授予“全国五一劳动奖章”荣誉称号。

双翼齐飞强主业　多元发展谱华章

兹留柱董事长自1998年担任企业主要负责人以来，积极顺应市场需要，变革产权关系，对企业实行集团化管理，扩大了经营自主权和施工范围，巩固了经营市场，提高了市场开发和竞争实力，促进企业向多功能、集约化的特大型建安施工企业发展迈出了坚实步伐。特别是进入21世纪后，他以宽阔的胸怀与莫大的勇气，展示了一个现代企业家所具有的雄才大略，推动企业驶入了多元发展、跨越发展的快车道，逐步构建起了多元发展的产业大格局。

双翼齐飞，固内拓外。建安施工是企业发展之基，为做大做强建安施工，他提出了“突出重点、多元组合、固内拓外”的经营方针，在省内承建施工了许多标志性建筑和“高、大、难、新”公用民建工程，并积极向道路、桥梁、园林等施工领域拓展，实现了本地市场的巩固和提升；同时，积极实施走出去

战略，设立了北京、宁夏、武汉、新疆、内蒙古等驻外办事处，施工足迹遍布二十多个省、市、自治区，并在节能环保、防腐保温、冶金化工领域实现了新突破，外出施工产值达到总产值的40%以上。“十一五”期间，施工产值实现了翻番增长。近年来，随着国家城镇化建设的逐步加快，他敏锐地意识到房地产行业发展机遇的到来，审时度势，依托建筑施工长期积累的管理、技术、人才和品牌等企业优势，果断进军房地产开发业，一举成为聊城乃至于山东省最具实力的房地产开发企业之一，先后创出金柱·水城华府、金柱·月亮湾等广厦奖和国家康居示范工程，向社会奉献出一大批节能、环保、宜居的好房子，企业成功晋升为国家一级资质房地产开发企业，并走出山东，在江苏徐州等省市开发了房地产项目，企业被评为中国房地产诚信企业、中国人居品牌房地产企业、山东房地产50强企业等。

多元发展，乐章齐奏。两大主导产业的做大做强，为产业链条上下延展提供了条件。一是上延产业链条，成立了山东金柱投资管理有限公司、北京金泽达投资基金管理有限公司，建立健全了一套投资决策、风险控制、研究支持、运作保障、市场拓展和客户服务体系，吸收培养了一支专业化的金融管理人才队伍，成功发行了多期基金，为公司多元发展提供了资金支持。同时，与山东大学强强联合，成立了全国首家房地产私募基金研究会，为基金发展搭建了良好的理论研究平台，提供了有力的理论指导。二是注册成立了聊城金新低碳建筑节能技术有限公司，上马了国内先进的注塑生产线、木塑板生产线，主要产品卫生间模块化同层排水节水系统获国家专利，可节水30%，具有很好的推广价值，产品的节水性受到市场的青睐。注册成立的聊城市金龙节能建材有限公司，经过多年的发展，现已拥有分墙体保温、乳胶漆、粉煤灰砖、砌块和砂浆四大系列，共80多个品种，拥有年生产各类外墙保温板80万立方米、A级防火保温板6万立方米、保温砌块40万立方米的生产能力，是鲁西较大的节能建材生产销售公司。在原来搅拌站基础上成立的聊城金辉砼业有限公司，已发展成为集生产、检测、运输、输送、维修为一体的商品混凝土企业，年产商混200万立方米。以上企业为社会贡献了一批批节能环保、低耗优质建材，成为企业发展新的经济增长点。

“四位一体”强管理　跨越发展夯基础

山东金柱集团是一个有着60多年发展史的老企业，全面落实科学发展观，与时俱进、推动企业由粗放式管理向集约化管理转变是企业发展的必然选择。他结合企业实际，以信息化建设为驱动，努力打造“四位一体”系统管理大平台，夯实了发展基础。

打造信息管理平台。信息化是企业转变管理方式的关键。他十分重视信息化建设,设立了职能部门,投资上千万元进行软硬件建设,按信息化要求对各项管理流程进行了重新梳理,先后实施上线了协同办公系统、人力资源系统、综合项目管理系统、档案管理系统,实现了集团信息化管理全面覆盖,综合项目管理系统上线率达到了80%以,管理手段彻底改变,管理效能大幅提高,为企业管理方式转变提供了信息化技术支持。

打造科技创新平台。充分发挥企业技术中心支撑带动作用,通过创建科技示范工程,以点带面,推动了建筑新技术、新工艺、新材料的推广应用,带动了技术创新能力的提升。山东金柱集团研发的《模块化同层排水一体化系统设计与安装》技术成果被编制成山东省建筑标准设计图集并实施;《管桩水泥土复合基桩技术规程》获国家级工法及发明专利,被列入山东省技术规程并颁布实施。2012年,山东金柱集团获省级工法13项,国家专利局授权发明专利1项,授权实用新型专利4项,华夏建设科学技术二等奖1项,中施协科学技术一等奖1项,山东省科学技术进步二等奖1项,企业被评为山东省十佳技术创新企业。

努力构建和谐企业　积极履行社会责任

兹董事长在积极抓好生产经营工作的同时,也十分注重企业文化建设,坚持全面、协调、可持续、和谐的科学发展观,确保了企业两个文明建设同步发展。

注重企业文化建设。认真组织开展企业党建和精神文明建设工作、职工思想政治工作、民主管理工作,积极培育"团结奋斗,开拓求是,勤俭建业,争创一流"的企业精神。解放思想、抢抓机遇、创新进取、与时俱进。有计划地抓好党员发展、教育和党组织的建设工作,并把精神文明创建活动经常化、制度化。深入细致、形式多样地做好职工思想政治工作,坚持厂务公开、民主评议等民主管理制度。在抓好《集体合同》落实的基础上,努力改善职工工作生活环境,充分激发了企业员工生产工作的积极性、创造性,增强了企业的向心力和凝聚力,确保了企业和谐、持续稳定发展。

企业发展不忘社会。山东金柱集团每年给社会提供几万个就业岗位,上缴税金几亿元。他还带头申报个人所得税,成为山东省2012年度个人所得税缴纳第一人。成立了慈善基金会,每年拿出数十万元对家庭困难职工、贫困职工子女上大学、离退休老职工、困难老党员实施救助慰问;每年向慈善事业解囊,向受到自然灾害侵扰的灾区献爱心,为国家分忧。特别是汶川"5·12"大地震发生后,他高度关注灾区民生,第一时间在集团发出支援灾区抗震救灾倡议，并缴纳特殊党费 5000 元，全体职工踊跃响应，三天捐款捐物达 60 余万元。他冒余震亲赴灾区指挥抗震救灾和灾后重建，圆满完成了北川县片口乡援建和新北川灾后重建任务，受到鲁川各级领导好评和灾区人民的高度赞扬，他被评为聊城市建设系统抗震救灾先进个人。援川载誉归来后，他立即投身于城市棚户区改造和保障性住房建设，投资开发了聊城市第一个限价房项目——南湖新城限价房项目，可解决 7000 多户低收入家庭的住房困难，为构建和谐社会做出了突出贡献。

马不扬鞭自奋蹄，奋斗正未有穷期。兹董事长胸怀公司的大构想、大方略，努力把企业进一步做好、做大、做强，为建设强国富民的和谐社会做出新的、更大的贡献。

一座山与一个人

——中国国际文化促进会副主席金梦娃女士侧记

泰山，作为中华民族文化名山的象征，以其独具魅力的历史文化遗产与自然文化遗产引起人们广泛的关注。在泰山，更有着千千万万为了维护泰山的天然之美、自然之美倾尽全力奔走呼吁；为促进和谐发展、共同富裕，践行中华民族伟大复兴中国梦默默奉献的人们。

他们，以一个泰山儿女的胸怀，用自己敢于担当、乐于担当的精神为这个伟大的时代担负着自己应该担当的责任。金梦娃就是一位这样的人。

金梦娃是一个闲不住的人

金梦娃是一个诗人，也是一个作家。《泰山石敢当》出版以后，她就参与了一系列专题片、纪录片的拍摄工作。《泰山石敢当》作为广泛流传于泰山周边的民间侠义之士的英雄人物，不论是在民间神话、民俗生活、民间宗教、民间信仰方面已经成为一种神秘符号。金梦娃在研究泰山地区广为人知的石敢当这一传说中人物的时候，足迹踏遍中华大地，还在日本、新加坡、中国港澳台等地广泛调查，写成了一部令人欣慰的《泰山石敢当》。同时，为了更好地弘扬泰山文化，自筹资金拍摄大型纪录片《泰山石敢当》。

为了在爱国主义教育中，增强人们对中华民族56个民族民俗文化与风俗民情的宣传挖掘，增强民族自信心与民族自豪感，金梦娃以影视公司董事长的身份参与了大型爱国主义教育专题片《伟大的祖国》的拍摄。这部纪录片，沿着祖国漫长的边境线、海岸线历时两年多的时间，历尽千辛万苦与其他的影视同人们合作拍摄成功这部蔚为壮观的爱国主义专题片，受到党和国家领导人的高度评价她还参与拍摄了《家住泰山》《森林王子》《宝岛台湾》等多部电视片以及《泰山交响乐》《泰山挑夫》等音乐专题光盘。身体力行地宣传泰山,她用自己的文化情怀践行着自己的文化担当。

金梦娃是一个积极参与在经济建设活动中的人。在上海,她利用上海市人民政府提供的上千亩土地发展项目;在山东,她利用自己的资源整合中药种植,全身心地为中国中医药事业默默地尽自己的责任;在泰山,她投资兴建了影视基地,把泰山旅游与中华文化结合在一起。她利用自己的人脉资源,积极投身泰安市的经济建设,参与泰安市的房地产开发……作为一个社会人,一个女子,行侠仗义,获得圈里圈外的人士的赞赏。

侠女柔情捍卫道义

四川外来务工人员在泰城承接了一份建筑工程,带领200多人流血流汗做到年底,结果被转包方恐吓威胁,眼看这一年的血汗钱血本无归。在受尽了百般刁难与追打之后,求告无门,辗转找到金梦娃。经过实地调查,金梦娃了解到这一真象后,与对象几次交涉但均无结果,慨然与四川打工老板北上北京,通过《内参》给相关部门提出处理申请,不到一个月,案件水落石出,四川务工人员拿到自己辛辛苦苦讨要来的血汗钱。

作为一个新时代的知识女性,她践行着一个感恩社会、回馈社会的责任,对于社会,她只知道自己应该怎么做。

因为泰山丰厚的文化底蕴,金梦娃对宣传泰山文化与民间艺术不遗余力。适时地宣传推介熟悉的不熟悉的民间艺人与民间艺术家。著名书法家、剪纸艺术家、木雕艺术家、音乐家作曲家,只要有机会,她就乐意为他们搭建展示的平台。就这样,她身边汇集了一大批非凡的艺人与艺术家。同时,利用自己影视基地的便利,为曲艺家们和影视艺术家提供了聚会与合作联姻的场所。

她是一个有着多重身份的女人。中国中山集团宣传部部长、中华儒商协会副会长、中国国际文化促进会副会长、《亚洲日报》特约记者、北京今古麟影视文化传播有限公司董事长、山东鲁建集团泰安分公司董事长、中国国际文化促进会泰山影视中心主任……林林总总,都有她所从事的事业。

不论走到哪里,她都始终记得自己是泰山的女儿,时时刻刻用自己一个平常人的心态做一些造福社会的事。她以一个泰山女儿的心态时时处处地呵护着泰山的名誉与形象。一座山的博大,在于它的胸怀与包容,泰山作为中华民族文化的象征,以自己的博大精深备受世人所推崇。金梦娃也始终以自己的包容与无私,把自己的事业与命运紧紧地与泰山联系在一起。

有道是,一方水土养育一方儿女。几十年来,在泰山,几乎各行各业的人都知道她的名字,有了什么过不去的事情,都来找她。

当地有一个作家，经过多年的积累创作了一部长篇小说，作品出版以后引起文学界和评论界广泛好评，并且获得当年度的优秀长篇小说奖。但是，由于这位作家书生气特别重，在销售图书作品的过程中，一个开始信誓旦旦的朋友将数千册图书拉走，两年下来，卖出的书款没有回来，剩余的图书也不退还，打电话催要，对方置之不理，逼问得急了，对方竟然出口伤人，要钱没有，要书也没有。视自己作品为生命的作家叫苦不迭。金梦娃听圈子里朋友们谈到这件事，自己亲自找上门去，一番言辞下来，对方毫无理由地把几年前所出售的图书款全部退还给作家，最后还完整地把剩余作品如数退还。让这位作家非常感动。

金梦娃就是一个这样的人。一个弱女子，一副钢铮铮骨。因为她曾创作出版了《泰山石敢当》这部书，把这位流传在国内外义士的行侠仗义的风骨，潜移默化中转化到自己的行动之中。用自己的言行践行着泰山女儿的责任与担当，无所求，无所欲，无所悔。

劳动最美

——记山东日照港二公司陈晓红

她没有华丽的语言，只会用心用情来带好自己的班组团队。

她没有细腻的双手，只会用一丝不苟的操作来保证设备每一分钟的安全运行。

她没有很高的学历，只会用对岗位的坚守、对事业的执着来诠释心中的劳动最美。

她叫陈晓红，是山东日照港二公司矿石女子堆取料机班班长，2015 年“五一”光荣当选全国劳动模范。

扎根一线的“铁姑娘”

1994 年 12 月，技校毕业的陈晓红怀着青春的梦想，走进了日照港二公司生产一线，当上了一名件杂货理货员。每天都是站在码头为客户盯货点数，通常一站就是 12 个小时。夏天烈日当头，把人晒得如火烤火燎；冬天寒风凛冽，像刀子一样划在脸上；遇上刮风下雨天气，别人都往屋里躲，她却要往外面跑，当看到被自己精心苫盖的货垛在狂风暴雨中安然无恙、当听到来自四面八方的货主对自己的服务交口称赞时，工作中的苦和累便在她的心里变成了喜悦和自豪。

如果说，理货工作让陈晓红切身体验了做一名码头工人的辛苦和劳累，那么，后来又几经转换的货物检斤员、库场统计员等岗位，却使她渐渐磨炼成为一名扎根一线、爱岗敬业、恪尽职守、拼搏实干的“铁姑娘”。

“温馨小家”的首创者

2007 年 3 月，陈晓红在二公司矿石女子堆取料机班班长岗位竞聘中脱颖而出，并由此团结带领班组姐妹们在全港创建了第一个“温馨小家”。

“温馨小家”的建设，突出围绕“以人为本，温馨和谐”的主题，重在打造综合素质，全面提升“阶梯团队”，探索实施班组人性化自主管理模式，坚持常年开展“四个一”亲情管理活动，即班组长要为每个班组成员做到：重大节日送上一条祝福短信，员工生日送上一盒贺岁蛋糕，特殊天气送上一句安全叮嘱，困难生病送上一份团队爱心，不失时机地营造“浓浓家”的团队氛围，着力构建“心态阳光，举止文明，团结友爱，和谐奋进”的“温馨小家”，做到心往一处想、劲往一处使、时时处处都为“阶梯团队”建设增砖加瓦，不断增强“家”的亲和力、凝聚力、向心力和战斗力，从而鞭策激励班组全体成员忠诚感恩港口，真诚服务社会，刻苦磨砺成长，进步提升成才，持续鏖战生产，勇攀事业高峰。

配合默契的“二传手”

堆取料机是港口大宗散货装卸运输中转设备，无论岸边卸船还是场地装车，都离不开它们在中间环节的密切配合协作。用陈晓红的话说，她的班组在矿石生产系统流程中所承担的角色，就好比是排球场上的“二传手”，一头连着前方卸船，一头连着后方装车，只有做到“传球”及时到位，才能保证主攻手“扣球”精准。

在铁矿石车船对接作业过程中，为了充分发挥“二传手”的作用，陈晓红班组始终坚持与兄弟班组默契配合，使开普型矿船接卸的计划兑现率由98.1%升至98.55%，月度单机增加矿石接卸量24.8万吨，每年为公司多创效益上千万元；使火车在港停时由4.5小时降至3.4小时，月度增加矿石火车发运量30万吨，装车合格率由98.93%升至99.63%，满载率由98.97%升至99.73%，每年为客户节省运费近2000万元。

2007年以来，陈晓红班组联手兄弟班组，5次打破单班装火车效率全国纪录，3次创造矿石卸船效率世界纪录。2010年12月5日，与5台卸船机的司机昼夜通力协作，以每小时9786吨的神奇卸率，第三次刷新2007年创下的每小时8016吨世界纪录，劲超国内同行最高小时卸率1200余万吨，为日照港连续保持和不断巩固国际一流强港地位，贡献了班组姐妹立足岗位、拼搏奋斗的智慧和力量。以此次纪录的小时效率测算，每承接一艘20万吨的矿船，便可提前4.5个小时完成接卸任务，为船方节省在港停时费10余万元。照此计算，公司全年可多卸37艘20万吨的矿船，直接创效可达5550万元。

执着奉献的"娘子军"

人世间哪有女子不爱俏和美，可陈晓红班组却由于要经常与矿砂打交道，姐妹们即使有再漂亮的衣服，一年中也穿不了几次，唯有那身绿色的工作服，才是她们感觉最美的时装；汗水混着矿粉染红了姐妹们的头发，凝固了，抓一把总是硬邦邦的，但每次停机后，她们首先想到的不是自己，而是各自拿起统一配备的清洁工具，及时清理和冲洗撒漏在设备上的物料。

陈晓红班组掌控的8台堆取料机上都未设置卫生间，她和姐妹们为了尽量降低非作业时间，都养成了在家不吃咸饭、上班不喝水的习惯，实在干渴至极，就喝口水，润润嗓子，湿湿嘴唇，继续坚持作业。曾有一位男子汉对陈晓红打趣地说："我一看到你们这些红色娘子军，就会联想起驻守上甘岭的勇士们！"

陈晓红班组自成立以来，相继被授予"全国巾帼文明岗""全国工人先锋号""全国五一巾帼标兵岗""全国交通行业工人先锋号""山东省富民兴鲁劳动奖状""山东省巾帼文明岗"等多项殊荣，班组员工有30余人次获得本港和地市级以上先进称号，她本人也先后获得"全国劳动模范""全国五一巾帼标兵""山东省劳动模范"和"山东省青年五四奖章"等光荣称号。

勤学苦练　实现出彩人生

——记莱钢特钢事业部机动科设备点检员何明生

何明生，作为一名技校生，参加工作以来，“干一行，爱一行，专一行”，在平凡的岗位上创造出了许多文凭比他高很多的人所创造不出的业绩。组织上也给了他很大的荣誉，先后被授予“山东省技术能手”“山东省青年岗位能手”“山东省十大杰出青年技师”“山东省首席技师”“莱钢优秀共产党员标兵”“莱钢十大杰出青年”“莱钢先进生产工作者”“莱钢杰出青年岗位能手”等荣誉称号。荣誉带给他的不仅是压力，更是今后努力工作、回报企业的动力。

在技校中努力学习，为以后工作打下坚实的基础

何明生从小就有一个梦想，长大后要成为一名科学家。但命运似乎和他开了个玩笑，他出生在农村，一家四口靠父亲的工资维持生活，为早点分担一些家庭困难，他报考了技校。技校里良好的学习氛围深深感染了他，他“夏练三伏，冬练三九”。利用一切可以利用的时间，练习锉、锯、錾，刻苦练就基本功。因为他明白，要想有所作为，要想实现自己儿时的梦想，就必须刻苦学习，练就一身过硬的本领。三年的技校生活，不仅练就了他吃苦耐劳的品质，而且锋芒初露，手上的活出类拔萃，成为莱芜技校响当当的技术能手，也因此成为九三届技校生的楷模和榜样，成为老师津津乐道的好学生。

“工作学习化，学习工作化”，注重创新，提升自我

当代产业工人的楷模许振超有句名言：一个人可以不进大学殿堂，但不可以不学习，不可以没有知识。一线的工人要立志成材，岗位是永不关门的大学，实践是最好的老师。多年来，何明生认真对待工作中的每一件事情。

每天坚持多看、多想、多问，做到手勤、腿勤、脑勤。工作中遇到不懂的事情，他就向身边的技术人员请教；学习中有好的体会和想法，他就赶快记下来。他身上总是带着一个小本子，多年来始终坚持，工作需要什么就学习什么，带着问题去学，这个习惯一直保持到现在。

2006年夏天的一幕，至今让他心底隐隐作痛。当时，行车起升减速机传动系统出现问题，原来厂家备件不匹配，没有合适备件更换，需要加工阶梯键。上刨床加工需要2个小时，领导问他：你技校毕业，制作阶梯键需要多长时间？他考虑了一下说：大概需要一个小时。左右权衡，还是决定自己制作。在锉配键的过程中，为了确保精度，频繁地使用量具测量，造成了累积时间增加，结果用了75分钟才把阶梯键锉配成功。长时间的故障处理造成了铸机停产，被厂里下了通报。这件事带给他极大的震撼，如果不是频繁地使用量具，也耽误不了这么长时间，他也由此有了一个想法：就是不使用量具，减少对量具的依赖，达到快节奏维修的需求。从此以后，工作之余、无论多累，他都把所有的时间和精力奉献给了自己挚爱的“一锉精”技艺，因为他相信，有同事们的信任和自己的努力，一定能够练成绝活。他天天锉着配，配着锉，一边总结一边摸索，经过近半年的努力，一块毛坯件，他一锉下去，不多不少，就是标准的2丝，分毫不差，“一锉精”绝活终于练成了！这半年下来，体重足足轻了10公斤，有时候，妻子心疼得劝他：“行了，差不多就行了，再这样都瘦没了。”他理解她的心意，却只摇摇头，这是没有办法的办法，他要有自己的追求！

2007年9月份，莱钢绝技绝活展示活动在炼钢厂隆重举行，展示的是一个镶配件，要求现场加工小件，20丝余量，无量具锉配，3分钟内完成。随着主持人和监考人员的一声令下“开始”，霎时摄像机镜头和全场400多名观众的眼睛齐刷刷地对准了他，他压抑住激动的心情，首先，现场察看试件情况，确定待加工面；第二步装夹工件，控制好装夹位置及高度这是成功的关键；第三步选择合适锉刀，气匀锉稳，做到心中有数；第四步清除毛刺，交卷。监考人员秒表一掐，好，2分56秒。好!!

接下来是技能鉴定老师现场测评，这是一个激动人心的时刻，老师不断报出检测结果：尺寸40+1丝符合±2丝要求，间隙6丝符合8丝之内标准，没有出现塌边塌角等缺陷，我宣布：何明生无量具“一锉精”展示成功，顿时全场想起了雷鸣般的掌声。无量具“一锉精”绝活，被评为莱钢岗位绝技，获得最佳展示奖，并被收入《2007莱钢绝技汇编》一书。“一锉精”——何明生由此得名。2007年在山东省十大杰出青年技师颁奖会上，他代表获奖青年发言，与我们全国工人的楷模——许振超同台发言，并接受了山东广播电视台的采访。几年来，他先后完成《抓斗转向改造》《电磁吊快速调绳法》等创新项目30多项，年创效益600余万元。2014年8月，立足岗位实用新型“废旧钢丝绳收集装置”专利通过（专利号：201420133664），大大减轻了工友的劳动强度。结合自己十多年的工作经验以及学习心得，编写了适合新职工学习培训的《钳工实践操作》《冷风机使用维护知识问答》《桥式起重机主要零部件及其技术要求》《桥式起重机常见故障及排除方法》等培训教材。2007年8月作为莱钢优秀班组长推荐参加全国冶金企业第二期班组长骨干培训班学习，2008年10月被莱芜技师学院聘为客座高级讲师，2011年11月被莱钢培训中心聘为“外聘讲师”。

“尊重劳动，崇尚技能”他倍感自豪

习总书记在全国职教会议上指出：劳动光荣、技能宝贵、创造伟大，整个社会已经营造出“尊重劳动，崇尚技能”的良好社会氛围。现在企业缺的不是管理人员，而是真正有能力的技术工人。工作面前人人平等，谁有能力解决生产上的问题，谁才是真有本事。“凡出色干好自己工作的人都是人才。”这是何明生所在企业的人才观。他们公司优化工资结构，调整奖金分配系数，建立《优秀管理、技术、技能人才管理办法》等等，极大地激发了员工积极性。在员工中开展学习型员工立功受奖活动，每个季度从基层员工中选拔出能力强，有突出贡献的人员进行表彰，目前已有390名员工获此殊荣。在享受物质奖励的同时，给予外出考察学习的机会，提高了员工的荣誉感和成就感。

何明生说：

> 我曾在第一次以一等功的身份和大家一起被送到上海宝钢参观学习，站在高高的东方明珠电视塔上，我心潮澎湃，思绪万千：作为企业的一名员工，能从事自己喜欢的工作，干出一番业绩，真好！回去后更要加倍努力，回报企业，回报社会。

跨界的艺术

——记山东银联担保有限公司董事长李长征

他毕业于煤炭专业，却阴差阳错地搞起了电子印章，而后又转做广告；广告经营红红火火，他却又突然决定进军担保行业；担保经营遇到烦恼，他创新思维，跳出担保做担保；一次次跨界，他成功转型为济南民营担保行业的引领者。他就是山东银联担保有限公司董事长李长征。

兴商惠民，泽润天下

李长征，是历城四中毕业的杰出校友之一，暨南大学工商管理硕士。1992年以优异成绩毕业于山东矿业学院，入职山东渤海集团从事证券工作；1997年创建山东成功建材有限公司；2002年创建山东银联担保有限公司。此后创立了济南喜临门公关广告公司、融超服务公司等多家企业，尤其在服务我省中小企业发展方面做出了杰出贡献。

李长征以“兴商惠民，泽润天下”为己任，立足担保服务行业，制定实施了“管理现代化，运营品牌化，市场全国化，业务信息化”的发展战略，通过不断探索创新，走出了一条稳健发展的道路，形成了一套行之有效的管理模式，被誉为“银联模式”。通过布网点、拓市场、强管理、揽人才、创共赢等一系列具体策略，逐渐由小变大，由大变强，发展成具有“服务网点多，合作银行广，业务品种全，服务质量高”的知名品牌。

为企业搭建优质的信用平台。李长征认为，在当今社会生活中，信誉缺失成为一种日益严重的痼疾，使得企业与银行之间、企业与企业之间，经济交往活动出现了很多障碍。从某种角度看，企业最缺的不是钱，而是信誉。

在这种情况下，作为中介组织的担保公司，如果能为企业搭建一个优质的信用平台，不仅很有意义，而且也能为自身拓展广阔的业务空间。

李长征坚持依法合规经营作为山东银联担保公司发展的第一准则。公司积极参加省金融办组织的规范整顿工作。2011 年 3 月份顺利通过省办验收，获颁融资性担保机构经营许可证。结合规范整顿工作，公司修订了担保业务管理制度、担保评估制度、风险管理制度、突发事件应急处理预案、人力资源管理办法等规章制度，为规范运作奠定了良好制度基础。公司持续强化精细管理，完善内控制度，加强内部审计监督，努力塑造银联担保特色的管理模式，促进管理水平迈上新台阶。

公司遵循“创新经营，合作共赢”的原则，先后与建设银行、中国银行、工商银行、农业银行、交通银行等多家金融机构和政府有关部门建立了良好的合作关系。开办了企业流动资金贷款担保、信用证质押打包贷款、应收账款质押贷款、工程履约担保、诉讼保全担保业务等十多个品种，在合作过程中，公司本着对合作伙伴负责、对客户负责的态度，以卓越的市场开拓能力、优秀的风险控制能力、一流的创新能力，得到了各合作单位的一致认可和好评，实现合作双方的互利共赢。

敬贤尊才，互信互利

“敬贤尊才，互信互利”是李长征始终遵循的人才理念。他把“培养创新人才，打造一流团队”作为银联担保公司人力资源建设的重要目标之一。创建银联担保公司支出，李长征就组建了一支熟悉金融工作的团队。他挑选的部门经理，全都在国有银行做过信贷科长。同时，他照搬了银行的全套风险控制体系——设立了业务部，负责前台调查；设立了风险管理部，负责审批；设立风险评审委员会，下设专家评审委员会。此外，还设置了担保项目“双人负责制”，即主、协办制，收入与风险、效益挂钩；实行“信贷三查制”，即贷前调查，贷时审查，贷后检查；专门成立了“法律与合规部”，进行再监督。李长征告诉记者，这些办法虽说是照搬银行的，但他们比银行执行得更严格，因而也做得更好。通过外部招聘和内部培养，现已构建起各类专业人才齐全，人才结构科学合理的人才梯队，其中大专以上学历人员占 87%，硕士及以上学历人员占 1%。

由于有了一个能够控制风险的团队，山东银联担保公司自开展业务以来，没有出现过一笔坏账，真正实现了零风险。

一分耕耘一分收获。经过多年的努力，李长征和他的银联担保公司不仅自身获得了良好的经济效益，而且社会地位也不断提高，品牌影响力日益增强：山东银联担保有限公司是国家发改委指定的全国信用担保体系试点企业，是山东省中小企业协会副会长单位，2005 年 10 月，公司被山东省人民政府确定为“山东中小企业成长计划”融资担保服务专业机构，全力支持山东成长型中小企业做大、做强、做专，公司还多次获得济南市“文明诚信单位”等荣誉称号，先后被山东省工商银行、建设银行、农业银行和联合资信评估公司等机构评定资信等级为“AA”企业，2009 年被评为山东省十佳信用担保机构、应对金融危机表现突出机构。2010 年又被评为山东省首批中小企业信用担保银保合作信得过单位，公司董事长李长征荣获 2010 年全国担保机构突出贡献奖、济南市民营企业先进个人荣誉称号，并先后担任山东省担保业协会常务副会长，济南市商业联合会副会长，济南市民营经济协会副会长，济南市历城区政协委员等多项职务。

这些成绩是李长征管理智慧的结晶，也是全体银联担保人的团结奋斗和开拓进取的结果。2014 年 7 月，山东银联担保有限公司董事长李长征作为济南市企业代表参加李克强总理座谈会，并曾多次受到省委常委、副省长王仁元和省委常委、副省长王军民等领导的接见。山东省政协齐乃贵副主席、山东省政协副主席、党组副书记乔延春同志、国家工信部中小企业司狄娜司长，原人民银行征信管理局戴根有局长，深圳中小企业担保中心叶小杭主任，广东省信用担保协会秘书长张德本、北京信用担保业协会会长张利胜、江苏信用担保协会会长邹新胜、河南省工信厅中小企业服务局沈超局长等先后莅临公司参观，与李长征共话担保，对公司的经营发展模式给予了充分肯定。

“路漫漫其修远兮，吾将上下而求索”。李长征和山东银联担保公司未来将继续以服务中小企业发展为己任，创新经营，扩大合作，争取发展成年综合收入突破 2 亿元，担保业务金额达 100 亿元的担保集团，构架融资供需双方之间合作的桥梁，与社会各界携手同行、共创辉煌。

临沂“鲁班”扎根沃土

——记建筑行业的一面旗帜李国华

李国华，在临沂已成为建筑行业的一面旗帜。他的成长向世人再一次证明：我们的时代需要技术工人，他们是城市建设的功臣。

李国华 19 岁进入天元集团瓦工班，21 岁成为班里首屈一指的镶贴技术能手。从事瓦工镶贴工作 20 年来，先后参加施工了莒县建行营业楼、鲁能长清工业园、临沂市自来水净化处理工程、沂水中心医院门诊楼、沂水新华书店图书发行大厦、罗庄公安局指挥中心、天元大厦、临沂市人民医院主体大楼、临沂大学、临沂市新华苑住宅楼、临沂市土地开发服务大楼、临商银行营业服务大楼等 30 多个国家、省、市级重点工程，荣获 2 项“鲁班奖”、6 项“泰山杯”、7 项“沂蒙杯”、1 项省级“质量诚信用户满意工程”、10 项省市级“安全文明示范工地”等称号。其中临商银行营业服务大楼工程和市人民医院主体大楼工程荣获“鲁班奖”，莒县建行营业楼、沂水中心医院门诊楼、沂水新华书店图书楼、临沂市土地开发服务大楼荣获“泰山杯”奖。

作为公司抹灰、镶贴技术骨干，李国华多次参加技术比武和劳动竞赛。2006 年 9 月，他代表山东省参加全国建筑业职业技能大赛，荣获镶贴工银奖。近年来，他先后被授予“临沂市振兴沂蒙劳动奖章”“临沂十大杰出青年”“临沂市有突出贡献技师”“临沂市首席技师”“山东省杰出青年岗位能手”“山东省有突出贡献技师”“山东省首席技师”“全国建筑行业技术能手”“全国技术能手”“全国‘五一’劳动奖章”“全国劳动模范”等荣誉称号，并享受国务院特殊津贴。

使李国华镶贴技术真正成熟的工程是沂水中心医院门诊楼，质量目标为“泰山杯”。工程的内墙砖、地板砖、外墙砖的镶贴面积 20000 多平方米，镶贴质量直接关系工程质量目标的实现。为了保证大体量镶贴任务一次性顺利完成，项目首次采取了施工样板间的技术保障措施，选定李国华镶贴样板间。李国华刻苦钻研、潜心研究和耐心细致的摸索试验，终于取得了地板砖、墙砖套割技术的成功，他镶贴的管口套割均匀，缝隙都在1毫米以内，地面地漏套割精细，坡度科学合理，没有高低差，既实用又美观，达到了质量与艺术的完美结合，创新了镶贴工艺技术。从此，套割镶贴工艺在天元集团和全市建筑业得到了广泛推广应用，李国华也成了一个有镶贴"绝活"的能工巧匠。

2002年，李国华参与施工了临沂市人民医院主体大楼工程，建筑面积88600平方米，总高度104米，是临沂市标志性建筑。由于工程体量大、工期紧、技术含量高、社会影响面广，施工任务异常艰巨。在整个施工阶段，李国华班的作息时间是早晨五点上班，晚上11点下班。当时为了抢工期，昼夜加班连轴转是经常的事。面对如此大的工作量，如此紧张的时间，李国华认真研究图纸，科学安排工序，合理调配人员，在施工中以身作则，勇挑重担，克服了常人难以想象的困难，墙砖镶贴优良率达到100%。该工程创造了178天圆满完成88600平方米的主体施工纪录，并同时荣获"鲁班奖"、"全国建筑安全奖"、"建设部科技示范工程"三个国家级大奖，取得了良好的社会效益。

2009年2月，被誉为"沂蒙第一楼"的临商银行营业服务大楼工程正式开工，该工程建筑面积92500平方米，高度为175多米，是江北金融机构最大的工程，是目前临沂市最高的标志性、名片式绿色建筑。该工程施工难度大，技术含量高，质量目标为"鲁班奖"。李国华被选调到该工程负责瓦工施工，担负起更为艰巨而光荣的使命。作为瓦工工长，李国华参与攻克了地基基础和地下空间技术等10项新技术，重点负责了墙面砖、地板砖的镶贴施工，其中内墙超薄瓷砖墙面的镶贴是公司首次施工，每块瓷砖长1.8米，宽0.9米，厚度只有5.5毫米，面积大、薄、脆、易碎，给工程施工带来了极大困难。李国华和其他技术施工人员经过反复试验，最终确定采用膨胀栓及角码固定热镀锌方管龙骨骨架及水泥压力板基层，通过钢丝网加强超薄瓷砖与基层之间的粘接，使板块受力合理，抗变位能力强、安装精度高。内墙超薄瓷砖镶贴和43000平方米地板砖全部一次性通过验收。李国华参与编写的攻关成果获省级建设技术创新奖。2013年12月5日在北京召开的2012～2013年度中国建设工程鲁班奖（国家优质工程）表彰大会上，临商银行营业服务大楼工程获得"鲁班奖"。

李国华因经验丰富、工作认真，连年被项目选派担当新工人的指导教师，担负着"传帮带"的使命。李国华深知当前企业发展迫切需要大批专业操作能力过硬的技术工人，深感责任重大。在日常工作中，他对徒弟们高标准、严要求，无论工期多么紧张，工程质量必须确保，决不能让不合格品进入下道工序。几年来李国华带领的100多名徒弟，已经能够独立承担重要的施工任务，成为本职岗位的行家能手。2013年，集团成立了李国华劳模创新工作室，积极发挥劳模带头作用。近两年来，李国华带领他的劳模工作室团队，从一线施工出发，深入研究施工技术，攻克多项施工难题，并荣获省级工法、省级科技进步奖等奖项，促进了建筑业在高精尖领域的发展。2014年12月，李国华荣获人力资源和社会保障部颁发的“中华技能大奖”，2015年1月，李国华劳模创新工作室被山东省总工会授予“山东省劳模创新工作室”称号，成为建筑业的一面旗帜。

他始终把社会的进步、企业的发展与个人的成长紧密地联系在一起，积极响应国家号召，学习技能、施展才干、建功立业，为推进企业自强和谐发展、为城市建设事业做出了突出贡献，是新时期青年员工中的杰出代表。

创业路上不畏艰

——记烟台泉源食品有限公司的董事长姜延泉

翻开每个成功企业家的创业史篇，我们不难发现，几乎每一个成功人士都是白手起家的，他们有一种共同的精神——吃苦耐劳，有一种不惜千辛万苦、踏遍千山万水、说尽千言万语的“三千精神”。烟台泉源食品有限公司姜延泉的财富人生，也是基于这种精神动力，成就了辉煌的事业，成为了知名的民营企业家和成功创业的典范。

从一个个体工商户到拥有总资产达 1.5 亿元的烟台泉源食品有限公司的董事长，姜延泉以其敢拼敢干的胆识，秉承诚信的理念，把创业的路越走越宽，事业越做越大。现在的烟台泉源食品有限公司已经拥有职工 480 人，建有 20000 吨果蔬气调保鲜库和 15000 吨冷风保鲜库，总储存规模达到 35000 多吨的民营企业。

一、坚韧不拔，创业不惧路坎坷

1983 年，18 岁的姜延泉开始收苹果到东营、浙江等地去买，然后给别人做代理收购，作为一个在市场经济大潮中勇于冲浪的先行者，姜延泉在不断寻求着新的发展机遇。树挪死，人挪活，换一种思路，就是换一种活法。此时的他已决心靠创业来改变自己的命运，就这样，他开始了自己的第一次创业。果品销售难成了当时的最大问题，由于没有好的储存条件，没法储存，大多数小本客商只能在当地低价现收现售，赚到钱的客商回头再收，赔了钱的客商一走了之，即便来了有本钱的大客商，收购的苹果也要拉到其他等地储存，造成了费用和成本的增加。看到这一切，姜延泉心想如果自己能建成一座保鲜库，岂不更好，既能让大客商存储方便，又能把在外地储运的费用降下来，还能为果农争取增效的空间。决心一下，他便从亲戚朋友那里借钱，在龙口市注册成立了“龙口市泉源果品经贸有限公司”，当年建成了两座储存能力达 5000 吨保鲜库。到了后半年苹果成熟，除了他自己收购的苹果外，他还专门留下 4 个保鲜库免费提供给周边的果农使用，就这一年他让当时存货的果农均净收入提高了 2000 多元，这对于当地人来说是一件想都不敢想的事，但他的确干成了。他凭借一股年轻人的朝气，在商海中不怕风险，奋力拼搏，积极开拓国内、外市场，生意做得红红火火，经过艰苦创业，公司从无到有，从弱到强，在果蔬保鲜、加工、出口贸易方面，积累了丰富经验和专业技术。

二、艰苦砥砺，发展再展蓝图

“忍辱负重，并非失败；坚持到底，就是胜利。跌倒了再爬起来，就是成功。”这是姜延泉的口头禅。稳扎稳打是姜延泉创业的主线。

2002 年，为扩大规模加快发展，姜延泉把长远发展的目光投到了素有“中国水果之都”美誉的栖霞市，经过考察，选择了具有良好投资环境和优惠政策的经济开发区（松山），在这里征地 160 亩，投资 5000 万元。在栖霞市委、市政府和各级领导的关怀支持下，2003 年初，注册成立了“烟台泉源食品有限公司（以下简称“泉源”）”，注册资本 1000 万元。把公司从龙口迁移到栖霞之后，又经历了从无到有的二次创业。这是一条充满艰辛的道路，刚迁过来，没有厂房，没有办公室，他就临时建了一个不足 15 平方米的简易房作为自己的办公室和宿舍。他暂别了家人和孩子，一个人在这座简易房里一呆就是一年半。这期间，他克服了常人难以想象的困难，一心扑在事业上，直至公司基础建设全面竣工。在面积 5.59 万平方米的厂区里，把新办公楼、万吨果蔬气调保鲜库和 5000 吨冷风保鲜库建成后，他又率先引进意大利高科技先进设备，将果蔬储存技术提高到国际先进水平。

2011 年，公司注册资本达到 3000 万元，投资总额达到 1.5 亿元，年周转量达 50000 吨，年销售额 3.5 亿元。年销售量达到 6 万吨，其中出口量占 4 万吨，出口创汇 2000 万美元。果蔬存储、加工、出口量在山东省名列前茅。公司产品以优质果蔬产品为主，主要销往东南亚、中东、欧洲、加拿大等 46 个国家、地区及国内各大超市，赢得了国内外广大客户的一致好评。

三、强化管理，打造品牌创特色

“人才”是第一生产力，未来的市场拼的就是人才，而不是现在又多好的产品，多好的技术——这是姜总每次开会提到最多的一句话。这么多年的创业过程中，姜总始终亲手抓的就是人才的培养，从人才的选、用、育、留的每个阶段都有详细的规划和目标。人才是科技创新的先导。然而大部分民营企业在人事上存在过多的人情因素，往往这也成了制约企业发展的瓶颈。姜延泉深刻认识到这一点，极其重视人才，坚决摒弃“任人唯亲”的家庭管理模式，大胆进行改革创新，实行管理人员淘汰制、技术人员竞争制，坚持“能者上、平者让、庸者下”的原则，克服重重困难，确保了物尽其用，人尽其力。

个目标有多大，舞台就有多大。姜延泉深知，企业要想得到长足发展，必须走集团化、多元化发展的道路，以顺应市场快速发展的主流趋势。为进一步加快企业的发展，实现集团化企业规模，他把泉源公司建成了一家集果蔬储藏、销售、果蔬包装为一体的综合型企业。完善了管理层及组织结构，设立了董事会、监事会，以及与之相关的科室，并制定了各项制度，使企业发展一开始便走上了正轨。

作为企业高层领导决策者，姜延泉始终保持“低调与高标相统一，平凡与不俗相结合”的做事准则，并始终秉承“以德立身，以信兴业，靠诚信创新开拓市场，凭优质与管理打造品牌”的经营理念，坚持以团结、务实、拼搏、创新以及以人为本的企业精神。在企业管理上，他以创新精神摒弃传统守旧的管理办法，从建厂伊始，便按照“科学、合理、严谨、高效”的原则，使全体员工由他律到自律，并进而潜化为自觉的发展过程，主动参与到管理中，从而使管理创新落到实处，培养了员工的主人翁意识、成本意识、质量第一的观念，使管理达到事半功倍的效果。

四、情注乡梓，心系社会不言悔

“吃水不忘挖井人。”富裕起来的姜延泉没有忘记养育自己的这片土地和父老乡亲，他常说：“一个人活在世上，不应该只想自己的事情，更应该关注别人的事情，要尽自己最大的努力帮助更多的人过上幸福生活，只有这样，才能实现自己的人生价值。”在创业的征程中他用自己的实际行动不停地谱写着自己的人生华章，实现着高尚的人生价值。

2008 年开始，姜延泉实行“公司＋基地＋合作社＋农户”的生产经营模式，为解决农村剩余劳动力就业、增加果农收入走出一条新路。公司成立苹果专业合作社，先后与栖霞市 6 个县(市、区)，70 多个村庄，1.96 万户果农签订“苹果园基地建设协议”，建立 3.78 万多亩的红富士苹果生产基地，公司 2008 年至 2011 年先后投资 350 多万元帮助果农改善果园生产环境，配套果园基础设施。

“以质量求生存，以质量求发展，向质量要效益”。为了提高产品质量，2011 年，姜总带领泉源公司和“国家农产品现代物流工程技术研究中心”和

"中国联通公司"合作,前期投资380多万元,建立中国第一家苹果"基于物联网的可追溯系统"。通过"泉源物联网监控管理平台"和传感器设备,做到产品全程可追溯,使产品更安全,让消费者更放心。

泉源的发展成长,体现了姜延泉在市场经济大浪中"敢为天下先,特别能创业"的一种精神魅力,也展示了姜延泉的勤奋、聪慧、精明和强悍的创业精神,更孕育着姜延泉"智慧、诚信、严格、勇敢、仁义"的创业信念,以往发展路程有得有失,姜延泉一边总结,一边也在不断思索,把过去的得失进行了反复梳理,把它归结了"智、信、严、勇、仁"五字经,形成一种经验教训,一方面以此作为座右铭,让全体员工共同遵守执行,另一方面形成泉源发展的"企业文化",鼓励员工信守这五字经,努力开创新的工作局面。同时,也作为自己今后时刻执行的行动准则。姜延泉对任何工作都相当严谨,要求企业管理和各项工作以及企业员工也要完美无缺,姜延泉也说:过去路程走得并不平坦,而以后的路同样艰难险阻,还得要增强信念,勇往直前的进步与发展。

"致富思源,富而思进。"我能有今天,离不开党和政府的关怀,离不开改革开放的机遇,离不开父老乡亲的大力支持,更离不开上级领导的大力支持。所以,回报社会、回报人民、回报政府是我最大的愿望、永恒的追求——姜延泉如是说。自创业以来,姜延泉从来没有忘记回报社会,他先后为松山镇卫生院建设捐款5万元,松山镇派出所建设捐款7万元;为松山镇汉桥村街道铺设水泥路面捐送水泥600多吨,价值20余万元;为敬老院先后捐款8万元;为四川汶川地震捐款10万元,还多次为贫困学生和生活困难的人进行扶助。

展望未来,姜延泉表示,将继续在通往人生事业成功的道路上,用自己的勤劳、超前的胆识、敏锐的思维和聪颖的智慧,去刻画他辉煌的创业人生。

打着太极做企业

——专访天维科贸有限公司总经理王汉卫先生

王汉卫，山东济宁人，1991 年毕业于武汉体育学院运动训练系，在河南平顶山太极少林武术研习院进修传统武术和散打，有幸受教于陈氏太极拳十一代传人，中国十大武术名师陈正雷先生习练陈氏太极拳老架一路、二路、56 式竞赛套路、太极单剑、太极单刀、太极枪夹白猿棍、春秋大刀以及太极推手，深谙太极阴阳运转奥妙，拳法纯正，擅长太极发力。毕业后分配至济宁市煤炭化学工业公司保卫处，跟随济宁螳螂拳名师朱庆泉习练七星螳螂，梅花螳螂，同时深受洪钧生前辈的门徒济宁太极名师冯殿伯先生的偏爱，随其学习太极擒拿、太极散手，后受聘于济宁太极会馆，任济宁市陈氏太极拳研究会副会长，兼职教练，参与支持济宁太极会馆的建设和发展。

2011 年 8 月 18 日正式拜入陈正雷大师门下，艺名陈德卫，拜师回乡后，成立了济宁陈氏太极养生会馆，公开传授正宗的陈家沟太极拳理、拳技，并在济宁市新体育馆设有义务辅导站，免费辅导陈氏太极拳爱好者，弘扬陈氏太极拳法，推广全民健身。

1995 年，就读于中共山东省委党校经济管理本科班，学习企业管理和市场营销学，奠定了扎实的理论基础。其间曾就职于济宁华诚期货交易所，对期货运作有一定的专业运营经验。

1998 年，经朋友推荐应聘进入济宁市啤酒厂，负责河南市场的开发和维护，足迹遍布濮阳、开封、商丘、周口、漯河地区的大小乡镇，在不到一年的时间内，销售额跃居全厂领先。

“2000 年，任山东华仙甜菊股份有限公司国内业务部经理，受公司委派受训于北京杨杰咨询管理顾问有限公司，第一次系统地学习了先进的管理理念和实战营销，之后不断地运用于自身实践中，很多工作理念和方法沿用至今。”

2003年，创建了济宁天维科贸有限责任公司，致力于安防知名品牌的销售代理、弱电技防工程设计安装及智能建筑系统的开发运用，先后签约了海康威视、安居宝、大华、乐荣、安普威视等国内著名安防品牌，承接了300多项技防精品工程，业务涵盖政府机关、公安交通、近年来带领公司员工接受了《超越极限》、《团队执行力训练营》、《教练技术总裁班》、《思八达生发智慧》、《赢在口才》总裁公众演说训练营、儒家文化与企业发展大讲堂等多门课程的专业培训。

2011年12月18日被聘任为儒家文化《演讲与口才》企业家俱乐部副会长。

本人善于学习，富有爱心，乐于奉献真诚待人，同时结合自身公司日常运营情况，总结出了一套切实可行的针对中小型企业创立、成长、发展、扩张的方式方法。愿与有社会责任感的社会同仁相互学习，加深交流，资源互补，共同发展。

公司产业

济宁天维科贸有限责任公司，成立于2003年，注册资金502万元，山东省安全技术防范协会会员单位，技防工程设计施工贰级资质，中国安防诚信联盟企业。公司致力于安防领域知名品牌的销售、代理、维修、并承接中大型弱电及技防工程的设计、安装、维护及智能系统的研发、制造、推广。

公司总部位于置成国际大厦C座301－302室，安防事业部位于万通数码城东三楼，下设一个项目部，两个施工队，三个安防专卖店(海康威视专卖店、安防品牌体验店、安防器材批发店)，现有固定员工36人，公司荟萃了一大批业务和技术精英，其中包括多名经国内外著名企业培训的项目工程师和技术服务人员，目前公司以成功签约了海康威视、大华、安居宝、CNB、威视、乐荣、安普威视、惠智光达、蓝鹏电子、福克斯、亿居安等众多安防著名品牌的济宁总经销，从而为客户提供了强有力的产品和技术保障。

公司成立以来承揽了数以百计的弱电工程及技防工程，业务涵盖政府机关、公安交通、金融旅游、工厂学校、智能小区等众多领域。

济宁天维科贸有限责任公司，以产品工程质量与客户利益为工作准则，汇聚团队的智慧和力量，不断创新系统项目运营模式，使用户充分享受我公司代理及研发的优质产品和高效服务。公司本着“尊重人才、共存共荣”的管理理念，以高新技术产品为基础，以行业规范为导向，制定并完善本公司的企业标准，从而保证在方案设计、产品选型、施工调试、技术支持、售后维护及科学管理上的高品质和高可靠性，力争专而精、精而强，全力推广安防行业的旗舰品牌，打造技防精品工程，迎接更加和谐平安的明天！

纺纱女工默默奉献　屡次刷新纺织记录

——东营市三阳纺织有限公司张翠翠

张翠翠是东营市三阳纺织有限公司细纱工序主任。自2003年7月参加工作以来，她一直奋战在细纱车工这个苦、脏、累的普通岗位上，开拓创新，勇于进取，不仅使自己成为远近闻名的技术能手，而且带出了一批业务骨干，在平凡的岗位上创造了不平凡的业绩，展现了一个时代青年的青春风采。2015年被共青团山东省委、山东省青年联合会授予第19届“山东青年五四奖章”。

苦练技术，奋力拼搏创佳绩

成绩的取得靠的不是运气，而是凭借实力。实力则来源于日积月累，来自于勤奋和毅力。张翠翠一直在自己的本职岗位上一步一个脚印，用心去走每一步。

为了尽快掌握细纱挡车巡回、接头及包粗纱这些基本动作，张翠翠总是每天提前到达工作岗位，下班晚两个小时走，仔细观察摸索动作要领。为了使接头动作达到标准，不但上班时间反复练习，而且下班后也总是把操作法看了一遍又一遍，一本120多页的操作书四天就能熟练掌握。在练习中，手上的筋跳了出来，腿站肿了，但是张翠翠从不叫一声苦和累，别人班中吃饭或休息，张翠翠仍在摸索苦练。期间工作的单调、乏味、劳累，让她动摇过、哭过，但农村孩子的倔劲和不怕苦累的韧劲让张翠翠在内心一遍一遍地激励自己。2005年担任班长以来，她对工作更是任劳任怨、全力以赴。有时候工作人手少、任务重，她经常带头加班加点，付出了几倍于常人的艰辛和汗水，出色地完成了所有的工作任务。只有初中学历的她，经过自己的刻苦学习和锐意进取，已经成功取得了高级技师职业资格。在技术比武中也崭露头角，在2004～2006年的三届公司操作运动会中，她一人连续三次获得技能操作一等奖，在2005年8月的山东省纺织行业操作大赛中，她成功夺得了操作大赛一等奖的成绩，这一成绩刷新了东营市纺织业的纪录。

提高素质，优质高产做贡献

作为一名新时代的青工，面对行业设备的不断更新和各种新工艺的应用，张翠翠不断提高自身素质，以适应现代化纺织业发展的要求。她先后学习了《棉织基础》《织部工人培训教材》《纺织材料学》《7S现场管理》等书籍，有了扎实的理论基础，她又积极走出去学习，先后到德州德州纺院、东营市天信纺织有限公司学习和实习，勤学苦练，迅速掌握了技术要领，成为三阳公司第一批学成回来的员工，并成为第一个上机的工人。

“干工作就要干出精品。”这是张翠翠同志恪守的座右铭，她也用扎实的工作实践了这句话的真谛。她不断创新，不断推进间工艺、设备、操作的技术改革，特别是操作包卷粗纱的方法和细纱接头的改进。张翠翠研究出了退捻、分撕的做法，使纤维平行，搭头适中，使包卷粗纱不再出现质量问题。在细纱接头工序中，她发明了“抵管轻挑”方法，大大减少了成纱疵点，使三阳公司纯棉精梳10万米纱疵从原来的10个降为零个，提高了整体布面风格，仅此一项，就能使纱线的单价提高10%。在看台中，张翠翠采用了跨车档看管的方法，做好巡回，合理掌握巡回时间，2005年个人看台量达22台，创造了东营市纺织行业的看台纪录。2007年11月，公司将竞争机制引入到公司中，张翠翠根据四纺车间特点，向公司领导层提出了许多具有建设性的意见和建议，为四纺车间顺利战术升级奠定了基础，纱线系统经过结构的优化升级，每万锭用人从80人调整到每万锭用人35人，而张翠翠同志所在的四纺车间每万锭用人仅30人，成为其他纺织企业望尘莫及的榜样。2012年，紧密纺出现细纱断头的瓶颈，她结合操作和设备，积极与工艺和实验室沟通交流，经过两个月的不断实验与探索，终于找到细纱断头率的控制措施，减少了细纱断头率，改善了产品品质，将细纱的消耗降低了1个百分点，并形成书面论文在纺织导报上发表。在连续多次被评为年度企业标兵的基础上，张翠翠获得了“三阳之星”荣誉称号。

言传身教，汗水洒满奉献路

俗话说：“一花独放不是春，百花齐放春满园。”张翠翠觉得一个人的技术再高也不行，要带动身边的姐妹们共同进步。她年龄不是很大，但带过的徒弟已经有好几批了，对徒弟她总是竭尽全力、毫无保留，一遍听不懂就讲第二遍、第三遍，并亲自上车示范，直至徒弟理论清楚、操作熟练为止。

高秋霞是张翠翠带的第一批徒弟之一，高秋霞刚进三阳时怎么也适应不了这种高强度的工作，加上家里经济压力很大，情绪低落，工作起来效率很低。张翠翠看到这种情况，逮着机会就和高秋霞聊天，鼓励她振作起来，在工作上干出个样子来。后来高秋霞真的成了公司业务骨干，操作技能达到了优级。这样的例子不胜枚举，她和徒弟李梅被评为“优秀师徒”，而李梅已经成长为细纱车间的轮班长，被评为“三阳之星”。几年来，她先后为车间和公司培养了300多名优秀值车工和操作能手，很多人被先后评为公司及县里的操作能手、企业标兵，并走上了重要的技术岗位，成为车间工作的业务骨干。

张翠翠进入三阳纺织有限公司至今已有11个年头，有人说纺织厂的工作又累、又脏、又繁琐，并且每天都在重复做同样的事，枯燥烦闷；也有人说岗位与青春之间是需要取舍的，不能并存。但张翠翠说岗位意味着奉献与责任，青春象征着活力与自由，若岗位中融入了青春的血液，便会更具活力和创造力。

让国花牡丹引领中国经济发展

——记瑞璞牡丹董事长赵孝庆

近日，2015 中国经济高峰论坛暨第十三届中国经济人物年会在北京举行，全国著名牡丹专家赵孝庆荣获"中国经济新领军人物"称号，其创立的菏泽瑞璞牡丹产业科技发展有限公司被评为"中国经济绿色环保单位"。

赵孝庆，中国油用牡丹创始人，北京林业大学客坐教授，牡丹世家二十四代传人，瑞璞牡丹董事长；国家牡丹与芍药新品种审定委员会委员，中国林业"诺贝尔奖"——梁希林业奖获得者。迄今独自或参与培育的牡丹新品种 360 多个占新中国成立后中国牡丹新品种数量的 60%以上。新中国牡丹产业化发展的历史见证人，研究牡丹四十余年，于 2004 年首次发现牡丹花籽油，被誉为世界"牡丹油之父"。

创业历程

1969 年初中毕业后，便与牡丹结了缘。

1980 年，赵孝庆在《云南图谱》上第一次看到了野生黄牡丹的图片，心里猛地一动。

1985 年，赵孝庆曾受中国园林总公司派遣，考察香港春节期间牡丹市场行情。后来又作为中国花卉代表团成员访问法国，应美国花卉公司邀请，访问美国。

1992 年，他带着菏泽牡丹，首次代表中国参加在法国举办的"波尔多国际花卉博览会"，并获银质大奖，为祖国赢得了荣誉。

1994 年，为争评国花，在人大常委会开幕期间将大盆催花牡丹摆上了人民大会堂，受到党和国家领导人的好评。

1995 年，在北京北海公园牡丹展览会上，廖汉生副委员长为"牡丹盆景"

题字“独占鳌头”,林科院洪涛教授题“登峰造极”。

1998年受林业部委托,起草《中华人民共和国行业标准》中有关《牡丹种苗商品质量标准》和《芍药种苗商品质量标准》。还完成了“芍药新品种选育”“菏泽牡丹在广东催花”“北方牡丹温室催花”“牡丹芽嫁接”“牡丹盆景研究”“案头牡丹无土栽培”“凤丹实生苗嫁接观赏牡丹在商品化生产上的应用”“牡丹病虫害防治”“牡丹盆栽”等自选课题,并获国家、省、地、市科技奖20多项,其中“牡丹换芽嫁接”获中国科协金桥项目一等奖;“凤丹实生苗嫁接观赏牡丹在商品化生产上的应用”获中国第四届花卉博览会金奖。

1999年受菏泽市人民政府和山东省花协委任为99′昆明世博会牡丹展项目技术总指挥,一举夺得了111枚奖牌中的81枚,取得了举世瞩目的成绩。

完成了山东省科委下达的“牡丹新品种选育”课题,与北京林业大学、洛阳牡丹研究所一起承担了林业部“牡丹种与品种关系”的研究项目,与北京林业大学等共同承担了“牡丹新品种选育与产业化”,与中科院植物研究所承担了国家自然基金项目“牡丹品种性状评价”,其中“牡丹新品种选育与产业化”获国家林业科技最高奖“梁希科学进步奖”。

2002年,赵孝庆等人结伴赴北京昌平租赁300亩土地种植牡丹。

2004年8月,他找到中国林科院帮助分析,结果出来了:牡丹籽富含人体需要的氨基酸、维生素、优质蛋白、多糖和多种不饱和脂肪酸,极具开发价值。

2006年,赵孝庆把压榨牡丹籽油送到中国林科院,以牡丹籽仁为原料,经压榨、精制等工艺而成的金黄色透明油状液体,不饱和脂肪酸含量竟然高达92%以上,其中α—亚麻酸占42%,多项指标超过被称为“液体黄金”的橄榄油。化验人员惊叹:“这是世界上最好的食用油!”

2009年通过山东省科技成果鉴定,专家鉴定委员会一致认为《牡丹籽油生产工艺》的技术研究达到国际先进水平,其产品填补了国内外空白;同时鉴定的《油用牡丹GAP规范》达到了国际领先水平。联合国工业发展组织有关专家评价说“这是对人类的巨大贡献”。

2009年承担了山东省科委下达的“中医药现代化攻关项目”——牡丹(芍药)籽亚麻酸的制取工艺。他还获得了牡丹籽剥壳机专利、牡丹花蕊茶等多项专利。

一辈子也要干好这件事

我国是一个食用油料消费大国,油料作物种植多元化是发展方向之一。

牡丹是多年生木本植物，百年牡丹不罕见，一次种植多年受益，且极少打药施肥，农民劳动强度低。“紫斑”牡丹适宜北方半干旱地区，而“凤丹”牡丹适于江河流域和长江流域，全国有20多个省市适合种植。

2007年，赵孝庆因北京租赁土地被国家征用而返回菏泽，回来的第一件事就是游说农民种植油用牡丹，着手牡丹籽的规模化生产，成立菏泽瑞璞牡丹产业科技发展有限公司。2009年春，联合国工业发展组织代表拜赫明由农业部官员陪同到菏泽考察完，认为：如果牡丹花籽油能够实现产业化，将是对全人类的贡献！

菏泽瑞璞牡丹产业科技发展有限公司成立于2008年，公司是牡丹籽油创始企业，公司董事长赵孝庆是牡丹籽油发现人和牡丹花蕊茶创意人，瑞璞牡丹是一家以种植生产、科研开发、生产、经营为一体的科技型企业。

2011年3月22日公示到期这天，赵孝庆望着卫生部卫生监督局公示网页回首往事，唏嘘不已。他的牡丹花籽油产业化研究填补了多项国内外空白，首次提出“油用牡丹”概念，将一种药用、观赏植物作为油用植物栽培，并制订出油用牡丹种植规范。八年多的科研，光是卫生部要求做的牡丹籽油安全性实验，就用去了整整两年。为了考察两种油用牡丹适宜种植区域，他自费跑遍全国。前后用于科研、样本化验的钱高达600多万元，这是他全家种植牡丹几十年的收入啊！

一部家喻户晓的电视剧《西游记》，由明朝原著吴承恩版本的到最近的张纪中版的《新西游记》，里面的人物、场景、故事情节等都在不断地演绎与升华中，不过他的最终的宗旨还是没有变的，那就是历尽苦苦八十一难，最后终于取得的真经然后把真经带到人间，让世间的老百姓和平相处、安居乐业、使国家繁荣昌盛。这个电视剧不仅只是让大家娱乐消遣之所作，他也是告诉人类一个启示的，有一个正确的方向和坚定的信念，只要坚持不懈地努力，最后一定能成功的真理。

如今已是花甲之年的赵孝庆还在为牡丹籽油的前进道路而四处奔波。牡丹花好，油更香，香飘万里，飘进万户家……

人品与书品共进，勤奋与收获同行

——记王怀玉先生的书法创作

有一次和文友游济南市郊朱凤山风景区，看到王怀玉先生题写的“通天涯”三个大字，笔法精熟，宛若有神，不免心有触动。王老先生在济南书法界的名气本是知道的，于是工作之余心摹手追，闲余时间也练起书法来。2015年9月，笔者有幸到先生家拜访，有过一次长谈，使我对书法有了新的认识，对先生的书法创作有了新的了解。他听说我搞写作，写诗歌，说自己也写过较长一段时期的现代诗，现在年纪大了，放下了，为此欣然为我题写了“以文立身”的斗方。

刘熙载《艺概》曾言，“书，如也。如其学，如其志，总之曰如其人。”王怀玉先生1943年生于山东临淄，年已七十有二，书法已经成为他享受生活的一种方式，以书驭情，出神入化，气度不凡，作品带着潜意识的自然流露。退休前他是省司法厅的处级干部，在几十年的书法研习中，从未利用职权动用公家一分钱用于笔墨纸砚，退休之后，他有了更充裕的时间搞书法创作，孜孜研习，遍临历代碑帖，不断揣摩前人的用笔技巧和通篇布局，不断对自己的作品反思、推敲、修正、改进，师古不泥，熟中生巧，在初宗一家法帖的基础上目及多方、继采诸美，逐步创出了自己布局严谨、清新明快的风格。

“书之妙道，神采为上”，他的作品气贯字里行间，运笔起伏有度，收敛自如。他幼承家学，祖父、父亲都喜爱书法，祖父春节时卖春联，有时写不及时，就让他代写，他也就乐意从命，从七八岁时陪在祖父身边研磨，到提笔代写，这个过程体现了他在书法上的天分，那时他是下了工夫的，练习书法一笔一画比较投入。他当时是儿童团长，下通知、写公告、写黑板报，都是抢先去做。从部队转业以后，他从北京到济南，几十年临池不辍，对篆、隶、楷、行、草诸体都有研究，中国书协书法培训中心研修班上曾得沈鹏、刘艺、刘炳森、张业法、吴善璋、林岫、赵望进等名家的指导，对书法的字态、线条、锋势、形式感有了更新的理解，书艺大进，学书境界有了大的飞跃，曾 40 多次参加全国大展，10 次荣获全国书法大赛金奖，作品在百余家书画报刊上发表。书法作品在中国美术馆、中国军事博物馆、中国历史博物馆、人民大会堂、山东美术馆等多次展出并收藏，先后为北京题写中国历代军事家碑林，为江苏题写七战七捷纪念碑、为湖北题写胡鄂纪念馆，并题写了电视纪录片片头、报纸专栏题头等，出版了《史志文集》《燕子山畅想曲》《王怀玉书法作品集》《王怀玉书法艺术》等多部著作，书法作为馈赠流入日本、法国、德国、美国、新加坡等国家和地区。

2006 年，王怀玉先生给时任中国书协主席的张海先生写信，反映基层老年书法的困惑，提议对老年人学习书法要有特别的照顾，张海先生很快回了信，随后专门的老年书法班、老年书法比赛如火如荼地开展起来。玉树地震，他捐了十几幅作品，鲁甸地震捐了六幅，为此《书法报》和电视台作过报道。生活中的王老既不把自己抬高，也不把自己降低，他现在是国家级书法家、国家一级书法师，曾获共和国杰出艺术家称号，担任着中国文学艺术工作者联合会副主席，中国孔子书画研究院副院长、中国书画家协会常务理事、中国书法艺术研究院理事，中国人才研究会艺术家学部一级艺术委员、齐鲁书画家协会副会长、山东红色文化书画院特邀顾问、王铎书画院名誉院长、颜真卿书画院名誉院长等。

“初宗一家，广征博采。继承传统，体现自我。”这是王怀玉先生对书法学习的看法，他的隶书用笔精到，气韵超脱；尤其他的行草体势敦厚、密布疏陈，很有层次感，达到了炉火纯青的高超境界。人品与书品共进，勤奋与收获同行，今天的王怀玉先生仍然坚持每天习书三小时，正是这种骄人的毅力成就了自身。他始终相信佛偈“出家如初，成佛有余”的至理，孜孜以求，继续走在登高的路上，祝愿他的书法创作能达到新的高度。

一本好书:品读宗江

——记平阴县书协副主席兼秘书长胡宗江

我喜欢读书,更喜欢把人当书来读。

有的书,让人不屑一顾;有的书,值得翻翻;有的书,却值得细品。胡宗江就是一本值得慢慢品味的好书。

说他好,那是有理由的。从宗江这本"书"里,你可以读出精神,读出思想,读出境界。

我常对朋友说,一个人不能为活着而活着,如果那样,人的社会属性,人的高贵,就被彻底地否定了。作为人,我们可以不一定崇高,但要绝对拒绝庸俗。

在我眼里,宗江绝不平庸、绝不俗气。自然波纹的长发,带着几分飘逸,朴素不失时髦的服装,让他多了分洒脱。然而,让我为之敬佩的,是在他身上始终洋溢着的一种可贵的精神。这种精神,就是脚踏实地的精神,就是埋头苦干的精神,就是自强不息的精神。他爱书法,爱绘画,就把书画当作事业来做,做得认真,做得扎实,做得义无反顾,做得无怨无悔。

一分精神一分才,十分精神才全来。了解宗江的人,都知道他是很能吃苦的人。宗江学书,探源溯流,探幽入微,博览约取,汲精运弘,从来是不遗余力;临书习字、创作作品,常常是通宵达旦。他那瓶底似的眼镜,就是他刻苦耐劳的佐证。凭着这种吃苦的精神,宗江做出了成绩,做出了名堂。其书法渐成自家面貌,并屡屡于全国书法大赛摘冠折桂。

人之所以异于动物,就在于人会思维,有思想。用一个哲学家的话说,人是一根可以思想的芦苇。宗江是一根芦苇,但他的可贵就在于有思想,这思想还挺深刻,极富真知灼见。

他说,做人要半入世半出世,要以入世之态度临帖,以出世之态度交游。

做人要深邃沉静，做学问要博大精深。他告诫别人，歪门邪道你千万别走，别说成不了气候，就是成了气候也是妖魔鬼怪。人间正道是沧桑，能在人们都熟悉的东西中挖掘出更精彩的美来，才是高人。他盛赞王阳明的“知行合一”，主张既要有理想主义的境界，也要有务实主义的精神，深感“自古空谈误国，忽悠误尽苍生”。他主张勤谨工作。对于书画事业要勤奋上进，少说多做，慎于言敏于行，理性恒久。主张乐观生活，快乐生活，笑眯眯看世界，以乐观的心态对待任何事物。主张闲逸自适，儒雅淡定，有良好心态，养气养神养学问。

宗江有着很强的艺术感悟力，其见解远在常人之上。他说，要成为一个好的书法家，必须到圣教序中淘字法，二王尺度中淘笔法，书谱中淘草法。他讲解书法，通俗易懂，形象生动。他说，执笔如领舞。领舞伴跳舞不能狠狠地抱住她，双方会意，配合默契，举眉抬手之间当有花样翻出。毛笔何尝不是你的舞伴？领着她在纸上跳舞，如同赵宏博、申雪在冰上跳舞，弹性，动作，激情，节律，不但动作动人，而且还要留下优美的线条。他要求学员做到习字时要和古人心灵息息相通：所有古人今人法帖，只要不是原迹，均应视为书法的躯壳，精神通会处只能靠想象。就像人之照片，不能徒见此貌不知其性，其为人处世、素质品德、情感情绪，均要了解或感知。要赋予临写对象以灵魂、味道、性格，且不可依样画瓢，照猫画虎。唯如此，你写出的字，才能有血有肉有灵魂，才能彰显精气神。

宗江是一本耐读的书，“读你千遍也不厌倦”。

国学大师王维曾提出读书“三境界”，哲学家冯友兰提出做人“四境界”。境界说告诫我们，人与人之间的分野就在于境界的不同。

人活着应该有境界，境界越高，品味越高，就越会受到人们的景仰。宋儒张载说，“为天地立心，为生民立命。为往圣继绝学，为万世开太平”，宗江将此识为读书人的最高境界。宗江说，对于我们，这种“天地境界”，虽不能达，也要心向往之。

字品如人品，做事先做人。一个书家更要以做人修身为大事。宗江时常以古代贤人志士的戒律来要求自己，做到从善如流，以德行善举为己任。他怀着一种强烈的责任感、使命感，在多所学校设立了书法培训基地，把硬笔书法和毛笔书法的普及带进课堂。数年如一日，风雨无阻，无偿地为教师和学生上课，培养书法人才。

宗江教学、办学，讲信誉，重质量，他会针对每位学员量身定做教育方案，做到因材施教。他的目标是：让更多的人受到更好书法教育，抓住任何机会做好书法义务教育。为了书法的普及，宗江从来不遗余力。

“知我者谓我心忧，不知我者谓我何求。”世人习书，有的是为了爱好、为了情趣，有的是为了出名、赚钱。这一切，对于市场经济社会的人来说，都情由所缘，无可厚非。宗江习书，同样有类似的缘由。但和常人不同的是，宗江是一个有良知、有责任感的书法家。凭着这种良知和责任，使之脱离了“自然境界”、“功利境界”，而升华到“道德境界”。

一本好书，就是一位好友；一位好友，就是一本好书。宗江是一本书，一本值得我们细细品味的好书，他会永远带给你开卷有益的满足和幸福。

身怀十绝　感召心灵

——记职业书法家董志军

点击书画网站，经常看见一个书画家董志军的名字，媒体把他吹得铺天盖地，五花八门，简直到了令人难以容忍的地步！我怀着莫名其妙的探索心理，不漏声色地来到他的办公地点进行暗访。

那是在北京天通苑圣海文化产业园，屈启晓董事长约我们十来名书画家和央视主持人、记者等进行聚会。那天因为特殊原因我去晚了，幸亏还没耽误大家吃饭，大家刚端起酒杯我赶到了，朋友向我第一个介绍的就是董志军。

这次会聚既是文化园内生态园饭店的生态大餐，又是“群贤毕至”的文化大餐。大家酒过三巡便开始展示自己书画以外的才艺。有的唱歌，有的唱戏，有的播音，有的模仿伟人。没想到，董志军他一个人就展示了七项才艺：第一个是快板书；第二个是笛子独奏；第三个是板胡独奏；第四个是二胡独奏；第五个朗读自己的原创散文；第六个是朗诵自己的原创古体诗；第七个是即兴吟诗和当场以人名作藏头诗。我欣赏完以后就傻眼了，特别是他拉的那个二胡简直是把我给醉倒了，好像就是阿炳在世，那忧伤而又自强不屈的曲调和声音在我耳边回荡，顿时激起我对人生的呼唤，把我的心都撕碎了！有人告诉我才知道，董志军竟然国家级二胡演奏员！他的即兴吟诗更是一绝，桌上的人掌声雷动。他看看大家，只用了三秒钟就吟诗道：“群贤毕至端杯酒，海阔天空侃心头；偶尔点破一句话，省去奔波几春秋！”这寥寥七绝，不仅符合酒桌上的氛围，而且讲出了生活的真谛，真是让人叹为观止！在谈论人生时，大家让他作诗一首，他接口而来：“千古江河今有声，星转斗移月更明；人生百岁莫恨短，恰似彩虹兆万空！”这是多么震撼千古的诗文啊！最后他又根据当日聚会的情景作了一首七律。

他的才艺把我折服了，可我心里仍存疑虑：他现在吃的是书画饭，乱七八糟的什么都会，那他的字画还能好吗？俗话说，样样能，样样都不精。我还是不服，等一会饭后书法展示时再和他一论高低！……

圣海文化园可是真够大的，除了刚才吃饭的生态园饭店以外，院子里竟然还有上千平方米的大会场地五六个，体育馆、游泳馆、文化馆一样不缺。同时配套的还有书画展厅、书画工作室，我们就在书画室展开角逐！

在步入书画展示室之前，我悄悄地问了一个朋友，看他认不认识董志军，想深入了解他一点东西。朋友说："我认识他时间不长，见过几次面，但据我了解这个人当过文艺兵，做过文艺创员，宣传报道员，在部队也开过车，转业后在石油企业历任生产干部、政工干部、秘书、公安交通管理宣传干部，后来买断大潮趁机下了海做私企公司，任董事长、总经理。因为他不喜欢做公司，后来就回归所爱在北京专职书画了，现在人家还是联合国书画家协会中国分会副主席呢！"

我听后不以为然，摇摇头说："干那么多的工作，时间都给占去了，能写好书法？他吹大雷也不怕爆炸！"

"那你就错了，历代书法大家都是有历练的，一辈子只是写书作画的人是成不了书画大家的，如王羲之、欧柳颜赵、张旭、怀素、黄山谷等等，哪个没有过官场遭遇和社会背景呢！走社会才能通天接地，这叫身外之功，懂吗？"

"是骡子是马一会儿再看吧！"我说。

笔会开始了，我故意推选董志军来个当头炮。谦让不济，他开始动笔了……

他第一幅字写的是楷书"敬业乐群"，第二幅是隶书"虚怀若谷"，第三幅是行书唐太宗百字箴言，第四幅是行草书"明月几时有"，第五幅是狂草"将进酒"。他用笔的时候那个爽呀，就好像有音乐在给他伴奏，时快时慢，激情四射，而又不过度夸张，对我这个只会写大字的人来说，简直是开了大眼界了！

这次我算是真的佩服他了。

过了几天，我主动上门拜访，目的：向他拜师。

他在北京东五环管庄路"东晓景中国书画创作基地"（也称"文化园"），工作室虽然不大，进去就有刘禹锡"陋室铭"的感觉。

他原来不是个傲人，对人非常大方客气，说话很有气度，也很有礼节，文化知识非常渊博。我看看他的书桌上，有他出版的"野火诗歌散文集""谈书论道""吃透笔性才能写好书法"等原创著作。

他请我喝普洱茶，一边喝，我一边向他请教，问他书中的笔性与行笔有何关联？他说：

> 用笔与自己的性格有直接的关系，性格内向细腻的人一般都用毛笔的1/3毫写字，写出来的字比较清秀；性格中性的人一般是2/3毫和1/3毫并用；性格豪放的人一般采用2/3毫和与之以上部位。这是由性格自然形成的。然而这些自然性会影响自己的书法质量，因为清秀而不厚重、厚重而不清秀就显得格调单一，不全面。例如只会写大字的人而不会写小字就是这个问题所致。格调单一的人不可能让书法行笔达到炉火纯青的地步。你看历代书法大家如二王、张旭、怀素、黄庭坚等草书大家，他们的笔路粗细兼有，虚实轻重布局个性相得益彰，就是因为把笔性吃透了，犹如孙悟空玩金箍棒那样玩的出彩。当然，要想达到如此熟练的程度就需要磨炼，笔道先细后粗或先粗后细，几个月一次交替练习，然后再进行混合练习，经过多年努力就会熟练笔性，运用自如了。

我听后真是受益匪浅，于是下跪拜师，他立即将我拦腰截住，说我们是同行，是兄弟，互相切磋，千万不要客气！

我回答："尽管是同行，我只会写几个大字，比老师您相差十万八千里呢！再说，你二胡、板胡、笛子、快板、诗歌、散文、小说、相声小品编创、书法、绘画身怀十绝，而我是老师的九牛一毛还不到啊！"

怀着感激的心理，午饭我请了他，他却把价值不菲的一副四尺整张的大草书送给了我，得顶我多少顿饭呀……

后来，由于对他的敬佩和那天我对他二胡演奏的感受，写了几句话发表在了人民艺术收藏网上，摘录下来，算作本文的结束语吧：

> 思念是曾经的今天，感受是过去的离别。艺术倾诉着人性最美的写意，企业演绎着永不言败的精神。企业，要的是融合人的艺术，艺术则需要展现她的唯美臆想。走近圣海，每一个风景都有一个动人的故事，每一个故事都有着不凡的人生。
>
> 3月7日，对中国圣海文化产业园来说，这是很不寻常的一天！中国圣海文化产业园迎来了有着艺术底蕴的宾客。他们的到来为圣海增添了少有的美意和初春的温暖。同时，圣海也为他们营造、书写了祥和的艺术雅风。面对这一切，国家级二胡演奏员、中国诗书派狂草书法家董志军的心里多少珍藏了对圣海的眷恋，眼里写满了对黄河人的热情……

丹青溢彩　翰墨飘香

——访书画家李振凯先生

未曾见到李振凯先生之前，先百度了他的名字，中国美术家协会会员、世界教科文组织专家成员、马来西亚中央艺术研究院顾问、中国当代艺术家协会名誉主席、中国艺术工作者协会名誉主席、中国名家研究会理事会副理事长、加拿大世界书画家协会笔耕会员、中国大众书画社常务理事、书法家、一级美术导师、一级美术鉴赏师这一连串的头衔让记者对这次会面诚惶诚恐起来。

当记者走进德州某教师公寓小区，体味到一种市井繁华生活不同的从容不迫与淡定，画家李振凯先生的家就在其中。走入李振凯先生的家中，主人一家的热情招呼顿时驱走了我的拘谨，环顾四周，客厅里摆放的阔大画台、音响里播放着清耳悦心的古筝曲、墙上主人的得意之作、桌台上摆放的茶道用具，无一处不蕴藏着主人的品味。

缘由墨生，师从白冰——乡村里走出书法名家

喝着主人沏上的工夫茶，在古琴汉宫秋月的乐声中，听李振凯先生讲述他幼年走上书画道路时的一段师生缘。

李振凯于1979年出生在宁津县柴胡店镇，幼年时，李父曾经向李振凯讲过其祖爷爷清代秀才李××(姓名不祥)的事情，据说他的字写得极其清秀，四里乡邻家中有喜事皆以求到他的字为荣。也就是从这时起，学习书法的念头在他幼小的脑海里萌了芽。

乡村集市上，他买来毛笔和一摞包花椒大料的报纸，用水打湿报纸，再晾干，以替代宣纸。一年间，他写掉了10多斤报纸。10岁那年，李振凯无意间从报纸中看到了首届百津——文明杯全国书画比赛的通知，他托村里一

个大哥从乐陵买回了两张宣纸，在他生平第一次用的宣纸上写下了奋进二字。然后他又自己跑到镇邮局，把这份沉甸甸的梦想投进乡镇邮局墨绿色的邮筒里。三个月后，当期待已经开始淡化的时候，他收到了主办方从上海寄来的证书和纪念品，他的那幅“奋进”获得了少儿组一等奖！

居住在邻村的书画家白冰老先生听说了这个酷爱书法的孩子，爱才心切，专程来到他们村里，打听了村人，找到他，将他收为弟子。在悉心教导，在白冰先生的教导下，李振凯走上书法的道路，也成就了一段佳话。

博学多才，声名鹤起——书画墨香里写意人生

2001 年，李振凯在中央美术学院造型学院毕业前夕，他把那幅在大四用了近一年时间创作的油画《山鸡》作为毕业作品，画以一只被捆了双爪倒挂在墙上的山鸡为主题，桌上的干石榴、南瓜以及被烟熏黑的油栩栩如生，特别值得一提的是，墙面贴的报纸上的照片与字、时间的关系揉出的褶皱、报纸上投射的山鸡与油灯的影子简直如同实物照片。这幅画后来被老师选为毕业生作品展参展作品，展出后不久，就被很多名家看中，最后以 6000 元的价格被上海的梵达利画廊收藏。而 2010 年，李振凯在某书画展会上再次看到这幅《山鸡》，它的身价已经到了 15 万元。我问他，是否曾对 6000 元卖出的价格后悔过，这位 70 后画家淡然一笑，说：“人生不是用来后悔的，再说，这也代表着大家对我作品的认同。”

毕业后，李振凯的书法作品与油画、国画、篆刻齐头并进，多次在全国各地举办的书画展中获奖。著名书画家默石先生观看完李振凯的个人书画展后说：“李振凯的用笔圆转流畅，朴实无华、刚柔相济，有峥嵘之势，十分符合书法家的气质和风格，又大家之范。”中国大众书画社社长姚健先生曾说：“李振凯的作品，刚柔相济，浑朴自然，中锋用笔，线条中存劲、沉健高古，拙中露出快利的锋芒，方圆互寓，动静互交，起始转合变化丰富，涩辣流丽相谐，沉实与灵动互发，忽如高山坠石，忽如行云流水，他能极力通过笔墨体现出自我劲节，豪放的胸襟。”

淡泊名利，凝聚神韵——禅意人生抒写新章

为了专注于热爱的书画，李振凯毅然辞去郑州大学教师的职业，把全部的精力和心血都投入到了他所热爱的事业上。

辛勤的劳动、汗水浇灌出累累硕果，几年来，李振凯的作品在多种刊物上发表，爱到很多博物馆、领事馆及鉴赏家、收藏家喜爱和收藏，他还担任了不少艺术团体的会长和秘书长，当有记者问道：“您最看重哪个称号或职

务?”李振凯说:“头衔和称号对我来说不是太重要,我觉得一个艺术家的价值的体现最主要的是能不能被大众认可,能不能被老百姓熟知,功名利禄都是生不带来死不带去的东西,对于这些所谓的头衔,引起我高度重视的是我自己内心深处的一种反省和反思。”或许正是因为有着这种禅宗的心态,李振凯才能在经济热潮中保持清醒,潜心研习,创作出一幅又一幅精彩的作品。

李振凯的作品题材广泛丰富,既有北方、中原景色,也有南方小城、禅院、教堂、傣楼……画作大都布局严谨,用笔用墨手法追求多变,干湿浓淡熟练自如。近几年来,李振凯不满足于现状,刻意去博纳广汲,画作以“南为体,北为用”,在传统的基础上,力图求新求变,充分体现其敏锐的悟性,创作出“李振凯风格”的国画作品。他深知中国画最初的艺术表现形式即工笔画塑造形体,是与中国古代哲学一脉相承,与儒、道、禅三者的交融互补而形成的,所以他闲暇之余就研究儒学、道学、禅学,给他的作品锦上添花。

李振凯曾说:将画笔融入画纸,用毅力写满人生,我是静静地在白色画纸上涂满生活色彩的弄潮儿。而我们,也更希望他的创作人生能够如同他的宣言一样,“将绘画艺术进行到底”!

书法艺术创作是心灵调适

——记山东省书法家协会展览部主任郝晓明

笔者几年前就知道省书法家协会展览部有位教育书法家郝晓明，但是一直没有多交流。今年参加几个书画交流活动才对他有了更多的了解。近几年来，他行走在教育和书画艺术之间，善人、善心、善言、善行，在感悟中提高，在提高中前行。不管世事如何变化，他始终心无旁骛，把书法当作内心情感的释放，见字知心，字如其人。

雅奇厚拙，追求极致书法

郝晓明结交甚广，尤以书画界朋友最多。他白天忙于省书法家协会展览部工作，有时参加笔会，切磋技艺。晚上常常夜半时分翻身起床，铺纸研墨，奋笔疾书，一折腾就是大半夜。他潜心揣摩“二王”和米芾、王铎书法精髓，崇尚八大山人，对魏晋南北朝时期的墨迹精华亦孜孜以求，临摹不辍。其书法作品用笔率意洒脱，线条多变流畅，气息娴雅贯通，布白丰富精妙，既有率真自然之趣，又不乏雄健奔放的意态。

每个曾欣赏过郝晓明书法作品的人，都会认为这些作品充分表现了郝晓明的文化艺术修养，既浸润着他对生活的深刻理解，又透出他超凡脱俗的潇洒和思想的升华。郝晓明的书法作品，艺术与文学、笔墨与意境、现实与象征等多重元素并存，从而也构成了多重的内在张力，使郝晓明的书法作品有着丰富的美感。

在欣赏郝晓明作品时，自始至终都给人视觉上的多变，墨色、笔调一直是引导欣赏向前的两大要素。他的作品尽管有时通篇以竖线分为三条，显示出人工分隔的无理，但是每条的内部都以不同的变化出现，于是有局部之美。局部之美有如一首诗的诗眼，一篇文的文眼——通篇都是美玉是不可能的，就只能靠局部的美来增色，不断转换变化，忽润忽干，时重时轻，一景过尽，又来一景。读其作品，有如看水墨画之景，目移而景变。值得注意的是，多变而无人工斧凿之迹，任其晕化、干枯，写到哪算哪。人自由了，笔下也坦然放开，进程中彼此不同，互不蹈袭，故三条各有其轻重点，各有其巧妙处。

关于书法审美的思想，郝晓明曾在一次访谈中提到几个原则：

第一个原则，就是要雅。他认为，这个雅其实是很难做到的。从近代一直到当代，历史上出现的这些大的书法家，他们的主要风格之一，首先是雅。不管是典雅，不管是柔美、雄强、豪放，他们骨子里都透露着雅。尤其是在豪放一路当中能透出雅，这一点是更难得。有的人豪放有余，一下笔就追求徐渭，追求王铎，追求傅山，但是往往我们只是看到了表面，而没有真正体会到在徐渭、在王铎、在傅山他们的背后所表现出来的那种文人的典雅。

第二个原则，应该是奇。他说，奇，不是说要标新立异，要追求稀奇古怪，这个奇主要是在个人风格的确立之上。王羲之、王献之、颜真卿、王铎、傅山，每个人都有个人的面目。从每个人的角度来讲，他们都在求奇、求变，他们不是墨守成规，他们首先继承了王羲之的传统的经典笔法，但是最终还是确立形成了个人风格。这就是在求奇、求变。

第三个原则，就是要厚。就他看来，书法创作，尤其是在谈到点化线条的时候，一定要追求厚，这一点黄宾虹先生曾经提到过。所谓的厚，首先线至要厚重，要如锥画沙，要如印印泥。只有点化厚，无论它是细、粗、浓、淡，它表现出来的这种线给人的感觉，都是一种厚重的审美。

第四个原则，就是要拙。傅山曾经提到过，要宁丑毋媚，宁拙毋巧。这里边的拙，不是我们表面上理解的笨拙，它要是拙中寓巧，拙中予奇，要大巧若拙。

育人为本，培养高等人才

除了创作书法之外，郝晓明现在另一个工作重心就是培养人才。自2014年起，他每年都组织山东省书协书法篆刻创作高研班。这个高研班取得了极大的成功。当时招了70多个人，现在已经都圆满地结业了。这些人大部分水平都突飞猛进，而且有10多个人在中国书协举办的展览当中入展，有10多个人加入到山东省书协。对于他们这样初涉培育事业的人来说，这已经是非常好的成绩了。

今年，这样的高研班仍在继续。他说，他们组织这样的高研班主要是为了给那些在社会上的业余书法爱好者提供一个学习的平台、一个学习的机会。让他们能够在书协举办的这样一个培训班当中，尽快地摆脱自己的一些误区，选择一个更好的学习方法，从而为这些书法作者在他们将来的书法道路上起到一个助推作用。

自己现在是全身心投入到了这样的一个工作中，他说，只有将这件工作做好，才去考虑他个人。2015 年，中国书协举办的展览也很多，他还是要积极参与、积极投稿，也希望能够在 2015 年在中国书协举办的展览当中，能够获一个奖。

作为省书协青少年工作委员会秘书长的他，非常希望把青少年工作委员会开展一些工作。他认为，青少年工作委员会更应该去关注那些青少年书法作者，甚至去关注青少年的成长。他甚至设想，如果可能的话，由他和他们青少年工作委员会的委员，共同发起这样一项工作，叫“青少年书法作者爱心联谊会”。把青少年工作委员会的这些委员们召集起来，每个人去创作一批作品，把这些作品拿出来，去义拍，也希望有爱心的企业能够主动地参与到他们的活动，参与这样一个义拍。他们把拍卖所得的这些收入，去捐赠给偏远的、贫困山区的孩子们，或者去资助一些在书法本科、书法研究生阶段读书的这些困难学子们，让他们能够更好地去学习，更好地在书法的道路上取得更好的成绩。

立德树人　偏爱书法

——专访琅琊王氏书法家王军宝

王军宝，字惠生。雅好经史，偏爱书法，出身琅邪王氏，与书圣王羲之同宗，故忠爱二王书法，常心慕手追，时逾二纪，虽无所成，然兴趣尤加。笔耕三十余载，曾为中国课堂教学研究中心研究员。现为中国国际书画艺术家协会会员，中书协市级会员，临沂市中国现代书画艺术研究会秘书长，临沂市王羲之研究会会长助理，《望族文化》执行主编，《王羲之研究》主编。

书法之爱缘于学医救母

提起与书法结缘，王军宝告诉记者说，要从抄写医书谈起。回忆起抄写医书，王军宝的语速缓慢，声调低沉，在王军宝三四岁的时候，母亲病重住院40天不省人事，因为医疗条件有限被医院误诊为白血病。在懵懵懂懂的幼年时期，看着卧病在床的母亲，学医救母的决心暗暗扎根心底。

从小学开始，王军宝便跟随同村的一名秀才抄写医书，从汉代张仲景的《伤寒杂病论》、唐代孙思邈的《千金方》、到明代王叔和的《脉经》、皇甫谧的《针灸甲乙经》和陶弘景的《本草经集注》，一本本医书抄写下来，王军宝不仅对母亲的病情有了了解，而且书法也日渐精进成熟了。

13岁开始，王军宝就养成了一个习惯，每天休息不超过4个小时，一直持续到45岁。他说："我读书时间比较长，读书量是同龄人的五倍以上。"正是大量的阅读丰沛了他的知识储备，为日后书法创作奠定了良好的文化根基。

"百善孝为先"，育人三十载

作为一名人民教师，1982年师范毕业后，王军宝致力于在讲台上传道授业解惑。谈起他的教育理念，王军宝说："对学生思想道德的培养的重要性更甚于对文化知识的灌输。"有一次，他被调到一所中学担任一个班的语文老师，接手的班级是全县成绩最差的一个班，班上调皮的学生太多，面对不求上进的学生，王军宝给自己定下一个一年目标："我要将全班整体成绩提升至中游水平，学生的精神面貌一改现在的颓势，着重培养学生的思想道德修养。"

秉承要成才先做人的教育理念，在开学的前三天时间里王军宝没有讲课本，而是让学生们一个一个地细说自己的父母对自己的疼爱和期望。原本肆意妄为的一帮学生突然安静了，每个人聊起父母对自己的疼爱和期望时最后都哽咽地忍不住潸然泪下。在总结陈词里，王军宝说："百善孝为先，每天混沌度日，怎么对得起对你们给予厚望的父母。无论你们能否出人头地，但请你们将每一天都过得有意义，对得起自己，不辜负父母期许。"

王军宝告诉记者，这次班会后，班风有了很大改善。学生们浮躁的心沉静下来了并有了人生目标，一年后有十多位同学考上了重点高中并最终考上大学。"立德树人"四个字，是王军宝三十多年的教学宗旨。如今，王军宝桃李满天下，无论是功成名就的学生，还是平凡做人的学生，王军宝没有听闻所教过学生的丝毫负面消息，这是王军宝三十多年教学生涯中最骄傲自豪的成果了。

用一生追求书法之大成

王军宝说："书法是传统文化的绚丽瑰宝，而毛笔书法更是独树一帜。"王羲之的《兰亭序》、颜真卿的《祭侄文稿》、柳公权的《送梨帖题跋》等都是王军宝学习的典范作品。作为一名土生土长的书圣故里人，王军宝对书圣王羲之最为尊崇。问及学习王羲之书法的心得体会，王军宝用"飘若浮云，游若惊龙。铁书银钩，冠绝古今"16 个字概括。

2015 年 10 月份，王军宝前往北京大学艺术学院攻读书法专业研究生。北大作为中国的最高学府，一直是他梦寐以求的殿堂，王军宝师承北京大学书法艺术研究所所长王岳川王教授，在自己的艺术道路上继续前行。他说："作为一名书法爱好者，不要轻易满足，必须要认认真真地研究，勤勤恳恳地临写，学无止境。"

采访最后，王军宝起身走到书案前，提笔洋洋洒洒写下"回归经典，走进魏晋，守正创新，正大气象"，这是王军宝一生的追求，也是王岳川教授所倡导的"文化书法"教学理念。

境界在美好中升华

——记著名书法家王兆会的笔墨情怀

王兆会，字知非，号九方斋主，中国佛都——山东汶上人，邹鲁画院副院长、中国书法家协会会员、中国楹联学会会员、山东省书法家协会会员、九方书画社社长。

由“二王”入赵于，追求创新书写性情

书法是门综合艺术，其具有显著的人物特征与文化底蕴，更体现出了书法家的精神面貌和艺术气质，需要天赋、悟性、学识、修养、坚守。济宁是著名的书画之乡，近年来，一大批书画名家在这片孔孟之乡不断成长壮大，王先生就是其中杰出的一位。

王先生对于书法在当代现实生活中的意义，从理论到实践都紧密地联系在了一起，悟出了自己富有创见性的理念：深入感悟书法艺术，把其中蕴含的人生哲理运用到工作和生活上，道德修养才会高尚，工作水平方可一流；书法追求的是和谐，正与国家和谐发展的辉煌构想如出一辙，我们每个人与别人的相处要和谐，与整个社会的相处要和谐，整个国家、民族才会向着理想迈进。书法，追求力透纸背的力度美和厚重感；告诉我们在工作中，则要力求老老实实做人，勤勤恳恳干事；书法中的一笔一画都是各就各位，互为谦让、遵章守法，任劳任怨；因此，我们在工作中也要如此而已，坚守岗位，各司其职，各司其业，默默遵从。书法讲究和而不违，每一个字都有自己的特点，每个人写的每一个字更是有自己的个性。在工作中，我们还应具有创造性，不要被成规束缚，希望的是“百花齐放，百家争鸣”；书法艺术，来源于自然但更高于自然。

王先生书法多变，这源于他对各种书法都广泛涉猎。他曾说：我这人很

不安分，小楷刚有点成绩，便扔下去学行草，小行草刚能上展，兴趣又转向了大行草，这几年光捣鼓大行草了，劳民伤财，而一事无成。其实这是他的自谦之词，他的小行草曾多次展出并获大奖。但他有时认为“二王”书法难以解决抒情性，而书法的更重要的目标不是“达其情性，形其哀乐”吗？光精致有什么用啊！所以他又把目光转向了赵之谦、于右任一路率意而轻松的碑派行草。这一写就迷了进去，原来行笔的感觉还可以这样美妙！他说：他写二王，一直像在急急赶路，而写赵、于则感觉像在山间小路上散步，边走边体会脚下山石的按摩，边走边欣赏一路风景；写二王好像一直在按部就班，写出来的东西总在意料之中，写赵、于则感觉总有意外之趣，不只用笔，体势的变化也带来了布白的变化，那些空间像变魔术一样总让他惊喜。于是他就这样写了下去，不再管什么上不上展……

现在他将“二王”与赵、于等体融入一炉，这样的创新看似怪异，其实是还真符合“以古变古”的创作原则——用赵、于去变二王。这样的创新也使得他的作品获得了“十届国展最高奖”，这也表明这种创新获得了大家的认可。

由潜心到爱心，境界在美好中升华

在大家眼里的王先生为人敦厚朴实，性格开朗沉稳，行事踏实，不事张扬，谦逊好学，执着进取，不为世俗所染，是值得交心的友人。作为一名书香门第走出来的青年艺术家，他的艺术人生必将充满精彩和光华！我们坚信！

王先生孜孜以求，日益精进，养浩然正气，法古今完人，应是他书法和人品的不舍追求！他说，书以人为贵，品者，人品、书品也，人品不高，人的情操不高，书写技巧再高，其书法作品也不会有造诣，也不会被社会和后人所承，更难以流传千古；这就是世人常说的——有才无德。写字和做人一样，“字如其人”的道理应谨记，只有做好人才能写好字，用修养和学识撒墨书法并发扬光大。王先生用心泼墨，用情运笔，形神兼备成一家。

王先生性格开朗沉稳，所以他的朋友圈往往“谈笑有鸿儒，往来无白丁”。工作上，他用镜头记录了人世间林林总总的好人好事和先进事迹，鞭挞了社会腐恶现象，弘扬了社会的正气，传播了正能量。王先生用辛勤的汗水换来了赞誉与掌声。他既专心书艺，又热心公益，常为中小学生捐款捐物，为社会救灾济困，奉献爱心。

古人云：“有定性方可为艺。”孙先生有着超出常人的禅心和定性，因他的这种禅定和执着，令他对书法情有独钟，尤其对毛体书法喜爱有加；他的坚持，他的勤奋，使其毛体书法颇为精臻，大有天马行空、蛟龙闹海之势。

济宁是一个文化底蕴丰厚的城市，是运河之都，孔孟之乡；他们“崇文”更“尚德”。“崇文”就是崇尚学习、重视教育、尊重知识、敬重人才。“崇文”的“文”包括文化、文明、人文等。济宁特定的地理位置，造就了济宁人的鲜明性格，形成了济宁的独特文化，济宁悠久的历史，勤劳、智慧的人民创造了灿烂的文明。“尚德”就是崇尚美德、推崇品德、注重修养、追求文明。“尚德”的“德”指人们生活及行为的准则和规范，包括德性、德操、道德等。德性指道德品性，是人的自然至诚之性。德操，指有德而能操持，遵守不变。“尚德”，包含个人品德、家庭美德、职业道德、社会公德、传统道德和当代美德。“尚德”是一个不断培养提升的过程。

挥毫泼墨凌云志　至真之情醉湖西

——专访书法家谢培哲

初见谢老师，和想象中的略有不同，虽然没有身着军装，但一身休闲服更显自然潇洒。年近花甲之年的谢老师看上去比实际年龄要年轻许多，或许艺术真的可以使人的生命焕发更多光彩。言谈中，透露着一股严肃认真，诚意厚道；眉宇间，感觉一种怡情豪放，稳重博爱；在各式各样影壁的满室墨香中，谢老师兴致盎然地和我们聊起了他这些年的书法艺术之路。在亲切融洽的氛围中，笔者深深地感悟到他的从艺之真，为人之诚！

心中江山无限，笔下锦绣万千

提起与书法的结缘，谢老师笑说自己出身世家，5 岁半开始习字，父母要求严格，每天要求自己写 10 个字，在持续坚持的练习中，字写得越来越好，对书法的兴趣也越来越浓厚。因坚持而热爱，渐渐地书法成为谢老师不可或缺的一部分。

谢老师说，从写好字到作为一门艺术去追求，还是在进入部队以后。说起当年在南京部队的那些经历，谢老师至今仍心怀感念：部队的训练不仅锻炼了他的身体素质，而且还让他的书法在艺术之路上越走越远。

1982 年，谢老师通过考试加入了江苏省书协。谢老师说从此他与艺术界、书法界的联系越来越多。南京是一座文化城市，经常有外来书法代表团参观、交流。印象最为深刻的是，有次日本一个 120 人的代表团去交流学习，这其中有 1/3 的是日本主妇，就是这 40 位日本主妇，她们书写的草书是非常精美，这让谢老师感慨颇深，也更坚定了学习书法的信念，心里暗暗下定决心一定要把我们祖国的优秀传统文化学好，传承发扬下去。从此，他给自己定了计划：白天上班，晚上去夜校学习，利用午休的时间去看展览。谢老师半开玩笑地说，当时为了学习书法骑坏了两辆半自行车。

功夫不负有心人。谢老师的书法艺术越来越精湛，深受业内人士和百姓的认可和重视，谢老师也渐渐成为了书法界的知名人物。

健笔书场任纵横，驰骋墨海字里间

谢老师相继从师于启功、罗化千、林散之等，汲诸家之长，融会贯通，逐渐形成了跌宕峻逸、豪放洒脱的书风，自成一格。

1990 年 5 月，中国书法家协会在北京革命军事博物馆主办了“谢培哲书法艺术展”，展出作品 130 幅，央视《新闻联播》等驻京 30 多家新闻媒体专题报道书展盛况。同年 7 月，谢老师特邀参加北京电影制片厂大型军旅文化片《长城颂》拍摄并题写片名，同年 9 月应邀为十一届亚运会书画大奖赛评委，五幅作品被亚运会组委会收藏。

2005 年应邀参加中央电视台春节联欢晚会，并现场表演，同年书写的“红太阳永不落”作为国礼赠与朝鲜人民的领袖金正日同志。2008 年奥运会期间作为中西两种文化交流中心副主任，其书法作品被国际奥委会主席罗格先生收藏。

谢老师在书法创作之余，积极致力于书法艺术研究，曾应邀赴日本进行《中国书法艺术》专题讲学，于全国 30 多个城市举办笔会及讲学，发表书法作品及研究论文 200 余幅(篇)并出版有《谢培哲书法》《谢培哲书法艺术》。其传略被收入《中国名人录》《中国书法家大辞典》《山东年鉴》等 30 余部典籍。

谢老师在书法上所取得的成就远远不止这些。但对于这些成就，谢老师却谦虚地说：“艺术的成长离不开自己的努力，更离不开老师的指教和同行们的互相学习。”他每次外出永远怀着一颗学习之心，所以他在书法艺术的道路走得更远！他认为：“书法艺术博大精深，不仅仅是一个技巧问题，一幅好的书法作品，应是作者心灵和情感的反映和寄托。一个好的书法家，不仅是对传统文化有着深入透彻的研究，而且还需有广泛的人生阅历，执着的热爱书法，才能把大自然的生气、雄气、霸气和灵气写出来。才能让黑色的枯燥的线条灵动起来，把字写出神韵来。”

势中求态，神韵飘逸

观谢老师挥毫，是一种美的享受。那笔落在纸上，龙蛇游走，跌宕起伏，如行云流水，气韵飞动，极尽刚柔相济之大美。厚重处，泼墨积水，有种肆意宣泄任笔挥洒的美感。淡雅处，枯笔飞白，线条奇崛，苍古豪放，诗意禅意无穷，极具书法气势。结构巧中有拙，拙中藏巧，耐人品味。

“人生一世，如果你把自己当成珍珠，就会随时有被泥土掩埋的危险；如果你把自己当成泥土，就会被别人踩出一条长长的路。”这番独到的妙语，揭示了人生的哲理，让人感到谦虚诚恳、修心做人的真谛。“仁厚”二字敦厚平实，浑圆壮美。他给书法爱好者书写的作品，切合人们的职业、性格与爱好，势中求态，神韵飘逸，极具个性特点和鲜明的艺术创造力。一幅字往往让人联想起一首诗，一幅画来，字中有画，画中有字，或挪移让就，酣畅淋漓，或前呼后应，虚实相宜，无不使人感到生命驰骋原野，意态纵横纸面的大气之美。

谢老师认为“书法艺术博大精深，不仅仅是一个技巧问题，一幅好的书法作品，应是作者心灵和情感的反映和寄托。一个好的书法家，不仅是对传统文化有着深入透彻的研究，而且还需有广泛的人生阅历，执着的热爱书法，才能把大自然的生气、雄气、霸气和灵气写出来。才能让黑色的枯燥的线条灵动起来，把字写活写灵写出神韵来。”

他把米芾写活了

——专访第八届山东省“泰山文艺奖”获得者张其亮

日前，第八届山东省“泰山文艺奖”评选结束，中国书法家协会会员、潍坊市书法家张其亮的行草书法作品《海岳名言节录》荣获大奖。这是张其亮书法作品继今年5月份入选全国十一届书法篆刻大展之后又获得的一项殊荣。张其亮以研习米芾书法见长，他在工作之余默默耕耘，十多年来临池不辍，孜孜于书法研习，近几年连续多次在全国、全省专业书法大展赛中获奖、入展，是潍坊屈指可数的在全国全省获奖最多的书法家之一。

写书法是最好的休息

张其亮并不是专职书法家，他的本职工作是潍坊市工商局一名领导，分管的业务又比较繁忙。11月9日，记者来到张其亮的办公室，与想象中不同，狭窄的办公室没有写字的桌布，墙上也没悬挂任何书法作品。

看记者正纳闷，张其亮笑着说：“上班时间我从不写字，集中精力高效完成公务，下班后才会静下心来搞书法创作，所以办公室里很少有与书法相关的东西。”

有的人纳闷，他公务繁忙又哪里这么多时间写字？其实，张其亮很会安排时间，白天工作的高效率，保证了业余时间的自由支配。他一般不参加应酬，把别人用来娱乐看电视的时间几乎全都用在了书法写作上。每天晚上或者早晨都能拿出一两个小时练习书法。张其亮还给记者算了一笔时间账，双休日加节假日一年大概有120多天，也就是说一年当中1/3的时间都能自己掌握，这么多时间就看你怎么用。十几年来，只要没有特殊情况，他就利用这些时间研习或者闭门谢客，在家挥毫泼墨，醉心于书法创作，或者去全国各地参加各种书法培训班。即使在出差的火车上、飞机上，他也一定会带着一部书法书籍进行研读。

米芾曾说:“一日不书便觉思涩。”而张其亮一日不书便觉心里空捞捞的。他对书法的迷恋程度足以用“痴”来形容。古人云:“笔成冢,墨成池。不成羲之即献之。”他说:“学书法是一辈子的工夫活。曾有朋友问我,书法的学习过程枯燥单一,你是如何数十年如一日笔耕不辍的?在我看来,你对一个事物感兴趣,就不会觉得枯燥乏味。也不会觉得累。当你去干一件自己喜欢的事,又不停地体会,不断地有新的感悟,那种愉悦感是别人体会不到的。对我来说,写书法就是最好的休息。一天不拿毛笔,就手痒心痒浑身不自在。”

转益多师求正果

张其亮讲:“学书法,一靠天赋,二靠师傅,三靠工夫。”

“书法看起来简单,门槛也比较低,但是好进难出。没有老师,很难找到书法艺术殿堂的大门。很多时候会南辕北辙,甚至可能在错误的道路上越走越远。”对于这一点,张其亮深有体会。他开始学习书法的前几年,也没有拜师,没有方向,全凭着感觉写,工夫下了不少,但提高很慢,总感觉缺少神气,难以突破。

2008 年,他参加了中书协的一个书法培训班,才明白毛笔字不等于书法,学书法一定要确定一家入门,与古为徒。他感觉宋代“宋四家”中的大书法家米芾的书法笔法丰富、个性突出,很对他的口味,便确定取法米芾,步入书法艺术殿堂。

他虚心拜师讨教,不耻下问。不论年龄大的还是年轻的,只要他认为比自己写得好,都会主动去请教。来潍坊高密青州等地讲课的书法家杨明臣、刘文华、李有来、崔胜辉以及本地名家蒯宪、张其凤等他都多次求教。他还驱车三个多小时奔烟台拜见来山东讲课的著名书法家中国艺术院博导张荣庆先生。后拜张先生为师,成为其入室弟子,每年都多次登门求教。为了拜见全国米芾书法研究权威曹宝麟教授,2011 年元旦,他直飞广州,晚上 9 点才见到。虽然短短两个小时的会面,他受益匪浅并暗暗下定决心一定要好好学习米芾书法,且要在全省乃至全国写出一些名堂来。为了系统学习书法,他还报名参加清华美院顾亚龙工作室书法高研班,上海“全国国展高研培训班”和“书法魔鬼训练营”等。

他做事非常执着,请教也一定要请教出问题来才肯罢休。张其亮说,请教书法名家时,他们说的多是鼓励性话语,但自己心中要有数,不能认为自己写得真好了。一定要想尽办法虔诚请教,而且要问出问题。很多书法家被他的这种执着感动，会真心指出他书法作品中的问题，哪怕是说一点，他都觉得很开心。“每个老师说一点，日积月累，进步就会很快。”张其亮说。

作品应强化创作意识

在获得“泰山文艺奖”之前，张其亮已经在十几次全国、全省专业书法展赛中获奖、入展。其作品曾先后入展中国书协举办的“孔子艺术奖”全国书法展，“赵孟頫奖”全国书法展，全国首届书法小品展，全国首届行书书法大展以及具有“中国书坛的奥林匹克”之称的第十一届全国书法篆刻作品展等；在省内他还获得过“郑道昭”奖书法篆刻展最高奖、全国首届临帖展最高奖、山东省第六届书法篆刻展最高奖等，是这两年全市在全国、全省获奖、入展最多的书法家之一，被人称为“获奖专业户”。

在准备全国首届临帖书法展时，在内容和形式上他都动了很多脑筋。内容上选取米芾的《方圆庵记》，这幅作品虽然平时临写了不少遍，但他仍不敢懈怠。春节七天假期，天天研究，从单字到局部，从单行到多行，从单页到整体，从快面关系到整体节奏呼应都反复琢磨，多遍临习。在形式上，为力求全面恢复所取法对象的古朴效果，他决定采用“万年黑宣纸”和白墨进行创作。精到的书艺和独特的表现形式使他在上 1 万多幅参展作品中脱颖而出获得最高奖。在创作小品展作品时，他选择了汉砖、瓦当拓片题跋组合的形式。这种形式后来成为书法小品创作的九种范本形式之一。今年在创作参加全省“泰山文艺奖”评选的作品时，他吸取了去年冲刺“泰山文艺奖”失败的教训，决定用自己最得心应手的米芾笔法书写米芾的书论《海岳名言》。最后以高分获奖。连省书协主席顾亚龙都赞叹说他“把米芾写活了！”

书贵专，专而精

荀子云：“善学者尽其理。”张其亮认为学书法要与古为徒，要研究取法对象的书理。不能满足于临得像、写得像，而应当力求寻根溯源。专心研究米芾书法的成功和突破路径是他在米芾书法道路上走得比较远的一个重要方法。

为了吃透米芾书法的笔法，破解其“密码”，张其亮很早致力于搜集关于米芾的资料，几年下来，他搜齐了大量的有关米芾的文献和法帖。参加完“泰山文艺奖”作品创作之后，他决定精下心来，对 33 卷本《米芾书法全集》逐卷研究，以期从中寻找米芾书法各个时期的笔法特点和规律性的东西，并结合自己个人临帖中的感悟，撰写了多篇关于米芾的论文，有的已经发表于专业报刊。在研习过程中，他逐渐地进入到米芾的书法“氛围”与“气场”中，米芾书法的神韵逐渐润物细无声地化在了他的笔端。

康有为说:“学书应师师之所师。”就是说学书法要学习老师所学习的办法和所取法对象的成功之路。这一点对张其亮启发很大。“米芾学书,走的是学古人集古字的道路”张其亮说。他在前几年专注于米芾一家力学之的基础上,按照米芾的路子开始汲取王羲之、王献之、颜真卿、褚遂良、苏轼、黄庭坚等名家的营养,丰富自己笔法。他说:“书法创作有三个阶段,近其理,进其理,尽其理。”刚开始可能停留于一般层面地临帖、读帖,慢慢深入之后,开始领悟书理。而最终要运用书理,走进自由王国,进行创作。现在他将取法的目光转向了更宽广的经典法帖吸收借鉴,必将在书法的道路上走得更远。

寄情翰墨书春秋

——记山东鲁商书画院院长朱崇昌

朱崇昌，字兰山，男，1954 年 2 月生，山东临沂人，大学学历。著名书法家、书法教育家，中国书法家协会会员。现为山东鲁商书画院院长、山东商学院教授，中国王羲之研究会副主席、中国国学学会常务理事山东省民族文化学会副会长、山东省直书法美术家协会秘书长、山东省可移动文物普查委员会专家、新华网络美术馆副馆长、山东老年大学教授、中国孔府书画院、内蒙古书画院、甘肃书画院、上海民族书画院名誉院长等。

做园丁，著书立学育人

朱崇昌是个踏实敬业的人，在改革开放初期的 1980 年，他就根据商业部学生要学好“三手”的要求率先在学校的前身山东省商业学校开创书法课，并任主讲教师，开设书法课的前身。朱崇昌曾多次担任商业部、财政部部编书法大纲、教材的主编，出版教材、字帖、论著数十种，填补了当时全国书法教材的空白，他主编的教材、论著深受广大书法教、学人士的推崇，重版多次。

30多年来，朱崇昌一直工作在教学、研究第一线，兢兢业业，不曾有丝毫倦怠。在同事和朋友眼里，他热情能干，乐于助人，是个好同事、好伙伴；在学生眼里，他谈吐有序，温文尔雅，是才德兼备的好教师。作为传统书法文化传承守望者，朱崇昌长期培养学习书法的好苗子。如今他教授过的学生已近10万人，为中国书协输送会员10多名，为省书协输送会员百余名。有的成为省、市级书法家协会的领导或骨干，有的成为书法博士硕士，有的成为专业书法家，还有的成为高校书法教师。在他的努力下，山东鲁商书画院成为社会公认的特色学校，2000年更是被山东省教育厅评为"山东省书法明星学校"。

为书家，坚守传承创新

自少年时代起，朱崇昌就对博大精深的书法文化情有独钟。几十年的积累磨炼使他的书法有一种浑然超脱的境界，所谓书法乃"无声之乐、无体之礼"，性情滋养书法，书法提高品行，朱崇昌的字线条长细短粗，轻重适宜，浓淡相间，体现出疾迟与动静淋漓尽致的结合，又有丰富的内涵，洒脱随性，意蕴充沛，如行云流水。如今他的书法作品在中国美术馆、山东省美术馆以及10多个省市美术馆展出并被毛主席纪念堂、人民大会堂等美术馆、纪念馆收藏，流传20多个国家和地区。2012年8月应邀在第十八届鲁台经贸洽谈会举办展览；2012年11月在临沂市展览馆举办"沂蒙情"5人书画展；2013年"中国第十届艺术节专题展览——朱崇昌师生书法展"在山东省美术馆成功举办，展览由山东省"十艺节"组委会、省文联、省书协、济南市委宣传部主办，并有25名学生参展。朱崇昌的作品展览轰动泉城，《大众日报》《齐鲁晚报》《生活日报》《山东商报》《济南日报》《天津日报》《书法报》《中国书画报》《书法》等报刊杂志以及中央电视台、山东电视台、齐鲁电视台、济南电视台等媒体多次宣传报道。

采访中，笔者了解到，逢年过节，朱崇昌还坚持亲自撰写自家春联，并时常义务为相识作联，常常一写就是一整天。近年来，他还被有关团体邀去为群众义务撰写春联，常常一写就是几个钟头，不知疲倦，沉醉其中。

一路走来，朱崇昌收获了丰硕的成果和满满的荣誉，更多的，则是实现了人生的理想和抱负。为人从容儒雅，不计较一时的得与失，正是这样的修养才造就出如此的绚烂人生。正如清代文学家刘熙载所云："乃知点墨落纸，大非细事，必须胸中廓然无一物，然后烟云秀色，与天地生生之气，自然凑泊，笔下幻出奇诡。若是营营世念，澡雪未尽，即日对后壑，日摹妙迹，到头只与髹采圬墁之工争巧拙于毫厘也。”正是因为有“胸中廓然无一物”的胸怀，才能“幻出奇诡”，写就灵动的作品。书法中常说的“书如其人”，“书品”中尽显“人品”。如若心中总是“营营世念”，则断然不能坚守“澡雪”的情操，也万不能创作出潇洒脱俗的作品。

我们衷心祝愿朱先生在书法研究的道路上能更加精进，为弘扬中国传统书法文化做出更大的贡献。

泰山皮影传承人撑起一台戏

——记泰山皮影艺术研究院副院长范维国

泰山皮影,国家级非物质文化遗产;范维国,泰山皮影第七代传人;范维国这个名字,随着泰山皮景传播海内外。

范维国,泰山皮影艺术研究院副院长,泰安民间曲艺家协会理事。

山东省手工艺美术大师、泰山皮影艺术研究院副院长。

他出生于艺术世家,其父范正安为中国皮影艺术大师、山东省工艺美术大师。自幼受家庭氛围熏陶,酷爱皮影艺术。

从16岁起,范维国开始跟着父亲潜心学习皮影艺术,从制作到表演,从初出茅庐到走进课堂,范维国一直坚持不懈,从没放弃过,甚至可以不吃饭、不睡觉。在此期间,他试着上台表演,为父亲打下手。经过多年的历练,范维国成了父亲的好帮手,同时也得到了皮影大师的真传,作为艺术交流,他经常跟着父亲走南闯北,为更多的人表演泰山皮影,传播泰山文化。

从2009年至今,他共表演了皮影2000余场,先后到美国、法国、韩国、中国香港、中国台湾等十几个国家和地区进行表演和文化交流,对外积极展示泰山皮影戏和泰山皮影工艺品的魅力。

范维国勤奋好学,不断加强艺术修养。2009年毕业于华中师范大学艺术教育硕士,专业方向为学科教学美术;同年于中央美术学院进修。经过多年努力,在皮影文化、民间美术、泰山民俗等理论研究方面都有所收获。他设计研发的泰山皮影工艺品,先后获中国第七届北交会银奖和山东省第二届文博会金奖。以他本人为原型并亲自参与编剧的30集电视连续剧《阿里山的姑娘泰山的郎》已通过相关部门审批,进入泰安市文化产业项目库。2011年7月在全省学生素质教育成果展示大赛上,其指导演出的皮影剧获得全省一等奖第一名。

作为泰山皮影文化产业的领头人，范维国努力探索开拓泰山文化产业的发展之路。2008 年 6 月，范维国发起成立了泰山皮影艺术研究院，与国内外知名学者一起，全方位地对包括泰山皮影在内的泰山民俗、民间艺术进行研究和开发。积极发挥创新思维创造适应皮影观众生活的新鲜剧目，努力用与时俱进的作品吸引公众关注和支持，承载艺术的传承。

自 2009 年以来，泰山皮影艺术研究院共陆续新创了大小剧目百余部，其中不乏宣传泰山文化的大型剧目，如《泰山神驴传说》《汶河西流》等，以及反映热会热点的小型剧目，如《喜羊羊与灰太狼》《江南 style》《小苹果》等等。新剧目的不断开发使泰山皮影的受关注度和支持度越来越高，泰山皮影文化远播国内外。围绕泰山皮影艺术，广泛开发特色工艺产品和旅游商品，在不同主题、不同工艺程度、不同价位段等维度加工制作相应工艺产品。另外，范维国还积极发展规模经济，倾力开拓东平"光影水浒"剧场、岱庙剧场、太阳部落景区剧场、济南趵突泉剧场等演绎终端，延长发展触角，以点带面，全面增强泰山皮影的传承影响力。泰山皮影艺术研究院经过发展现下设 3 个剧场、6 个工作部门、2 个产业基地；共培养演员 40 余人，成型演出团队 5 支，每年要支持和完成近 400 场固定演出及近 300 场预约演出，每年累计接待国内外观影游客达两万余人次。2012 年 6 月，泰山皮影艺术研究院获得"山东省非物质文化遗产生产性保护示范基地"称号。

为普及泰山皮影艺术，更好地保护和传承这一非物质文化遗产，范维国将泰山皮影制作与演出文化带入课堂，在泰安市多所小学和高校进行皮影课讲授，全市约有 3 万名学生都学习了泰山皮影艺术。2010 年，范维国受泰山学院邀请在其院开设公选课《泰山皮影与民俗》；2011 年 7 月，范维国受山东财政学院东方学院的邀请，在其校内建立了以泰山皮影为主的"大学生创业培训基地"，并组建了"山东财政学院非物质文化研究中心"；8 月，受泰安高等职业技术学院艺术设计系邀请，建立了泰安高等职业技术学院民俗艺术实习基地，2012 年 4 月，受山东省工艺美院邀请，每周讲授公选课。自 2007 年以来，跟随父亲参加省委宣传部和省社会科学院组织的《齐鲁文化报告团》，先后进入清华大学、北京大学等全国 50 多所高校进行报告演出，把泰山文化传播的越来越远，受到了大学生的热爱。2007 年，泰山皮影艺术作为泰安市校本课程进入课堂，引起社会广泛关注，范维国亲自编写课本和制作教具，认真教好每一节课，现全市已经有 13000 多名小学生学习过泰山皮影艺术，受到了社会各界的一致好评。坚持向泰安市乃至周边地区小学学生免费开放表演，还结合和配合每年寒暑期冬夏令营活动和许多公益活动，免费接待小学生观影，并开放后台让孩子们进行全方位、不限时的皮影体验，中间穿插皮影操作知识的讲解，在实际操作中培养孩子们对皮影的认识和热忱。

针对学生群体，专门设立了“亲子活动”、“皮影深度体验”项目，将观看皮影、学习操作皮影和制作皮影串联起来，通过市场宣传运作向亲子网站、旅行社、亲子自组织、学校等亲子群体密集的渠道推广“皮影体验”产品，让大家在观看皮影之余，还能亲自动手去操作和制作皮影，既有利于锻炼亲子间的默契度，锻炼孩子的动手和创造能力，又有利于受众对泰山皮影文化乃至中国传统文化知识进行全面认识和深切体验。数据显示，泰山皮影艺术研究院每年累计免费接待小学生 8000 余人，累计为孩子们免费演出约 150 场，泰山皮影的受众范围逐年扩大。由于常年致力于中国非物质文化遗产的公益传播，他被赞誉为“中国非遗公益推广第一人”。

范维国还是泰安市青年人的“青年领袖”，他自 2006 年开始组建“泰安市汽车自驾旅游协会”以来，会员数量超过 12 万人，逐渐成为泰安市最大的社会组织。2013 年，他兼任泰安市青年社会组织服务中心主任，孵化各类公益、户外、互娱类等社会组织十多家，并引导他们积极开展各类公益文明活动，广受好评。

为生活而艺术，为艺术而生活

——记章丘市闵伟陶艺工作室闵伟

在人类文明的前期，彩陶文明连续了若干年以后，黑陶悄然问世，它以温润文雅的悠黑婉转替代了彩陶的色彩张扬，它是先民知道改造天然的又一次跨越，使文明再次提高。据史料标明，在距今四五千年之前，黑陶是其时先民们生活中遍及使用的生活用品。其时祖先把握了领先的封窑技能，让充满在窑中的浓烟经过科学的熏烟渗碳原理，将烟中的碳粒进入坯体而呈黑色。黑陶文明的连续时刻约有500年，而后便中断了其发展史，再未见遗存的痕迹。直至1928年的春天，考古学家吴金鼎在山东章丘龙山镇发现了誉满天下的城子崖遗址。从此以后，考古学家们先后对城子崖遗址进行屡次开掘，取得了一批以精巧的磨光黑陶为显著特征的文明遗存。依据这些发现，考古学家于是把这种以黑陶为主要特征的文明遗存命名为“龙山文明”。而这个文明以很多薄、硬、光、黑的陶器，尤其是蛋壳黑陶最具特征，所以也叫它“黑陶文明”。1989年，经几代专家的不懈努力，总算将黑陶的制造技能彻底破译，使得这一失传几千年的领先陶艺技能重现光荣，并且在传统黑陶艺术的基础上，不断有所立异，从而使黑陶这一远古的艺术取得重生。而黑陶的再次艺术化，和一位山东工艺美术大师分不开，他就是章丘市闵伟陶艺工作室闵伟。

闵伟，九三学社社员，荣获“泉城十大杰出青年”称号，山东省工艺美术大师，山东省陶瓷艺术大师，山东省传统制作技艺大师，济南市美术家协会会员，济南中国龙山文化研究院院长，中国民间艺术家协会黑陶艺术家委员会副会长。

作为龙山黑陶艺术的杰出代表人物之一闵伟，一直有一个梦想，就是把黑陶艺术之美展现在大众面前，通过黑陶艺术向世人讲述龙山文明，并与世界分享龙山文明的智慧与艺术气息。“从前为生活而艺术，现在为艺术而生活”就是带着这样的想法闵伟开始了自己的艺术创作之路。艺无止境，多年来，一直是闵伟在黑陶艺术的领域中不断地进取，取得了骄人的业绩：

1992 年，《佛头》荣获“全国工艺品博览会金奖”。

1999 年，闵伟为建国 50 周年设计的黑陶作品《拓荒牛》长 60 厘米，高 40 厘米，宽 20 厘米，厚为 0.1 厘米，由于制作精巧，在全国获得铜奖。

2003 年，在趵突泉万竹园举办“闵伟黑陶艺术家陶艺展”。2004 年，他被授予“全国乡村优秀工艺能手”称号。

2006 年，成功烧制出 2006 厘米的黑陶巨鼎。

2007 年，为迎接奥运会在中国举办，他为国际奥委会主席罗格制作黑陶头像。

2008 年，设计的“平安奥运瓶”被济南长张建国市长作为济南奥运火炬传递礼品送给国际奥组委。

2009 年，设计的“全运瓶”、“全运罐”，评委“第十届全运会最佳设计奖”，同年设计的黑陶作品“四荷三柳”被十一届全运会评为最佳设计奖。

2010 年，他受上海世博会山东馆筹委会委托，为山东馆展厅“智慧长廊”设计制作的代表中华 5000 年文明最古老文字“日云山”的仿古陶尊及 4500 年前的黑陶代表作蛋壳陶杯，引起了来自世界各地及全国各地的朋友们的惊羡。

“龙山黑陶的发展，应该向艺术方面发展，在黑陶作品中渗透进文化的元素，缺乏文化的元素，作品就没有生命力。”闵伟对于黑陶的发展有着自己的独到见解。“艺术必须要创新，才会具有永恒的艺术魅力。”闵伟用自己的实践，践行着这一艺术的规律。在尝试黑陶和艺术相结合的同时，他又尝试着黑陶和雕塑的结合，陶釉的结合，不断地给黑陶艺术注入新鲜的元素，注入新的生机。曾几何时，单一的黑色既是黑陶的特点之一，但也是它的一个弱点。因为很多人因习惯不喜欢黑色，这就使黑陶的受众的范围收到了某种限制。闵伟就尝试着让黑陶和彩釉相结合，创作出了《百花罐》，底色在灰陶和黑陶之间，朴实无华，再加上翡翠般的蓝色和绿色，高雅华贵。这在全国黑陶艺术界是首创，一诞生就获得了山东省工艺精品奖银奖。如今，闵伟一直在思考如何实现新的突破，如何让自己的黑陶梦做得更有技艺、更有新意、更有文化内涵。功夫不负有心人，闵伟仿制的黑陶蛋壳杯在上海世博一亮相便引起轰动；作品《山东大妮》在山东第三届工艺品博览会上获得创新一等奖；作品巨幅雕塑《母亲》获得山东大众艺术界首届陶艺展银奖。组雕

《山东大妮》，采用了夸张变形的手法把山东女人美丽大方、朴实直爽的形象刻画得惟妙惟肖，其表现手法自然轻松，在黑陶固有的礼器形象中挖掘了生活的元素，拓宽了黑陶质感的表现力。

艺术来源于生活，但必须高于生活。闵伟在创作《母亲》时，从构思到制作完成，用了一年半的时间。为了寻找艺术的灵感，他曾经走村串乡，深入南部山区观察写生，从农村到城市，走访了300多位“母亲”的原型，直到随团市委到西藏参观学习时，他才真正找到了艺术创作的灵感。从构思到草图，从创作到烧制，他都充满着对于母亲的热爱。在内涵上，他通过城市、小镇、乡村三种不同生活条件下的母亲形象，表现了天下母亲的慈祥、淳朴和善良，以及为养育后代而经历的沧桑和艰难。在刀法工艺上，采用了点、线、面等手法，从头发到皱纹，都真实地创造出了不同乏响的艺术效果。在色彩上，他大胆创新，反复运用还原焰和氧化焰进行烧制实验，使雕塑作品具有了三种色彩。

2011年11月，为了推介龙山黑陶，市委、市政府在北京举办了“山东章丘龙山黑陶展”，引起了轰动，闵伟的黑陶作品《母亲》和《山东大妮》受到了专家和观众的广泛好评。

“祖先给我们留下的东西是一种宝贵的财富，我们要继承并弘扬他们的文明，我一直希望能把龙山黑陶艺术做强做大!”作为中国龙山文化研究院院长、中国民间艺术家协会黑陶艺术家委员会副会长，尤其作为一名龙山人、一名“黑陶人”，闵伟一直用自己的才华和实际行动，以不懈的努力和勇于创新的精神，追求着自己的龙山梦、黑陶梦。

文武双全真英雄　提笔上马育人才

——记郓城宋江武校校长樊庆斌

800年前，一位农民义军领袖率一帮好汉在齐鲁大地上除暴安良、杀富济贫，举起了反抗封建王朝的大旗。一部轰轰烈烈的《水浒传》更使这个动人的故事家喻户晓、妇孺皆知。800年后的今天，两位农民创办的武校又像当年梁山寨上飘扬的杏黄旗一样再度闻名天下，这就是郓城宋江武术学校！它的创始人之一就是樊庆斌。

发扬中华国粹，培育文武全才

樊庆斌系嵩山少林寺三十一代皈依弟子，国家武术七段，国家级武术散打裁判员。但他并不满足于自己一个练好功夫，在他心里一直有一个更为宏大的抱负——让更多的人领略武术的美丽，将国粹武术发扬光大。

于是，他和刘国庆决定联合创办了宋江武校。当时的樊庆斌正在县城做生意，刘国庆是镇建筑公司的“一把刀”。二人办学的消息一传开，街面上便有了闲言碎语：“放着挣大钱的差事不干，偏要去舞刀弄棒，这不是过日子的人家”、“没喝过两缸墨水的人也办学校，真不知天高地厚”。但他们不畏流言，不避碎语，坚持自己的梦想。但比流言碎语更为厉害的是，启动资金的短缺。他们那点家当用在办学上还不是杯水车薪？十几万元的建校费用当时对两个农民来说如同天文数字。最终，凭着发展武术事业的坚定信念和百折不挠的拼搏精神，1985年2月，樊庆斌他们硬是在一片废墟上建起一座乳白色的武术教学楼。

学校建起来了，但办学的路子如何走？是沿用传统的方法还是改革创新？这是摆在创业者面前的大问题。经过几番考察，樊庆斌认为：习武者多是青少年，正是学习文化的好时候。在建设现代化强国的今天，如果没文化，再好的武功也将一事无成。办武校不学文就等于葬送了学生的前程，也等于断了自己学校的生源。于是，他们决定走文武结合的路子，制定了“以德建武，以文保武，以武养文，文武并进”的办学方针。为了弥补练武耽误的时间，他们采用改善学习环境，适当缩短假期和冬春季节晚上增加文化课时间的办法，以保证文化课的学习质量。

经过顽强拼搏，武校不断发展壮大。目前占地面积 600 亩，建筑面积 9 万平方米，固定资产 3.5 亿元。有来自全国 20 多个省市自治区和美、日、英、澳、韩等国学生 4000 余人，教职工 400 余人。设有从小学到高中 60 个文科班和散打、套路、拳击、摔跤、跆拳道、柔道、影视、武术舞蹈、举重、足球等 70 个武科班。宋江武校建校以来，为社会培养了 45000 多名文武兼备人才。其中向国家队、省专业队、北京体育大学等输送 5000 多名，为全国各武术馆校输送教练员千余名，为各大企业输送保安人员 4500 余名。

弘扬水浒文化，打造旅游名城

郓城是我国古典名著《水浒传》所写故事的主要发生地，水浒好汉的主要头领晁盖、宋江、吴用等都是郓城人。素有“水浒一百单八将，七十二名在郓城”之说。智取生辰纲、玄女庙得天书、枷打白秀英等精彩的水浒故事都发生在郓城。

为弘扬水浒文化，发展郓城旅游，带动地方经济，樊庆斌在办好宋江武校的同时，执着于发展文化旅游事业。他和刘国庆一起创办了水浒好汉城和宋江湖风景区。其中水浒好汉城规划占地 400 亩，东起郓城西门街，西至西门西街，南到南环路，北邻宋江武校，预计总投资 10.2 亿元。好汉城整个工程分为三期：第一期工程始于 2004 年，投资 1.2 亿元，建设用地 50 亩，相继建成了九天玄女庙、乌龙院、宋江武馆、戏楼、朱贵酒店、及时雨茶楼、燕青擂台、青面兽镖局、古筝坊、水浒文化博物馆和狗娃大剧场等一批景点。一期工程于 2007 年初完成，同年“五一”开始接待游客。2008 年 5 月被国家旅游局定为 AAA 级旅游景区。第二期工程 2009 初年开始，2014 年 4 月结束。总投资 1.2 亿元，建设用地 90 亩。恢复了郓城古县衙、寅宾馆等景点，新建了忠义庙、贡院、晁氏庄园、景区东大门等景点，整修了停车场。2014 年 4 月水浒好汉城被国家旅游局评定为 AAAA 级旅游景区。第三期工程 2015 年底开始，计划投资 7.8 亿元，建设用地 260 亩，将完成古城墙、瓮城、武英殿、驿站、演武场、宋江祠、宋家花园、宋林、水浒文化广场、水浒故事浮雕以及郓城老字号街、名吃一条街等项目。水浒好汉城三期工程完成后，将申报国家 AAAAA 级旅游景区。届时这里将成为集水浒文化的风情展示、宋江武校的武术交流和狗娃艺术团精彩表演以及商贸流通于一体的综合性人文景观，形成全国一流的元明清民居博物院、江北最具特色的影视拍摄基地、山东水浒文化旅游线上的旅游胜地。

由于成绩显著，樊庆斌多次获得省级和国家级荣誉称号。其中1988年10月被评为全国农村体育工作积极分子，1989年5月获省“新长征突击手”称号，1995年12月获省“十大杰出青年”称号，1996年2月被评为全国优秀体育企业家，1998年11月获“齐鲁十大教育新闻人物”称号，2002年4月被评为全国体育先进工作者，2003年12月被授予“山东省建设者奖章”，2003年12月获省优秀中国特色社会主义事业建设者奖章，2005年5月获首届中华武术国际论坛成就奖，2005年12月被评为省优秀中国特色社会主义事业建设者，2006年11月获齐鲁光彩事业奖章，2008年12月被评为“改革开放30年山东省民营经济最具影响力人物”，2011年4月获全国“五一”劳动奖章，2011年10月被评为山东省“十佳当代儒商”，2013年1月获“中华武术30年最具武术影响力人物”称号。

用阳光润泽学生心灵

——记烟台三中校长郭宏成

曾于1992年、1993年分别被评为"烟台市优秀教师和烟台市教学能手",2000年评为"山东省优秀教师"和"烟台市十大杰出教师",2001年获得"区十大杰出青年"荣誉称号,2001年参加了教育部组织的"跨世纪园丁工程"国家级骨干教师的培训研修,2003年评为烟台市科技拔尖人才,2008年获得"芝罘区素质教育与课程改革优秀校长"称号,2009年获"烟台市五一劳动奖章"、"烟台市普通高中教学工作突出贡献奖",2009年被山东省教育厅确定为全省中小学100名齐鲁名校长培养人选之一。

听课,开教学会,承担国家教研课题,抑或是亲自给老师和学生们做讲座……在郭宏成的时间表里,似乎没有"休息"两个字。但是听到要一起聊聊学生,谈谈教育,他还是欣然接受了记者的采访。

就如同谈话的主题一样,在一个阳光满溢的下午,记者跟随郭宏成校长一起打开一扇阳光明媚的教育大门。

用阳光浇铸心灵——让每个学生感受成功

"教育不能短视。"谈话之初,郭宏成便抛出了自己的教育理念。

在烟台三中,每一位老师都能熟稔地说出指导日常教学的"三观":坚信每个学生都是在发展的——发展观;每个学生都是独特的社会一员——差异观;所有学生都是灵性的生命个体——全体观。在这三观的统一指导下实施教育,悉心爱护每一个学生。

"植物的生长需要光合作用,人同样需要沐浴阳光而茁壮成长。"郭宏成的教育词典里充满诗意,彰显着对每个学生内心成长的关爱。而此后他推出的一系列开展成功教育、举办“阳光”班的举措，更从深层次点燃了每一位学生头脑中智慧的火花和勇敢的种子。也正因如此，烟台三中每年既有考入清华、北大、科大、香港大学的学生，同时也有许多音体美特长和奥赛及小语种保送等多种类型的学生考入自己理想的大学。

阳光班，是三中成功教育的一个“缩影”。除了配备精良的师资，阳光班还改变传统课程设置和教育方法，让孩子们在每一天的生活中感受进步与成功。经过一年半的不懈努力，阳光班在近两年高考中迎来了成功，仅2010年高考，在三年前中考1000名以外的学生，就有130多人进入了二批以上的本科学校。其中放在过去毕业都成问题的学生，用优异的成绩给老师和家长带来了惊喜。目前，学校11个阳光班正有条不紊地推行“导学解疑”教学模式实施方案，将阳光教育推向纵深。郭宏成认为，这些学生收获的远不是现在取得的那些看见的成绩，更多的是在未来工作和生活当中乐观向上、积极进取、勇于担当、自信坚守的人生态度。

让教师成为阳光——给每个学生带来明媚

让每个孩子感受成功的教育理念背后，是郭宏成对学生成长的深彻关注。“我们的教育不能放弃一个学生，要让每一名教师成为一轮太阳，给学生撒播阳光的内心与人生。”郭宏成说。

谈话中，郭宏成为记者打了这样一个比方，阐释新时期对师德赋予的新含义：可以设想，学生就像一棵树，它们的生命是主干，而分数、升学不过是主干上的枝叶，关注了主干，枝叶自然会茂盛。“教育就应改变急功近利的色彩。学生能够铭记一生的好老师，一定是位道德高尚、知识渊博、公正公平的人。我希望三中的每位老师，都能成为学生们心目中这样的人。”

德育工作，由此成为三中全校教职工共有的大事。为消解教师职业倦怠，关注其专业成长，烟台三中在积极进行职业规划，体验职业幸福上作了许多有益探索。到2015年学校已经连续举办了六届优秀教师师德报告会，每两年还进行一次学科带头人和首席班主任评选。为给青年教师一个平台，学校成立了32岁以下的教师组织———青年教师联合会，并让他们中的优秀者竞聘主席和秘书长等，形成他们自己组织的章程和活动计划，在青年教师联合会这个组织的人可以评上“青年教师之星”“优秀青年教师”等荣誉称号，使青年教师感觉到他们对学校的重要性。近两年，烟台三中已有7人代表烟台市参加省优质课评选，5人获省一等奖，2人获二等奖。还有7名教师获市十百千万工程优质课奖，20多人获区优质课奖。

“让我们的教育成为学生检验和发现自我的试金石，这是人类赋予老师的神圣使命。我希望我们的学生将来无论走进哪个大学，都能够自我定位、自我沟通、自我完善，努力成才。”郭宏成说。

向课堂要未来——开启阳光高中生活

对于郭宏成来说，教研改革的步伐始终未曾停止。在他看来，“发展即成功”的成功教育理念，自然不能脱离通过有效的教学手段促进学生全面发展。为此，烟台三中进行的新模式课堂改革，引起省内外的关注。

“课程改革实际上是教育本质的回归，素质教育的推进就是要关注每一个学生的发展。课堂教学，便是这其中的一个重要环节。”郭宏成告诉记者，三中除了不断渗透现代教育思想外，还通过制度措施的完善改进，构建“和谐高效思维对话”的课堂模式。

“过去，我们很多老师只是重视自己的讲课，而忽视学生的学习方法教育和知识构建。”郭宏成说，其实各个学科特点不同，选择科学合理的学习方法，是高效学习的重要途径。为此，三中在教师考核评价办法中，要求教师在课堂教学中结合课堂教学内容随时进行学习方法指导，并随机抽查教师的学法指导教案。

个性化教育，一直是烟台三中教学的一面旗帜。在 2009 年山东省物理奥赛中，高翔同学获得了我市物理学科的第一名，学校每年都有获得全国一等奖而被保送的同学。此外，学校还设立多个社团为校本课程的实施载体。例如，由外聘的兼职教师和自己学校的教师成立创造学教研组，在学生社团组织中成立了“奇思妙想俱乐部”。学生获得国家专利超过百项，被国家知识产权局受理的也有 300 多项。2010 年全国尚德电力杯太阳能制作大赛中，三中获得个人、团体四块金牌，并取得“中国青少年太阳能研究基地”和“宋庆龄少年儿童科技发明示范基地”称号。目前学校成立学生社团已达 15 个，文学社、校报、广播站、动漫社、口才社、合唱团、管乐队等活动有声有色……

我骄傲，我是花园人

——山东省莱芜市花园学校骨干教师何娟

花园学校是造就人才的摇篮，她不仅培养出一批又一批的莘莘学子，而且还塑造出了很多优秀的教师。记得校长说过：只要在花园学校好好干上几年，出去都能当个好校长。最初我不理解这句话，后来我才慢慢地体会到这句话的真谛，无需考勤，个个早到晚退；无需监督，个个埋头苦钻；无需造假，个个真抓实干……。校长的先进理念让我们走在了教育的前沿：打造有音乐的诗意校园、师生共学国学、每天读书半小时、绿色课堂……，我们在践行中成长、在成长中收获，我在这其中收获了很多，学科大比拼中我崭露头角，绿色课堂上我扬鞭起航，学国学时我咬文嚼字，家校之间我戏曲联唱，忙碌之余捧书窃读……你说，我能不进步吗？

在工作之余，我撰写的论文《不可忽视非智力因素在教学中的作用》和《想要学生变，老师得先变》发表在国家级刊物上，《兴趣教学在思想品德教学中的应用》发表在中国教育导刊，《多媒体在数学课堂中的应用》发表在省级刊物上，我编写的化学教案获区级优秀教案奖，“说普通话，写规范字知识竞赛”获区一等奖；《网络课程制作》评比获一等奖；远程研修中获优秀学员；此外，自工作以来，还年年都被评为优秀教师。

十几年来，凭借刚到校时那句“干，就要干好”的工作作风，演绎着“执著追求”的深刻含义。在教学工作中，潜心钻研，积极探索，不断提高自己的业务能力和教学水平，时常虚心向老教师请教理论知识，刻苦钻研业务书籍，坚持每天看一至两篇教育教研方面的资料，每天写心得体会和日记，在多年的学习和实践中，形成了自己独特的教学风格。记得刚参加工作时，学校缺教师，我一人教两门课（政治和历史），晚上备课用别人两倍甚至三倍的时间，我总是把知识先死记硬背下来再去查阅资料，直到自己能顺利地讲一遍了再去宿舍睡觉——别人早已进入梦乡了。后来由于工作需要又改教了化学、数学，别人早已一支粉笔进课堂时，我还和刚毕业的学生一样到处查资料、做题，艺不压身，也许是那时逼出来的，如今，我的教学艺术和教学风格得到了全校老师甚至有关专家的赞可。

曾经有人问我：选择教师这个行业，你后悔过吗？我诚实地告诉他：我后悔过，在寒窗苦读的时候，我的理想原本不是老师，初为人师时，我就体会到了教师的辛劳与琐碎、压力与清贫，我的心里真是空落落的，以为自己壮志难酬，一生难以轰轰烈烈。

当老师至少有四大好处：一是教学相长，一辈子促你学在前面；二是为人师表，一生促你严于律己；三是世人敬仰，不论是哪个民族，哪个时代，尊师是共同的传统；四是奉献的化身，幸福永远。"塑造灵魂的工程师"这一神圣的使命是金钱所无法衡量的。孔子说过"其身正，不令而行；其身不正，虽令不从。"许多做人做事的道理，我常在说服学生的同时，何尝不是在说服我自己。我庆幸命运赐给了我这个职业。

作为教师，我爱我的学生。我深深地懂得，教师对学生的爱，不能局限于个别的对象，而是面向全体学生。教师所肩负的是对一代人的教育使命，并非对个别人的教育任务。可以这样说，黄沙如海，找不到两颗完全相同的沙粒；绿叶如云，寻不见两片完全一样的叶片；人海茫茫，没有两个完全相同的学生。这就要教师要全面地理解关心爱护每一位学生，而且要因人而异，因材施教，切不可有急躁的情绪，对学生，我有问必答，有求必应，尽心尽力。当然，教师对学生的爱，不是无原则的，而是始终与对学生的严格要求相结合的。要爱中有严，严中有爱，爱而不宠，严而有格，严慈相济，平等对待每一个学生，尊重学生的人格。教师的爱是集大成者，师生间不存在血缘关系，但不就是靠师生代代相承才创造出美好世界吗？

作为教师，我严于律己，为人师表。作为教师我们要在日常教学中发挥模范、表率作用，注意自己的行为举止，言谈风貌，教师的一言一行都对学生起着潜移默化的作用。教师的素质直接影响着学生的学风和学校的校风，教师的形象直接关系着学生素质的培养。"学高为师，身正为范"，用自身的榜样作用和人格魅力，让学生佩服，从而仿效。"桃李不言，下自成蹊。"相信合格的教师才能塑造出合格的学生。有的人面对瞬息万变的社会喟然长叹：现在要让课堂对孩子有吸引力太难了。确实，动画片、卡通书、歌星、球星、电脑热、游戏机……此起彼伏，让我们的学生乐不思蜀，让我们的学生身在课堂心在游戏厅……难道我们就束手无策了吗？其实，我们老师是有优势的，这是任何媒体都无法抗衡的，那就是教师的魅力——教师的人格魅力、学识魅力、教育艺术魅力……教师的知识应是博大精深的，人格应是正直高尚的。因为我们面对的是学生纯真的眼睛，而每双眼睛都像是一部摄像机，随时都会把教师的身影摄入心底，并会在一生中反复地放映。教育，就是要在学生的心灵里播下“真、善、美”的种子，辅以浇水、施肥、剪枝，直至他们结出丰硕的成果。你说，作为教师能不把自己的言行纳入“师范”吗？

作为教师，我把工作的责任感放在第一位。我时时告诫自己：“当老师，绝不能误人子弟”，“当老师就要让家长放心，学生开心”。几年的教师工作，使我深知“要交给学生一杯水，自己须有一桶水，而且是一桶源源不断的活水”这句话的真理。因而，我十分注意对自己的教学理论专业知识的进修提高，我除了阅读一大批国内外的教育学心理学著作外，还自己订阅大量的专业方面的报刊杂志，学习好的经验和先进的教学方法，并参加各种学习培训，及时更新和丰富自己的知识。在备课时，在汲取别人长处的同时，狠下苦功，力求创新。在教学中，把趣味性、知识性融为一体，使每个学生都能进入角色，轻松地学好每一节。特别是向课堂要效率，面向全体学生，切实减轻学生负担。有人说，教师是太阳底下最神圣的职业；有人说，教师是人类灵魂的工程师；我说，教师是最需要良心的工作。

我是一名普普通通的花园学校的老师，平凡而朴实，但我会牢记我的职责，因为我工作的对象是人民的宝贝、祖国的花朵、未来的接班人，我愿在校长的带领下，花园学校理念的引领下百尺竿头继续为花园做出应有的贡献。我作为一名党员，我更应担负起我的责任，在工作中起模范带头作用，在习近平总书记引领的新环境中践行。

教育就是要造就终身发展之生命主体

——访青岛二中校长孙先亮

“山不在高，有仙则名。水不在深，有龙则灵。”青岛二中，是大家公认的岛城名校，它背依崂山，南临黄海，风景优美，曾获全国教育系统先进集体、全国德育先进校、全国绿色学校、国家级体育传统项目学校、北京2008奥林匹克教育示范学校、山东省规范化学校等称号。记者日前走进这座青岛名校，感受它的浓郁文化，体验它的卓越创新。在青岛二中，记者专访了它的掌舵人、名校长工作室主持人孙先亮校长，听听他聊聊他和他的学校。

激发兴趣：造就终身发展之生命主体

在会议室里，孙先亮校长百忙之中接受了记者采访。他平易近人，充满智慧，话语中又有一股不断创新的闯劲。他介绍说，二中建于1925年，今年是建校90周年，本身传承的基础很好，有很好的传统，1953年二中考过全华东地区第一的成绩，可以说教育质量一直就很高。而在1999年东迁之后，已经进入一个新的时代了。

孙先亮告诉记者，作为二中这样的学校，既然学校学生的基础那么好，既然学校有一种很好的文化传统，既然老师水平专业素养很高，咱们应当做一种不同的教育，一种突破传统的东西。他自己也一直在思考怎么样更好地去在一个差异化竞争的机制上更好地发展这个学校，而不是继续死抓升学率，“如果我们抓升学率，也不是不可以，按照我的想法，不符合整体教育规律和内在本质的要求。所以我那时候就在不断地思考，确立一个什么样的育人目标很重要，因为有了目标，我们方向该怎么做，过程应该怎么去设计，我们从哪里出发也就必然很清楚。”

于是，孙先亮就提出了“造就终身发展之生命主体”这样一个育人目标。

据悉，他当时看《人民教育》中一篇文章，谈到教育要关注生命的价值，他也有所感悟。每个孩子作为人存在的自身价值是有其自身价值的，只是存在如何实现，将来如何可持续发展，如何激发学习兴趣。他这里叫“终身发展”，“我们往往只知道怎么样去教学生死记硬背知识，而往往忽视了怎样给学生这样一种鲜活的能力和素质。”

激活思维：深化素质教育之自主开放

前苏联教育家苏霍姆林斯基说：让学生体验一种自己亲自参与掌握知识的情感，乃是唤起少年特有的知识兴趣的重要条件。

孙先亮告诉记者，提出育人目标后，他接着提出了学校办学目标，就是“深化素质教育，优化教育资源，凸显办学特色，创建国际名校。”他说，二中之前有素质教育，深化就是要求学校的教育更符合学生生命成长的内在规律，遵循教育规律和遵循学生发展规律必须有机结合起来。然后就是优化教育资源，就是我们学校的教师是一种资源，学校的文化是一种资源，课程也是一种资源，如何能把这些资源积筑起来。“当时，我在考虑，二中这么多年的办学特色到底是什么，后来我思考就是‘自主・开放’，二中的学生真的很有自主性，他们什么事情都自己决策，自己选择，自己策划，自己实施，进而自己能够不断提升自己的这样一种素质。再就是开放，什么样的开放呢，就是我们的课堂是开放的，这种开放可以说老师不要搞‘知识霸权’，而是让学生参与到教育中来。我们对学生的教育也是开放的，教育的实践活动也是开放的，包括德育方面，全都是开放的，学生要成为这个活动的主体，那么作为学校整个的管理，也是开放的，我们学生要充分地参与到这个管理中来。所以说在各个层面来开放实际上就是让学生真正成为学习的主体，发展的主体。”

激励创新：追求卓越领先之办学精神

孙先亮说，“领先一步，追求卓越”是二中的办学精神，师生们一起在努力。而好老师的标准是什么？你如何激励学生，你如何去服务于学生这种潜质的发展，这才是最好的老师。刚迁过来的时候，二中老师可以说断档非常厉害，青黄不接，而那时候二中又扩招，真的是师资队伍严重短缺，尤其是优秀老师的退休，这是当时面对的最大挑战，“那时候我的压力特别大。后来我没办法，跟市里请示招聘。我们2001年第一年全国招聘，报的大概有二三百个老师吧，我们只录取了7个老师。这7个老师虽然很难说完全从根本上改变什么，但是外来文化的融入，可以说建立在多元文化的基础上，这些老师后来发展得都很好，他们都成为骨干或者特级教师。”

当然，培养人才重要的还是立足自主培养，激励内部创新。孙先亮说，二中的老师，基本上从自发的过程到自觉的过程，然后再到自主的过程。那种环境下，老师会主动做些什么，发展自己。学校提供了很多这样的平台。

到了自觉的阶段，就是老师自己觉得二中这样一种理念下，他必须不断地去提升自己，所以变成了一种内在的自我提升。第三个阶段就是自主的阶段，就是老师自己应该怎样去发展自己，定位自己，就是说他们都能够自己去设计，想怎样去发展自己、充实自己、提高自己，去继续前行、继续努力，奋力工作，所以老师的发展给学校这些年的发展提供了重要的基础。

激扬生命：铸就以人为本之系统教育

用理念激活知识，用知识激扬心灵。孙先亮告诉记者，对于一般学校来讲，学生做事是被动的。而二中给学生提供了一种自主的发展机会。让他们能够自主地参与到学校的活动当中，而且能成为主角，成为策划者、管理者、实施者。“二中几乎所有与学生有关的活动都是学生自己来组织的，也经历过一些舆论的指责、质疑，但是坚持下来了，因为我们想学生就是一个生命主体，他的未来靠自己去掌握，如果不给他机会去锻炼的话，孩子未来也是很难有所成就。孩子得知道自己是什么，知道自己能做什么，而且自己将来必须去做，这才有实现的可能。”

二中的校园到底是什么样的呢？孙先亮介绍说，学校现在有50多个学生社团，大部分社团都是学生自己建设的，二中现在的校园环境是生活化的环境，而不是一种拼分数、拼成绩、死记硬背的，在生活化校园里你可以交往、读书、锻炼、成长。还要打造个性化校园，学生的个性化发展是素质化教育最主要的一个方向，所以二中不管是社团还是设立的很多机制，都是学生个性化发展的机制，个性化发展的最后，看到的是二中学生的自信。这样真正把学生当成主体，每个人都能成为最好。再就是打造智慧化的校园，就是二中很多活动让学生自己去参与，去做，通过时间来锻炼学生的智慧，并最终实际运用于学生的生活中。

临别时，孙先亮赠给记者一本自己的著作《教育，为了每一个生命的激扬》，书中系统解读了他对教育和教育生命体的尊重和超越、理想与执著、真诚与宽容。

让艺术之花璀璨绽放

——记昌乐育才双语学校校长田思安

齐国故地首阳山下，成长着一所办学理念先进、文化气息浓郁、环境优美舒适的小学——昌乐育才双语学校。它以十天办起一所学校的奇迹而声名鹊起。它的成长如雨后春笋、如芝麻开花，创造着一个又一个奇迹。办学五年，由开始的打渠引水到今天的纷至沓来，由原先的举步维艰到如今的门庭若市，由最初的名不见经传到现在的声名远扬。它成功开创了昌乐县义务教育学段民办学校的先河，以"忠诚于以人为本，致力于社会中人，专注于能本发展"的治学之道，创出了独具魅力的"能本教育"特色品牌。短短六年，先后荣获全国生命教育示范学校、全国动漫教育实验学校、山东省规范化学校、山东省教学示范校、潍坊市文明单位等50余项荣誉称号，全国50余地市慕名来校参观考察……田思安就是这所学校的开拓者、领航人。

凝心聚力绘蓝图，身体力行，吃苦在先

2009年8月，田思安临危受命，踏上了昌乐县义务教育学段民办机制办学探索的道路，作为第一人步入昌乐育才双语学校。

担负着领导的重托，承载着全县人民的期盼，田校长顶着巨大的压力，苦苦思索着学校的发展：一所新建学校，一所高收费的"贵族学校"，只有以先进的理念、明晰的思路、规范的管理、优质的环境，才能赢得家长的"芳心"。举灯夜战、凝心聚思孤枕难眠，伴随着一次次的思索、一次次的查阅，伴随着一次次自我否认与重新布局，凭着对教育的深刻认知和独特见解，一个基于行为哲学、心理学及认知结构迁移理论的新概念在脑海中呈现——能本，走能本教育之道。坚持以人为本，遵循人的基本成长规律；立足人的本位，追求人的自主自觉；定位人的价值实现、释放潜能的能本教育轮廓日

渐清晰，学校“涵养人文　能本达校”的办学思路得以确立，“教师学生双向驱动，课程课堂双线并举”的实施思路如火如荼，教师、学生从此踏上了成长与发展的快车道。

他是一位善于思考的校长，更是一位甘于吃苦的园丁。率先垂范，不谈享受，是他的做事准则。在学校建校之初举步维艰的日子里，他带领老师们植树造园，亲手栽下棵棵幼苗，亲自把一车车废土枯枝运出校园，汗流浃背，无怨无悔。在“能本课堂”打磨的初期，他亲自备课、上课、听课、参与研讨，在充分彰显着自身价值的同时感染与带动着每一位育才人。建校五年，周末与节假日与他无关，休闲娱乐更与他无缘，办公桌前的深度思考、伏案疾书，校园中的穿梭、奔走成为了他生活的全部。

百炼钢成绕指柔，当大家长，做贴心人

生活上他有两个家，一个是自己的小家，一个是育才人的“大家”。在他的眼里，每一位教职员工都是他生活的“家人”，而他就是“家长”。新婚喜宴，有他带领师生们祝贺的身影；家遇不幸，有他登门看望的步履；教职工生日，有他浓浓的祝福与心意；每次体检，仔细翻阅每位教师的体质状况已成为必然……在他刚强伟岸的外表下，藏着一颗体察入微、细腻博爱的心。

工作中他有两个点：一个是自己的成长，一个是育才职工的成长。他以一位教育者的睿智之举和长者的关怀之心，时刻牵挂着每位育才教师的专业发展。先后倡导大家制定“个人岗位专业成长目标规划”，组建专业引领委员会，大力扶持协会／社团，定期发放精神福利——假日书籍，开展“个人专业成长因人而异、个人特长发展因材施教、个人价值实现因势利导”的三因管理机制……为了真正成就教师的二次能本发展，他花巨资购置乐器，从潍坊聘请十余位专业教师赴校辅导。在他的带动下，育才双语学校呈现出了团结和谐、众志成城、能本追求的工作氛围，营造了一个温馨而奋进的大家庭。2012 年 5 月 31 日晚，随着“昌乐育才双语学校教师民族乐团”的首场演出，打响了教师成长、社会赞许的第一炮。

大爱无痕献真情，以校为家，爱生如子

由于学校寄宿制办学，孩子年龄小，离家来到陌生的环境，需要家人般的关怀。田思安校长深知此点，所以时常表现出细腻而感性的一面。宿舍温度是冷是热，他亲自查看；饭菜质量是好是坏，他亲口品尝。周一到周五，他带领班子成员全天候“陪吃陪睡”，哪里有问题，他就出现在哪里。家长们激动地说：“有这样关心孩子的好校长，把孩子送来，我们放心！”

但他的爱更是理性的。为了让孩子们自主自觉、自信自能地发展，他顺应孩子们的天性，倡导把学校管理交给孩子们，让学生成为学校的主人；研发开设了泥塑、剪纸、轮滑、民乐等 50 余项选修课程，让孩子们选择自己喜欢的内容；设置开展读书节、英语节、科技艺术节、体育节、校园电视台、能本大使、班主任助理等孩子们喜闻乐见的活动平台，使孩子们在尽情体验活动乐趣之余，尽情绽放着自己个性的梦想……一批批特长鲜明、个性张扬、潜能突显、自能发展的学生群体应运而生。建校五年来，先后有 7 人次获国家级艺术、科技大赛金、银奖，52 人次获团体国家级大赛奖项，400 余人次获省、市级大赛奖项。

时至今日，放眼育才，整洁漂亮、绿树相映，绽放着勃勃生机；现代化的设施、先进的理念释放着无穷的活力；科学的课程、灵动的课堂洋溢着无限的梦想；高雅的举止、满脸的自信承载着满满的幸福与喜悦。育才，已成为人人向往、社会认可、领导首肯的魅力校园。田思安校长真正用责任诠释着教育的情怀，用智慧成就着教师的价值，用大爱引领着孩子们的成长。

用整个的心去做整个的校长

——记莱芜市莱城区苗山中学校长王光锋

王光锋自参加工作以来，在莱芜市莱城区苗山中学任教多年，在平常教学中对知识的讲解浅显、易懂，对学生平易近人。他不仅对学生如此，而且同事关系也很融洽、乐于助人，为领导排忧解难。因为他的认真、务实，便连年取得镇、县教学一等奖，迅速从一位刚踏上工作岗位的新手成为教学经验丰富、教学效果显著、深受学生尊敬的好老师，连续被评为镇、县先进教育工作者，县青年骨干教师，迅速成为莱芜市教育战线上的表率。

开启“舒心”机制，以机制引领学校发展

王光锋常说，学校是育人场所，只有优化育人环境，才能提升师生幸福指数，才能提高管理的执行力，才能让学校健康发展。

作为教师，在平常的言谈中时常透露出这样一种现象——你们学校的校长对人怎么样哦。在苗山中学工作过的教师都有同感：我们的校长对人随和，不摆架子，有啥说啥，乐于帮教职工解决困难。在他的“以人为本、协调发展”理念管理下，苗山中学的师生间、同事间和谐相处。王光锋用自己的人格魅力感染周围的师生。对于全校师生而言，他既是领导也是朋友。他用自己博大宽广的胸怀，关爱着每一位教师和学生；用党员的火热的情怀凝聚人心。他以平常心对待成绩，淡泊名利，默默奉献，王光锋同志无愧于一个优秀共产党员的称号。苗山中学和谐的教学环境正是在王光锋校长带领下全校教职工相互理解、谦让、帮助而形成的。

在他的指导下，苗山中学极力打造了舒心课堂，让孩子学会自主学习；开发舒心课程，让孩子快乐成长；实施舒心评价，让孩子全面发展；创建舒心校园，让孩子爱上生活。

他们在充分调查和研究后，果断采用“减”字诀和“放”字诀。即在常规资料上“减”。去掉了无效的繁琐劳动，使教师们更有精力投身于教学，老师们的积极性和创造性被极大调动。王庆福老师建立了班主任信箱，每天的书信交流让他走进了学生的心灵。李普建老师指导学生写班级日志，记录下了学生生活的点点滴滴，毕业时每生一本的班级日志成为送给学生的最珍贵的礼物。

同时，在教学业务方面，他们采用“放”字诀。“放”字诀，使老师们在教学上各展所长、各显神通，学校教学出现了“百花齐放，百家争鸣”的局面，一批有特长的教师催生了一批特色课程的诞生。吕梅云老师擅长编织，教英语的她走进了手工课堂；孙庆成老师把瓶卡技术和玻璃马赛克工艺带进了课堂；副校长刘振洋带领部分骨干教师开发了校本课程《苗山古韵》……灵活多样的课程活动也得到了各级领导的充分肯定。

开发“舒心”课程，以服务奠基学生未来

王光锋深知课程对于学生的重要性，于是他提出了“构建舒心课程，学生享受课程，课程成就学生”的课程理念，为学生的全面发展服务。经过几年的探索、实践，苗山中学的“舒心课程”建设最终做到了研究课程特色化，社团课程生本化，德育课程主体化；从去年开始他们又进行了学科拓展型课程和班级课程的研发。

《苗山古韵》是他们立足于苗山当地的教育资源，组织学校骨干力量带领学生实地考察访问，整理资料后形成的一门学校特色课程。除此之外学校还开发了一大批校外课程资源：古长勺之战遗址、白花丹参生态园、响水湾、文宝工艺品厂、苗山敬老院等。通过几年的实践与积累，苗山中学的研究课程已成为具有苗山地域特色的校本课程。

课程建设的基本诉求是实现生本化，以“为学生寻求精神的栖居地”作为社团活动的根本目的。目前学校已开发出了艺体类、人文类、科技类、实践类、环境类、学科整合类六大门类不同层次的社团课程。为将学生思想工作做到润物细无声，且能养成良好的习惯受用终生，德育课程相继开发出了入校课程、主题教育课程、节日课程、生命(安全)课程四大课程模块。

在已有课程建设成果基础上，他们还着重进行了学科拓展型课程和班级课程的研究开发。主要课题有：长勺文化下的学科拓展型课程、班级课程的研究开发。班级课程实施以来也涌现出了一批优秀的班级和班主任，如《齐鲁晚报》以《DV 秀出山村学校教师师生情——80 后教师为学生拍下成长记录》为题对亓恒老师的“唱诗班”进行了报道。每个班主任都是有自己思想的人，同一片土地因不同的种子会绽放不一样的花朵。正是因为有了这样一个优秀的班主任群体才使该校的个性班级课程异彩纷呈。

真情服务，终换不菲佳绩

在以王光锋校长为主的校委一班人及全体教师的共同努力下，苗山中学近几年来教育教学成绩稳步提高，学校先后获得“全国课改名校”“中语会创新写作优秀实验学校”“全省体卫艺教育宣传工作先进单位”“山东省体育传统项目学校”“莱芜市学习型党支部”“莱芜市新教育示范学校”“莱芜市师德建设先进单位”“莱芜市廉洁文化示范学校”“莱芜市安全工作先进单位”、莱城区教学工作先进学校等荣誉称号。《语言文字报》在 2011 年第 2 期以《书香浸润生命，阅读照亮人生》为题报道了学校书香校园建设。《山东教育》2012 年第六、七两期分别以“大乐旅作声和谐”、“春风着意处，桃李自然新”为题对苗山中学舒心校园创建作了专题报道。《莱芜教育》2012 年第 2 期以《与新教育同行，营造舒心校园》为题对苗山中学在新教育方面的做法作了重点报道。2014 年十二月份学校顺利通过莱芜市规范化学校达标验收。王光锋本人也被评为莱芜市德育工作先进工作者、莱城区优秀教育工作者、莱城区学科带头人、教学能手、创新型教师、山东省远程研修优秀学员等荣誉称号。撰写的论文和经验材料在《华夏教师》《中国教育学刊》《莱芜教育》《莱城教育》《中学生学习方法报》等刊物上发表，主持的省级课题《开设数学阅读课，指导学生创造性学习》结题。

清晨，站在校门口迎接第一个学生到来；晚上，送走最后一个学生离开。“晨星视校园，戴月荷书归。”王光锋校长在用他的生命诠释他的教育理想——让每一个孩子都得到最好的发展，在用他“整个的心去做整个的校长”。

三尺讲台作奉献　两种角色写人生

——记法学教授、资深律师翟存柱

他，带着草原的寥廓和苍茫，怀着追求美好幸福生活的梦想，一路从辽阔的草原名城内蒙古乌兰察布走来；

他，从一名乡中男生到考入名校、获法学学士，再到师从名家、获法学硕士，最终登上中央民族大学法学院的讲坛；

他，醉心法学理论，更追求法治社会，获司法部特批取得律师资格后，创办北京市中凯律师事务所开始执业律师生涯；

他，心系大学校园，难舍师生情缘，在执业律师事业如日中天之时，毅然放弃律所高级合伙人地位及其丰厚的经济收入，重返讲台，再执教鞭，又重新作回他梦牵魂绕的大学教员。

他就是翟存柱，山东农业工程学院的法学教授，北京市中凯律师事务所的创始律师。

他既有草原汉子的威武与雄壮，又有书生学者的儒雅和睿智，更有着岁月刻下的真情和担当……

“三年困难时期”，这个对中国60后及其以前的几代人至今都刻骨铭心的概念意味着一种更加刻骨铭心的经历和感觉，那就是“饥饿”。这个时期是指连接20世纪50年代和60年代的前后三年(1959～1961年)，当时的中国基础薄弱又历经政治风波的冲击，整个经济社会积贫积弱，广大农村又遭受了历史罕见的三年自然灾害，整个中国大地一片饥荒景象。翟存柱正是在这个全民饥饿的1961年腊月出生在内蒙古乌兰察布市一个边远偏僻、贫穷落后的小村庄。

那个年代的边远农村，翟存柱一家六口四个孩子，他还是老大，日子过得有多艰难可想而知。当地的教育条件和农民的教育意识更是十分落后，甚至愚昧。孩子们之所以被大人送到学校上学，全部的目的就是能认识几个字，长大以后不至于成为目不识丁的文盲。所有的村民都认为，对庄稼人来说，再多念书也就没有用了，属于白白浪费银钱和劳力。只有翟存柱的父母，不论日子过得多难，不论家里多需要他这个帮手，咬紧牙关供孩子上学到底的信念从未动摇。翟存柱作为家里的长子，用艰苦奋斗回应了家人的期待，从小学到中学一直品学兼优，只要有空还尽可能帮助家长照顾弟弟妹妹 下地干活为家里挣工分……

1978 年，在家长的鼓励下，刚过 16 岁的翟存柱跟着比自己大很多的往届毕业生参加了第一次全国统一高考。这次懵懵懂懂的高考体验竟然取得接近 200 分的好成绩，已经达到当地一所师范专科院校的录取分数线。这个意想不到的成绩。

让翟存柱看到了未来的曙光，鼓起了改变自己命运的勇气。当时正赶上国家教育制度改革，普通教育由九年一贯制改为十年一贯制，旗里在几所中学补招十年级，1978 年参加高考成绩不错的应届高中毕业生当然可以被录取。翟存柱当时面临直接上师专，立刻脱掉"毡帽"成为城里人，或者继续上十年级补习参加来年高考的选择。出乎所有人的意料，翟存柱毅然放弃了直接上师专，选择了上十年级。这个决定在当时无疑是一种大胆的冒险，对于一个从小生长在落后农村，没有任何见识的懵懂乡下少年来说，更是大胆地让所有人不可思议，但正是这次不可思议的冒险选择彻底改变了翟存柱的命运。翟存柱在这所中学废寝忘食地补习九个月后，参加了 1979 年的高考。最终以优异的成绩考入全国名牌大学——吉林大学法律系。

翟存柱在吉林大学法律系四年学习期间，克服家庭经济困难所带来的烦扰，刻苦努力，成绩优异。除完成正常课业外，课外阅读了大量的中外法学理论经典著作，特别是英语水平从入学时的白丁达到毕业时的研究生入学免试水平。由于外语成绩突出，同时对西方法律理论具有浓厚的兴趣，毕业前报考了西方法理学或西方法哲学方向的研究生，最终在 1983 年大学毕业、获得法学学士学位的同时又被中国政法大学研究生院录取，师承著名法学家张浩、程晓鹤及孙国华教授等攻读法理学硕士研究生。

1986 年开始，研究生毕业并获得法学硕士学位的翟存柱任职于中央民族大学法学院，教授法理学、西方法律思想史等课程。尽管他所从事的专业是法学当中最抽象的法学理论和法律史学，与刑法、民法等部门法学相比，似乎离司法实践更远些，但他始终坚持，法学一定要以社会现实中普遍存在并与人们的社会生活密切相关的法律现象作为研究对象和指引目标才有生命力。他始终认为，应该将法学作为一门应用科学对待，作为法律学人对法律不仅仅要做到“心中醒，口中说，纸上作”，更重要的是要做到“皆从身上习过”，这样才能追求法律的真谛，体现法学的真正价值。正是在这种信念的驱动下，他从1993年开始，在授课之余开始兼职从事律师工作。1995年，经司法部特批取得律师资格，同年正式执业，并与几位同学共同筹建成立了中国第一家以为残疾人提供法律服务为宗旨的律师事务所——北京市中凯律师事务所，翟存柱律师作为该所的创始人，自然成为该所首批高级合伙人并担任该所主任律师多年。

无论是当法学教授，还是作执业律师，他都不忘法律科学研究，多年来坚持在工作之余撰写论文专著、先后公开发表各类法学论文著作数十篇（本），约500万字，其中早年与他人合著的《民族区域自治法学》还荣获国家民委优秀科研成果奖。可以说，教师与律师两个角色在翟存柱一个灵魂中得到了最大程度的诠释与升华，他的一生注定与这两个角色难舍难分。

专心教学　桃李满天

1986年，年仅25岁的翟存柱站在了中央民族大学法学院的讲台前，开始了自己的法学教学生涯。当时，中央民族学院法律系刚刚组建起来才三个月，翟存柱是法律系成立以来引进的第一批高学历专业法学人才，所以参加工作的第一天就担任了法理学与宪法学教研室主任。翟存柱在这个教学岗位上一直干了十多年，期间一直是法律系的教学和科研骨干，教学水平和教学效果受到历届学生以及领导与同仁的一致高度评价。在教学工作之余，努力开展法律科学研究，先后发表诸多专著与论文。并在20世纪90年代就已经获评高级职称，成为当时中国法学界年轻有为的青年法学家之一。

2013年，翟存柱在从事专职律师十余年后，重新回到了大学的校园，来到山东农业工程学院会计系任教，教授他最擅长的、具有很强实务特点的经济法。

翟存柱自1986年参加工作30年来，其中有18年默默耕耘在“三尺讲台”，专心教学，桃李满天。无论是在中央民族大学法学院教授法理学、西方法律思想史、西方法哲学、法学概论，还是在山东农业工程学院会计系教授经济法，他都怀着一颗忠于教育事业、立志献身教育事业的赤之心，潜心教学抓创新，琢璞成玉育新人，用青春和汗水书写着对教育的执着热爱，用奋斗和拼搏诠释对事业的赤胆忠诚。或许由于童年的经历，让翟存柱懂得了教育改变命运的力量，所以在从事专职律师的同时，始终放不下教书育人的理想。也因此，才让他下决心重新回归到了大学校园，继续培养下一代法学人才。

不畏权贵　为民请命

1995年经司法部特批取得律师资格，同年，翟存柱与他人一起创办了北京市中凯律师事务所并兼职执业，2002年以后转为专职律师。翟存柱多年的教学与科研工作，积淀了扎实的法学理论功底和丰富的法律专业知识，而且精通英语，英语可以作为工作语言，业余时间喜欢阅读文史法学类原版英文著作。

如今，中凯律师事务所所经过20年的发展，已经成为北京市一家大中型综合性律师事务所。而翟存柱通过20余年的执业律师生涯的磨砺，也已成长为一名资深律师，除擅长代理疑难复杂的诉讼案件外，还对房地产、知识产权、企业改制与重组、海内外上市、公司并购、企业法律风险管理、公司法以及合同法等方面的法律业务具有深厚的理论功底和丰富的服务经验，是业内知名的专家型律师。

作为一名律师，翟存柱始终以全心全意为人民服务为宗旨，不断提高综合素质和业务能力，以出色完成当事人的委托作为自己的天职。他先后为中国经济开发总公司、北京安达房地产公司、北京联合置地房地产开发有限公司、中国路桥总公司、中国燃料总公司、国家电力物资供应总公司、香港世纪控股有限公司、光大银行、新疆建筑公司、安徽徽商集团、美国威士伯公司等数百家单位提供了法律服务；参与办理了山西经纬纺织H股、山东鲁泰纺织B股、河南天安煤业B股、辽宁银基发展A股增发、西藏圣地资产重组、天津津美钢铁改制重组、上海浦东强生A股发行上市、金晶科技要约收购、北京合纵科技有限公司改制及三板挂牌、山西云碧盛科技服务有限公司合资公司设立及股权并购等近百个证券类业务；还为智乐软件（北京）有限公司、浙江敏实集团有限公司、西安通源石油科技股份有限公司、山东金晶科技股份有限公司、武汉金凰珠宝有限责任公司等企业提供了法律风险控制及相关法律服务。

翟存柱和他的律师团队是我国“新三板”市场在北京中关村高科技企业试点的创始法律服务团队，也是最早将“中关村模式”带到山东济南高新区的律师团队。另外，翟存柱还以“精通法理、不畏权贵、为民请命”著称，亲手办理的“皖北矿业公司产权转让纠纷”“西安市临潼区建筑工程公司与陕西恒升房地产开发有限公司建设工程施工合同纠纷”等案件，受到了委托人的高度认同，并引起了新华社、中央电视台、中国煤炭报、中国矿业报等多家媒体的广泛关注。

古老而辽阔的草原，常常是孕育传奇的地方。翟存柱从一个偏远地区的乡村少年一路走来,像一只雄鹰展翅飞出草原,飞到了“大学法学教授”的讲台,飞到了“专家型执业律师”的舞台,也创造了一个个传奇。多年来,作为法学教授和专家型资深律师,翟存柱先后应邀以专家身份给企业、机关、学校以及有关学会开设法律讲座近百场,他用自己的爱心点亮需要温暖的每一个角落,用自己的言行感召身边的每一个人。“热爱国家、关爱社会、献身法学教育、追求法治国家,让人生在奉献中升华”。这是翟存柱一生的不懈追求,也是他精彩的智慧人生。

行佛在人间

——记汶上县寅寺镇乡医韩爱民

2014年4月22日晚，在山东省汶上县喜客来国际会议中心，中共汶上县县委、县政府隆重举行了“美德新星耀农家”活动颁奖晚会，表彰全县范围内评出的“美德新星”。在此活动中，寅寺镇前李村乡医韩爱民获得了“友善之星”荣誉称号，他的事迹让现场的领导和群众为之动容，一个普通的乡村医生，经过自己的刻苦钻研，攻克了世界医学难题，创造了杏林奇迹。他发明了专治褥疮、糖尿病足、老烂腿、化脓性乳腺炎、术后刀口长期不愈合等疾病的生肌膏，获得了国家发明专利证书，救治了几百例濒临死亡的褥疮患者，诊所里挂满了来自全国各地患者赠送的锦旗。这样一个人的背后有什么样的经历呢?

十年攻坚，克服顽疾

韩医生的起点是他父亲创办的乡敬老院。创办之初，敬老院只有老中医田延国一个医生，还缺一名卫生员。因为卫生员待遇微薄、条件艰苦，很多医生不愿意来。于是初中刚毕业的韩爱民，便穿上白大褂，当上了敬老院的卫生员。为了胜任卫生员工作，他拜田医生为师，学习岐黄之术。后来又考取了济宁卫校(汶上分校)中西医结合专业。

敬老院收养的多是无依无靠的孤寡老人，或者无生活自理能力的残疾人，有不少人患上了褥疮。褥疮(又称“压疮”、“压力性溃疡”)是由于局部组织长期受压，发生持续缺血、缺氧、营养不良而致组织溃烂坏死。据有关文献报道每年约有6万人死于褥疮合并症。在当时几乎无药可治，只能预防。但韩医生却立志要克服此顽疾。他不仅购买各种专业书籍，而且还四处搜寻古医书，希望能找到有用线索。

一个偶然的机会，在一个手抄本的药书上，韩医生找到了前人留下的金疮药生肌散的药方，韩医生如获至宝。他马上按照书上所说，精心配制了第一剂生肌膏。恰好此时，有一位患者求医，韩医生便把生肌膏给病人敷上后，第十天奇迹出现了，原来的腐肉已经被药膏腐蚀掉了，创面出现了小米粒大小的肉芽，密密麻麻。韩医生欣喜万分，他知道，奇迹真的出现了。在他的精心治疗下，患者半年后康复了，肉长满了，皮长平了，一点疤痕也没有。第一例病人的康复给了韩医生莫大的鼓励，他在传统组方基础上，又进行了很多次大胆的组方实验。

从 1992 年第一例病人的康复，到 2002 年生肌膏组方的定型，韩医生付出了 10 年的辛苦劳动，他在传统的金疮药生肌散组方的基础上进行加减，用 19 味中草药精心炼制的具有祛腐生肌神效的褥疮生肌膏就这样闪亮问世了。这十年中，他免费为几百例褥疮患者治病，有效率 95%以上，治愈率 90%以上。

心中大爱，济利苍生

韩医生带着我们来到了寅寺镇李岗村郑先生的家，以前他家也算是小康之家，可是突然的变故，让这个家处在风雨飘摇之中。他因车祸，导致下肢瘫痪，这个家里的顶梁柱，唯一的劳动力只能天天躺在床上，什么也干不了，雪上加霜的是，他又患上了褥疮。他说，当时连死的心都有了。家属请韩医生来治疗，褥疮都烂到骨头了，发出阵阵恶臭。在韩医生的精心治疗下，不到两个月的时间，郑先生的病康复了。看到他的家庭如此困难，韩医生为他减免了全部的医药费和治疗费。看到我们到访，郑先生握着我们的手，眼含热泪，说："是韩医生救了我的命，救了我们的家。"

韩医生的药除了能够治疗褥疮，还能够治疗老烂腿，有在被医院诊治需要截肢的病人，用了韩医生的药，保住了双腿。也有被市人民医院怀疑口唇癌的患者，用了韩医生的药，半个月即康复。还有化脓性乳腺炎，糖尿病足等病人，也是用了韩医生的药，而药到病除。我们感受到，在每一个患者背后，都有一个感人的故事，而故事的主人公，无一例外的都是韩医生。

在 2002～2010 年的八年时间里，他免费救治了几百例褥疮患者而且治愈，挽救了上百个濒临崩溃的家庭，为贫困患者减免医疗费用达 20 多万元。他治疗褥疮分文不取，家里人对此十分不理解，他的解释是：为了得到患者和患者家属的信任和支持，为了进一步确认生肌膏的疗效，只有付出代价，才能够顺利地总结出治疗褥疮的方案。

在 2011 年，韩医生的诊所里来了一位贵客。他就是汶上县老纪委书记完颜绪全老人，老人听说韩医生有奇药能治好褥疮，专程赶来，找到韩医生，对他说："孩子，你研制的生肌膏太好了，你的药是国宝，应该申请发明专利，这样可以救治更多的患者。"老人的话提醒了韩医生，于是他抓紧准备材料，进行了申报，在 2013 年 8 月 28 日，韩医生的生肌膏获得了国家发明专利，收到了国家知识产权局颁发的国家发明专利证书。

在韩医生的诊所里，挂着一幅字，上面只有两个字："行佛。"这是《山东保健》杂志社的策划部李耀华主任所题，李主任说："汶上是佛都，礼佛、求佛的很多，而韩医生做的却是行佛，世间能做到的人少之又少。"韩医生说，他希望能有大型制药厂和自己合作，能够取得国家药准字号的资格，建一个大型的褥疮专科医院，希望在全国乃至全世界范围内消灭褥疮。他的佛之行，不在汶上，而在人间。

杏林薪传，坚守优秀中医药文化

——记北京凤书中医肛肠医院院长张爱勤

从清朝同治年间就已经有记叙的中医世家，其家族中所蕴含的中医文化理念饱满地浸润在他的血脉中，支撑着他秉持着一种信念：守望和坚守着传统的优秀中医药理念，传承祖先为世人所倚望、所期待的高超医术，遵循先祖为人淳厚善良的医德。对于北京凤书中医肛肠医院院长张爱勤来说，正是这份发自心底的热爱与责任，让他在中医药"承"与"传"的道路上矢志前行——

让先祖的医术辉煌在新纪年

出生于中医世家的张爱勤，从小就对祖传中医非常的尊崇。小时候，家中的堂屋上高悬着病人赠给祖父的牌匾，上面镌刻着“妙手回春”四个鎏金大字。他从小看到来家里治病的患者都是源于对家世祖传疗法的信任，而来此医治的，深为家传世医而感到荣耀，立志传承祖业。从高祖张凤书开始，家族中开始了行医的历史记录，其家族悬壶济世的中医生涯由此世代流传。清朝中晚期，高祖张凤书就已经成为远近闻名的郎中。在清末民初，其曾祖父的“槐荫张家药房”闻名方圆百十多里地，由于治病求药的患者颇多，其曾祖母也帮助曾祖父时常熬制中药膏剂。

经历了曾祖父张渥、祖父张明传的传承与发展，“张氏中医肛瘘药物提管挂线、痔疮药物去核疗法”已经成为张氏家族所独有的一门颇为成熟的医术了。

在张爱勤的工作室里，记者见到了一些泛黄的老照片和历经70多年的旧报纸影印版。作为历史的真实记录，它不仅是张家的骄傲，而且还是中医造福世人的重要佐证。20世纪30年代，作为张氏中医世家第三代传承人张明传先生，18岁就独自一人带着世传医术，从胶州(原胶县)农村老家走向了青岛，开起了诊所。其年，适逢山东演艺界大亨、济南北洋大剧院经理马寿铨去青岛安排演艺事宜。此人多年前就患有严重的肛瘘，来青岛得知祖父的医术后，即到诊所求诊，从而得到了彻底的治愈。出于对祖父医术与医德的赞赏与信任，遂力邀其来济南开办诊所。

马寿铨被张明传先生的精湛医术所折服和吸引，为了让省城济南市的众多患者得到他的高超治疗，就携另外三位朋友于1941年在《山东新民报》专门以“痔科圣手”为标题登报启事，启事中写道：“胶东祖传痔漏专科医生张明传大夫现经北洋大戏院经理马寿铨延请来济，兹为济世起见，经敝人等等挽留在济悬壶，专门痔漏，不用刀圭，完全包治包愈，各界有痔漏之累者，勿失机会……”

当时，马寿铨是济南演艺界响当当的人物，北洋大戏院是济南市乃至山东省最大的演艺场所，当时的梅兰芳、裘盛戎、程砚秋、尚小云等戏剧名角每年来济南演出时，独选在北洋大剧院演出。祖父刚到济南时，就居住在马寿铨的家里，门诊由其安排在济南商埠普利街的万利西药房，上午坐诊，下午应约出诊，出诊时均由患者派洋车(人力车)接送。

父亲张家辑于1958年因其是祖传医术传承人而受邀进入济南市中心医院，成为该医院痔瘘科的创办人。由此，家传医术“张氏中医肛瘘药物提管挂线、痔疮药物去核疗法”得以在公办医院为更多的患者解除病痛。退休后也一直在为病患服务。如今，张家辑先生年已九旬，身体硬朗，来其家中就诊的患者依然众多。

耳濡目染，精诚中医，勇于担当中医药文化的传承使者

在家族影响与血脉基因的作用下，张爱勤从小就对祖上世传医术耳濡目染，并一直对祖父的悬壶济世经历膜拜至深。2013 年，经过他多方寻找，辗转多日终于在山东省旧文献资料库所珍藏的《山东新民报》上看到了祖父的名字，当“痔科圣手”四个大字倏然映入眼帘时，他的心久久不能平静。从而更加坚定了他的使命感：“只有做好祖传医术的传承与发展，才能告慰先祖的在天之灵。”

祖国中医医库中的优秀宝典，它不仅凝结着民族的智慧，而且还展现着对中华民族在强身健体和解除民众身体疾患方面的重要贡献，是优秀的中华文化重要组成部分。对于祖国中医医库宝典，不仅要有清晰的文字记载与典藏，而且还应当有更好的传承与发扬。

张爱勤认为，以中医治痔疮、治肛瘘而言，不疼痛、不手术、不复发、不留后遗症，这对于广大痔瘘疮患者而言就是福音，但是必须是真正采用中医药治痔瘘疮的治疗方法，这才是货真价实的中医药方式治肛肠痔瘘。自己家有中医疗法百年传承的精髓，作为后人，必须要将其发扬光大，为更多患者解除病痛之苦。

2013 年 9 月，为了传承与发展优秀的祖传中医治疗肛肠病的医术，张爱勤成立了“北京凤书中医肛肠研究院”。2014 年初，北京凤书中医肛肠研究院济南基地成立，2015 年 6 月 6 日，北京凤书中医肛肠研究院揭牌，标志着丰富与坚守祖国中医医库宝典，完全坚持着中医治疗肛肠痔瘘疮的方式方法，完全尊崇中医药理念的、传承完全中医药治疗肛肠痔漏的专业机构就此有了纪元性的发展。

薪火相传独树一帜，以医者仁心传承世家精髓

北京凤书中医肛肠研究院所秉承的传统中医药治疗肛肠痔瘘等疾病的疗法，也就是张氏“药物提管挂线、去核疗法”。该疗法以中草药为触媒，把瘘管中的溃疡组织提取出来，再挂上线，肛肠括约肌组织随着线体“肠肌随长”；痔疮中的痔核在中草药药性的作用下，通过无菌性炎症将痔核病灶组织排异剥离祛除。张爱勤从中药有机机理出发，挖掘和延伸了中草药活血化瘀、消肿止疼的作用，彻底解决了肛肠患者治疗过程中所难以避免和患者难以忍受的疼痛感，让患者在全程无痛感的情况下得到彻底治愈，展现了

“不疼痛，不手术，不结疤，不复发，不留后遗症”的纯中药治疗的崭新成效与成果，成为张氏中医药无创性无痛疗法的精髓所在。

多年来，张爱勤孜孜不倦、如饥似渴地学习中医药文化及知识。他刻苦钻研、不断总结探索中医药临床实践，经过多年临床经验而成的中药制剂应用于临床，获得了广泛的社会效益，越来越多的患者慕名而来。

张爱勤常说：“从事中医，要有仁者之心，善者之念，还要有学者之情。”其在医治过程中，精益求精，严谨而苛刻的态度感动了众多患者。因为肛肠痔漏病的治疗，祛除病灶仅仅是完成了1/2的治疗过程，其余的就是肛肠肌体组织恢复状况如何，同时也包含恢复期的感受。肛门肌体组织如果不能够复原，就会留下后遗症。以中药施治为手段，发挥其中草药生物机理的精准作用，多一毫为过，少一毫为欠，使得治疗精准而不破坏其肛肠肌体组织，还患者一个完整如初的肌体组织；而且，研究院的张氏中医肛肠疗法实现了痔瘘患者医治全过程无痛苦，成功地破解了患者在治疗肛肠痔漏是极其痛苦的世界性医学难题，成为传统中医学在国际肛肠治疗领域独有的新优势，是祖国中医药领域的奇葩。

谈起自己家祖辈几代人坚持中医事业，张爱勤有着深刻的认识，他认为戒躁、坚守是中医文化的重要理念，尤其是在当今时代。现代科学技术发展史也就不到300年，自然界尚有很多不了解的未知领域，对于有很多解释不了的信息和自然现象，不能简单地否定或肯定。尤其是中医药方面，在当前，更重要的是要坚守与传承，当着我们还没有将有着数千年历史的中医药文化传承好的情况下，就迫不及待地选择创新或是丢弃，是不明智的。

“因为很多原因，中医药学中相当一部分精粹与精华的东西，已经被遗忘了，恢复与复原中医药学中的精粹与精华，不是表面的功夫，应当实实在在，需要真功力。”如今的张爱勤，自觉地肩负其弘扬祖国中医药文化的使命、不辞劳苦乐当中医药传承发扬的使者。

张爱勤深知，祖国中医事业的传承，不仅要传承医术，而且在相当大的程度上还要传承祖上的人品医德。在当今时代，赋予了传承人更多的社会责任和历史使命，因此，就更加需要传承者坚韧执着，剔粕选臻，有所担当。

作为北京凤书中医肛肠医院的掌门人，一直痴迷于研究中医中药的张爱勤，用他矢志不渝的中医情怀，让我们见证了一个中医世家传承人的理性执着的信念，他以其医者仁心的心怀和学者之情的严谨，让传承世家的中医药精华惠及于众多患者，让他们在无痛感过程中得以治愈肛肠疾病。他相信，随着中华优秀传统文化的回归，祖国的中医药事业迎来了一个中兴时代，先祖留下的中医药精髓一定会在新时代有更大的作为。

肿瘤精确放疗新技术的开拓者

——山东省肿瘤医院院长于金明

于金明现任山东省肿瘤医院院长，中国工程院院士、放射学博士、博士生导师，中共十七大党代表，全国人大第十届、十二届代表，中国抗癌协会副理事长，中华医学会放射肿瘤学专业委员会前任主任委员，中国抗癌协会放疗专业委员会主任委员，山东省抗癌协会理事长，是我国现阶段开创性地开展肿瘤精确放疗新技术、新方法的开拓者之一。

勤奋钻研、勇于创新，开启了一个“精确放疗”时代。“没有最好，只有更好”。他将精确放疗技术应用于肺癌、乳腺癌、食管癌等，取得了良好的临床疗效。他和他的团队一步步地将我国的肿瘤治疗从常规放疗引领到了以精确计划、精确定位和精确治疗为特征的“精确放疗”时代，被美国主要学术媒体 *ASCO News* 评价为“革命性的技术和突破性的创新”。美国国家癌症治疗协作网(NCCN)也据此修订了“美国国家癌症综合治疗指南”中肺癌的放疗指南，这是国人迄今为止唯一用于修改该指南的研究成果。

以良好的医德和医术，赢得患者生死相托的信任。30 多年来，经于金明诊治过的肿瘤病人不计其数，上至高级干部，下至普通农民，但在他眼里，他们都只有一种身份——他的病人，对病人他一视同仁。当了这么多年的肿瘤医生，于金明最看重的就是医者与患者之间那份特有的生死相托的信任。在他眼里，医者任何的不慎都可能牵动患者敏感的神经。他常对大家说，病人送红包，决不是人家的钱花不了，是社会风气使然，我们“随便”留下钱，却失去了医患之间弥足珍贵的信任。

为了病人，他每天都在争分夺秒。对时间如何利用在一定程度上反映出一个人的人生观、价值观。在于金明眼里，生命有限，他更愿意把时间挤出来留给病人，留给放疗医学的发展，留给医院的建设。几乎每年春节的年三十和年初一，他都是在病房与病人一起度过的；国家法定节日他从未完整地休过一次。他一直坚持“当天睡当天起”，当选院士后的工作仍然是“五加二”、“白加黑”。即使在脚部撕脱性骨折后，也是一天都没有休息，照样坐着轮椅查房、开会、讨论病例、修改论文；拄着拐杖给学生讲课、指导定位……他经常说：“病人在与疾病赛跑，我们医生是在跟时间赛跑，只有抢时间跑得更快才能挽救更多病人的生命。”

他想得最多的是“感恩”，做得最多的是“报答”。2013年、2015年，他先后将自己获得的山东省科学技术最高奖奖金、院士奖金、科研奖励共计440万元捐献出来，设立了“于金明院士科技创新基金”、“山东省肿瘤医院科技创新奖”，用于奖励在科技创新活动中取得优异成绩的医院职工。

榜样的力量是无穷的。在于金明的带领下，肿瘤放射治疗团队被评为山东省优秀创新团队，记集体一等功。目前山东省肿瘤医院在《中国最佳医院综合排行榜》上，位列全国肿瘤专科医院第6位，2014年10月成为山东省首家通过“三级甲等医院”复审的专科医院。

“硒”珍的农产品

——记山东省微量元素科学研究会富硒农产品专业委员会主任刘延祥

“啥证明都没有,就敢称富硒产品,这里面的确有问题。”这是刘延祥经常需要对来访记者说的一句话。也许在十年前,绝大多数人都不知道何为“硒”,更不知何为“富硒产品”。如今,富硒产品作为高品质产品的代名词,越来越受市民欢迎。说起“硒产品”有这样的成功,我们不得不再回到文章开始时提到的那个人——刘延祥。

不计生计搞科技,掌握科技促经济

刘延祥原本一直与饲料打交道,并且在一家饲料公司担任主要领导职务。但因缘际会,新世纪初他却开始热心于农产品。自 2000 年起,在专业技术人员帮助下,他开始自费研发富硒农产品生产技术。三年内,以生物转化理论和营养平衡理论为指导,刘延祥对粮食、果品、蔬菜等 30 多种农产品进行了富硒生产技术试验获得成功,并形成了以“适量、适时、适当”和“安全有效”为核心的技术理论体系。此后,通过不断技术交流和实践总结,他不断完善和丰富技术理论。根据各种农作物的生长习性和不同的栽培模式,他还曾亲自编制了 200 多份《富硒农产品生产技术规程》。刘延祥发现富硒农业技术对农业生产和农产品品质改善的积极作用。

越是投入,老刘越是发现自己对富硒食品的痴迷。于是,他依然辞去了本可以使他衣食无忧的肥料公司经理职务,专职从事富硒农产品生产技术研发工作。

从 2003 年下半年开始,刘延祥逐渐将富硒农产品生产基地建设纳入山东省技术开发服务中心的星火科技服务项目内容。他更是无偿地帮助全省有条件的农村建设富硒农产品生产基地，带领广大群众走上了以富硒农业为重点的创新和创业相结合的道路。至2008年底，历经六年的规范性建设，帮助农村建设富硒农产品生产基地60个，生产面积达到4万亩，成功培育富硒农产品60多种，并开始技术支持建设富硒食品专业销售网络，为进行富硒农产品产业化开发打下了坚实的基础。

创新创业双结合，食品产业优发展

2009年按照党的十七届三中全会提出的"建立农业社会化技术服务组织"的规定，刘延祥带头组建了山东省微量元素科学研究会富硒农产品专业委员会，他被选为主任委员。同时他还亲自执笔起草了《山东省富硒农产品产业化开发实施方案》，在全省范围内组织协调富硒农产品产业化开发。

至今富硒农产品产业化开发已经稳健的运行近七年，目前已有130多家企业、农民专业合作社、食品加工、经营企业参与富硒农产品产业化开发。共培育富硒农产品、食品90多种。形成了产加储运销的产业体系。带动5万多户农民增收。形成带动大众创新、万众创业的格局。扶持企业在市区建立专业销售网点30多处，初步形成了产销连接，城乡联网，从生产田间到居民餐桌的产、加、储、运、销良性循环。绿色富硒农业技术为农民每亩增收300～2000元之间，年实现农业增加值近亿元。能够满足200多万人食物补硒，提高生活质量和健康水平的需求，为丰富城市安全优质健康食品供应做出了重要贡献。

他非常注重强化专业技术人员的服务力量，推动科普活动常态化。为此，他组织了以退休的农业技术干部为骨干的14名专业技术人员，组成技术专家委员会，实行分工责任制度，常年在基层面对面的向农民进行技术服务，每年进行科普活动300余场次，在向农民普及富硒农业技术知识的同时也普及生态绿色农业技术知识。还普及科学施肥、植保方面的综合防治、生物防治技术；同时每年都举办1～2期大型技术培训，2014年成功举办了山东省首届《鲁硒论坛》。对提高普及富硒农产品生产技术和科学补硒知识发挥了重要的作用。

在他的推动和指导下，济南仁风照文富硒瓜果种植专业合作社把小西瓜做成大品牌，该社参加的农户由40家扩大到300家，富硒西瓜生产面积由40亩增加到800亩。把"仁风西瓜"（小型西瓜）培育为国内享有盛誉的知名品牌。每亩富硒西瓜同比增收10000多元，300多户农民享受到科技创新带来的实惠。也是在他的推动和指导下，烟台市牟平区三旺农产品专业合作社以生产"烟宝牌"富硒苹果为主业。到2011年"烟宝牌"富硒苹果已经摆上了200多家大型商场超市的货架，打破了我国西北产的苹果独霸江南市场的局面，近三年每年销售富硒苹果1500～2000吨。即使2012年因苹果套药袋风波影响使烟台苹果销量严重下滑的情况下，富硒苹果销售也没有受到影响。每公斤富硒苹果农民增收1.4元，带动500多家农户增收，每亩苹果增收3000多元。

老刘是1948年生人，比共和国还长一岁。但他现在还不想停下来，他想把富硒食品推得更广一些，让它从稀珍食品变为更为大众的健康食品；也想使更多的人通过这稀珍的食品，改善生活，过上更幸福的日子。

"好客山东"建奇功

——记山东省旅游行业协会专职副会长丁再献

他，三十五年如一日奋战在旅游工作战线上，足迹遍至山东 17 地市 140 多个县区的山林泉谷、乡村海滨，为打造"好客山东"、"美丽山东"旅游品牌做出了突出贡献。

他，虽然不是大学教授，更不是考古专家，但工作之余，却致力于对东夷文化的研究，在短短两年多的时间破译出 300 多个东夷骨刻文，并独创了骨刻文书法艺术，被誉为"中国骨刻文字破译、骨刻文书法艺术第一人"。

他，自幼酷爱诗词、文学、书法、写作，沐先贤之灵光，吮民间艺术之精华，墨融情系山与水，人格书作两相宜，运用手中的相机、笔墨，创作出许多优秀的诗词、书法、摄影作品，讴歌了热情好客的山东人和风韵流淌的齐鲁大地……

他就是山东省旅游行业协会专职副会长丁再献。

近日，笔者怀着无比崇敬的心情，对丁再献副会长进行了专访。

丁再献，字章甫，号北海，男，1952 年出生于革命老区山东省临沂市沂南县。中共党员，党校本科学历，高级经济师兼研究员。1972 年 3 月加入山东建设兵团，1974 年 11 月调入山东省行政管理局，1978 年进入省旅游局。历任：战士、收发、通信员、管理员、秘书、副科长、科长、企业总经理、省旅游执法总队副总队长、省旅游协会秘书长等；现任中国骨刻文书法艺术研究院院长、山东原古东夷文化与骨刻文字研究中心主任、中国东夷文化研究会会长、中国龙山文化研究会副会长、中国古文字学会副会长、中国孔子书画院名誉院长和中国孔子书画家协会副主席、中国国际旅游文化艺术家协会副主席、国际休闲产业协会休闲乡村委员会副主任、山东省文史书画研究会副会长、山东省旅游行业协会专职副会长、山东省青年作家协会顾问、山东省名牌战略推进委员会专家组成员、山东省服务标准化委员会专家组成员、山东省社会科学人才库成员、山东省书法家协会会员、山东省作家协会会员、山东诗词学会理事，山东外事翻译学院、山东旅游学院、潍坊科技学院、齐鲁理工学院等院校的客座教授。

看山看水看文化　给力旅游创品牌

"有朋自远方来，不亦乐乎。"山东素有"孔孟之乡"和"礼仪之邦"之美称，悠久的历史，灿烂的文化，优美的自然风光，共同构成了山东旅游独特的风格。自1978年调入省旅游局后，为了使山东旅游业"立足山东、面向全国、走向世界"，丁再献凭着对山东山山水水的痴迷和对旅游事业的热爱，在旅游战线上一干就是35年。30多年来，他和山东省旅游部门同仁一道，认真贯彻落实《旅游法》和《国务院关于促进旅游业改革发展的若干意见》，针对旅游市场不断变化发展的实际，大胆创新理念，整合特色旅游产业，打造品牌旅游，为山东旅游业的品牌建设做出了巨大贡献："好客山东"、"美丽山东"已经广为传播、深入人心；"东方圣地"、"仙境海岸"、"平安泰山"、"齐国古都"、"天下泉城"、"儒风运河"、"水浒故里"、"黄河入海"、"亲情沂蒙"、"华夏龙城"等文化旅游也已获得了众多游客的青睐；"温泉旅游"、"乡村旅游"等"休闲运动，田园生活"的"金字招牌"更为广大市民所热爱。当谈到对旅游的看法时，在省旅游局工作30多年的丁再献深有感触地说：旅游不只是简单的"出去玩玩"，更要让游客在看山看水看风景的旅游过程中能够增长见闻，结交朋友，体验当地的文化，探寻文化发展历史，增长知识；更能亲身感受和发现伟大祖国的发展变化。在谈及旅游的梦想时，丁再献说，山东有丰富的旅游资源，在加强创意、包装和推广的同时，进一步塑造“好客山东”、“美丽山东”品牌，把山东的旅游产业打造成现代化的、人民群众最满意的、幸福指数高的文化旅游产业，吸引更多游客到山东旅游，圆老百姓的美好旅游梦。

面壁两年图破壁　破译东夷骨刻文

在古老神秘的东方大地，有一支勇敢、坚韧而睿智的东方部落，他们被称作“东夷人”。山东是东夷民族的发源地，是东夷文化的中心，东夷人创造了骨刻文。骨刻文是中国汉文字的主要源头，也是山东省独有的文化旅游资源。2005 年春，山东大学美术考古研究所所长、考古学家刘凤君教授在济南发现(昌乐、寿光等地最为集中，赤峰、关中等地也相继发现)东夷“骨刻文”，年代距今 4600～3300 年，比甲骨文早 1000 多年。2010 年年底，丁再献登门造访了刘凤君教授，对骨刻文中一组组的形象图案产生了浓厚兴趣，决心为中华始祖文化的研究和传承做一份贡献。从此，便在刘教授研究和破译的基础上开始了骨刻文的破译工作，并一发而不可收。

破译工作是一门相当专业的学问，它不仅需要渊博的考古知识、历史知识和文字知识，而且还要有矢志不移的毅力、甘于枯燥与寂寞的定力。丁再献正是这样的人。他说，破译的过程很枯燥，但发现之旅却很迷人；在其他人眼中，骨刻文是一堆乱麻，而在他眼中骨刻文不仅是一个个文字，更是今人与古人的一种心灵对话，是一种历史的穿越。功夫不负有心人，在两年多的时间内，他就系统地破译出“炎、黄、蚩、颉、昊、颛、彭、尧、舜、禹”等 300 多个东夷骨刻文。骨刻文的破译，不仅对山东文化事业作出了巨大贡献，而且还将成为一种独特的文化旅游资源，吸引众多的中外客人到山东观光考察，亲身体验好客山东那历史悠久的灿烂文化。

墨融情系山与水　人格书作两相宜

丁再献是位地地道道的山东沂蒙山人，对齐鲁大地的壮丽山水、风土人情倾注了浓浓的爱和深厚的意。他沐先贤之灵光，吮民间艺术之精华，润山水之灵性，在工作之余，运用手中的相机、笔墨，讴歌热情好客的山东人及风韵流淌的齐鲁大地，墨融情系山与水，人格书作两相宜。2006 年，他将格律诗词、书法、摄影等作品融为一体，编辑出版了我国第一部以旅游为题材兼具山东导游性质的书籍——《山水平仄》。《山水平仄》收录了他近 30 年从事旅游工作中所吟咏山东大地的山水诗词 396 首、书法作品 60 幅、摄影佳作

460幅；时间跨度从1983年到2006年，地域范围则涵盖了山东省17地市；外加特别篇，共计18篇，可谓琳琅满目、美不胜收。同年，又与王志东合作出版了《泱泱山东旅游大省》一书，全面介绍了山东旅游，受到省委宣传部的高度评价；2009年与女儿丁蕾合著的《旅游礼仪》，这是一部全方位论述旅游礼仪的力作，被专家誉为中国第一部旅游礼仪实战大全，对旅游服务具有重要的指导作用；2010年出版的《旅游小百科》囊括了旅游方方面面，不仅是我国旅游行业第一部旅游科学普及专著，而且还是第一部旅游百科全书。2012年由中国文史出版社出版了90多万字的《东夷文化与山东·骨刻文释读》，全面论述了东夷文化是中华文化源头，对深入挖掘齐鲁文化、追溯中华文明发展脉络有着重要的学术贡献。

天道酬勤。丁再献的辛勤工作，得到了社会各界的广泛认可，他先后多次被评为单位先进工作者、省直机关优秀共产党员；多次被山东省社会科学联合会评为"优秀社会科学工作者"；荣获中国未来研究会中国旅游未来研究"特别贡献奖"和2014年省政府社会科学三等奖。

用脚步丈量齐鲁大地的锦绣，用智慧接续中华文明的血脉。勤奋，奉献于不朽的事业；执着，成就别样的精彩———这就是丁再献。

剪纸是镂空的艺术

——中国艺术剪纸协会会长卢雪

山东民间，过年时，老人总喜欢在窗户、门框上贴些各式各样的剪纸。红彤彤、寓意吉祥的剪纸，散发着浓浓的年味。普通人看来，剪纸无非是一把剪刀一张纸，是过年时窗上贴的窗花，是门古老的乡野手工艺。但在剪纸艺术家卢雪眼里，这把剪刀剪的可不只是纸。用她自己的话说，剪纸是镂空的艺术。

传统艺术发新芽

“这张图是星星的图案，代表天上的北斗七星，寓意学子在这里找到他们人生的方向。地上的图案是黄河，因为黄河从济南川流而过。这是黄河鲤鱼跳龙门，寓意着青年学子学业有成。”卢雪为记者介绍的，是她将和山东大学国际交流学院合作开办的剪纸艺术展室的设计。包括该展室设计方案在内，卢雪在她手机里存着这些年她的主要剪纸作品、设计方案，并仔细地把它们按照不同的属性分门别类。

卢雪研究剪纸，更多地吸收了其他艺术门类的精华。书法、工笔画、石刻、木刻甚至油画，都能被她巧妙地融入剪纸之中，而绸布、皮革、绢、金箔等也是她用的新材料。近几年，她由剪纸延伸到城市景观设计，用铜等金属做材料，把剪纸理念和雕塑相融合，设计出了不少作品。

卢雪还喜欢罗丹还有米开朗琪罗的雕塑，爱好西方油画，喜欢钻研西方美术史。从 6 岁开始摸起剪刀，30 多年来她并没受过专业训练。但她认为，艺术是触类旁通的，只要喜欢，肯下工夫研究，不会觉得太辛苦。

“不少人觉得剪纸不就是张纸嘛。其实剪纸是镂空的艺术，那么镂空艺术的根在哪里，又将走向何方？我们平时理解的剪纸太狭义。”卢雪说，十七届六中全会和十八大都提出文化是中国的根基，要建设文化强国。“传统文化怎样与时俱进，符合现代人的审美观？怎样在传统基础上发新芽，是我们应该研究的课题。”

把剪纸推向世界

1989年，卢雪的作品《双龙戏珠》《出水芙蓉》被山东剪纸协会收藏。1994年，随山东省文化厅赴瑞士苏黎世参加“中国山东文化艺术展”，并登上苏黎世大学的讲台演讲。2003年，她创作的五部安徒生童话112幅剪纸作品被丹麦安徒生博物馆收藏。2006年11月，丹麦国王亨利克亲王（代表丹麦女王）颁授她“丹麦国旗骑士”勋章。2012年6月，她获得文化部中国非物质文化遗产保护中心颁发的“中华非物质文化遗产传承人薪传奖”。“薪传奖”是我国非物质文化遗产保护工作机构面向中国内地和港、澳、台地区，为表彰中华非物质文化遗产传承做出杰出贡献的各级非物质文化遗产代表性传承人，以推动非物质文化遗产的保护以及中华优秀传统文化的继承和弘扬而设立的专业奖项。……翻阅卢雪这些年的简历，会惊讶于20多年来她为弘扬剪纸艺术作出的努力和收获的荣誉。

孔子、孙中山、刘翔、莎拉布莱曼这些人物都能在她的剪刀下变得生动逼真。《皇帝的新装》《卖火柴的小女孩》《丑小鸭》这些童话故事也在她手中流淌。从两千多年前的孔子到北京奥运会上跨栏的刘翔，一张张轻盈的剪纸无不彰显着传统文化的精髓和时代精神。

2012年9月，卢雪剪纸艺术博物馆在台儿庄古城建成，是个200多平方米的展厅，在第二届中国非遗博览会上，这里迎来了众多国内外客人。卢雪透露，她和山东大学国际交流学院的合作建立的剪纸艺术展室将于年后开工布置，她本人也将受邀为山大留学生讲授中国传统剪纸文化。“剪纸是中国传统文化很好的呈现方式之一，留学生易理解。很多留学生毕业后到国外孔子学院当老师，他们会成为传播中国传统文化的桥梁。”

剪纸产业化之路

这些年来，卢雪不仅研究和弘扬剪纸艺术，而且还把目光转向了剪纸的产业化之路。“对于传统文化来说，什么叫产业化，市场在哪里，市场规律如何？这都是我一直思考的问题。城市景观雕塑是我目前正在研究的。”卢雪对记者介绍。

多年前，卢雪已开始她的剪纸产业化之路：成立工作室，并将剪纸艺术品卖到国际市场。从2008年开始，她开始尝试把剪纸理念融入其他设计里，如城市景观、工艺品设计、服装设计等。

为让更多人欣赏到剪纸艺术之美，她还把剪纸融入动画片中。“这是武松打虎，这个动作一秒钟23个画面，每个都是幅单独剪纸。这部动画片画面时尚、动作有趣、色彩干净，小孩子看了会喜欢。”她向记者展示手机中自己做的剪纸动画片视频。

“我想到了就会去做，并努力把它做得更好。”当记者问起她将全部精力投入剪纸艺术会不会辛苦时，她说：“这就像和一个人谈恋爱，会对他充满无限好感和神秘感，我一直还在热恋期。”

这是最好的时代，也是最坏的时代

——记中国房地产金融联合会秘书长闫宗成

当前，房地产基金发展蓬勃，繁华的背后，必定是大江东去、泥沙俱下，强者愈强、弱者愈弱。对于全国房地产基金联盟秘书长、裕元资本管理集团董事长闫宗成来说，这是最好的时代，也是最坏的时代。

在黄浦江边的上海(楼盘)伦达金融大厦，闫宗成告诉记者，自经历 2009 年快速繁荣的局面后，行业发展中瓶颈问题及矛盾越来越突出，行业的实力弱小同房地产从业群体表面的关注及热闹并不匹配；资金募集的速度规模、LP(投资有限合伙人)整体缺乏及有所局限。

虽然有众多的问题困扰着他，但作为国内较早从事房地产私募基金的闫宗成坚信，总有一种力量能够改变行业的现状。他发起并管理多个私募股权基金、房地产基金、城市建设发展基金，由他发起的房地产基金联盟更是成为其对自我发展路径的选择以及对专业、独立的追求之路。

三次创业之路

1997 年大学毕业，闫宗成没有选择去家族企业，而是选择了在家乡创业。他初涉商海是在山东青岛(楼盘)做酒水销售，那是闫宗成最难忘的一段经历，现在回想起来虽然很苦，但却为他日后独立创业积累到了第一桶金。

闫宗成的第二次创业则是在 20 世纪 90 年代末，正值改革开放。他带着一腔热情来到上海，辗转做过珠宝、化妆品等生意，就在生意做得风生水起时，闫宗成的家族建材生意也越来越兴旺，需要帮手打理，在大哥的一再要求下，闫宗成放下自己刚刚积累的事业，投身建材行业。

那个时期，房地产行业刚刚兴起，与之相关的上下游生意充斥着暴利的神话，建材生意炙手可热，建材老板被视为“财大气粗”的标志。可进去之后才发现，建材生意似乎并不适合他儒雅内敛的性格。

“那个时候完全是草莽时代，建材的销售对象为地产商、包工头和建筑商，建材生意最重要的一项工作就是收账：一帮山东大汉专门上门讨债。一切问题都靠武力解决，上海老板心生畏惧，立马软了。”闫宗成记忆犹新。

显然，在这种江湖气浓重的行业，对于爱看书、有些书生气的闫宗成来说是那么的格格不入。随后，闫宗成萌生了离开家族企业的念头，转而到房地产公司做起了营销。

到2003年，房地产基金刚开始在国内崭露头角，他的几个兄长也先后涉足房地产。对于那个时期地产企业极度依赖银行、靠关系拿地的状况，他深有体会。

“这个行业将来一定会发生巨变，房地产基金将大有所为。”这是闫宗成2003年的判断。从2005年起，闫宗成开始从事房地产金融方面的工作，包括信托、房地产基金等。然而，每天的工作不是办论坛、做沙龙，就是搞电话营销，闫宗成厌倦了这种重复性的工作，2007年，他转型投身地产基金，开始了第三次创业之路。

2010年，他与天津(楼盘)渤海金石投资基金发起人、嘉富诚国际资本有限公司董事长郑锦桥等人成立了裕元资本。

2011年8月26日，在他的倡议之下，房地产基金联盟成立，在这里，他认识了盛世神州房地产基金董事长张民耕，并与他一拍即合。

在闫宗成看来，房地产基金联盟应该做成一个资源整合的平台，但绝对不是行业协会的概念。无意中，他接触到香港的范华安，他是全世界提出“基金联盟”概念的第一人，被称为“基金联盟教父”。他的概念主要是利用基金联盟平台更快、更好、更广地铺开投、融资触角和网络，实现基金管理公司之间的信息共享，优势互补，有效地推动基金投资的发展。

正是这种全新的模式和思想引导着闫宗成不断在地产基金行业探索、前行着。

地产私募异军突起

从2012年资本市场IPO停摆后，更多投资者开始关注地产私募基金。房地产基金是通过非公开方式，面向少数个人或机构投资者募集资金而设立，并以房地产为投资对象的投资基金，它其实是PE投资的一种，其优势是投资回报较快，目前的地产基金成立时间都不超过三年，相对比较稳健。

在闫宗成看来，对于投资人而言，随着财富水平的急速增长和国内可投资标的增加，房地产基金作为另类投资体系中的重要类别已经显现出其独特的投资价值。

统计数据显示，2010 年，中国房地产基金回报率在 25%左右，回报倍数为 1.5 倍，2011 年有所下降，2013 年上半年有所上升，地产基金回报达到 19.6%，回报倍数是 2.4 倍，超过 VC 和 PE 平均的水平，且一直保持稳定。

为了做真正的 GP(发起一般合伙人)，当时闫宗成还做了各种努力，比如设立双重架构。

“我们成立了一个投资公司，然后同时注册了一个有限合伙企业，作为双重架构，既是股东又是 LP，可以避免 LP 过度干涉企业内部事务，不过企业却要交纳双重的税收费用。”即使这样，出资金的 LP 还是不放心，三天两头要看你的工作情况、财务报表。“他们少了一些尊重，颇有监工的意味。这样的工作方式不是我想要的。”于是，失望之下的闫宗成重新踏上征途，这一次，更加独立、专业和自由。

由他发起成立了全国房地产联合投资(FOF)基金，建立了全国房地产投资人 LP 数据库。他的投资发展计划包括：由东方资产管理公司、上海全地投资中心、万通地产(股票代码 600246)为主导发起设立了东方万通基金管理公司及其系列基金，主要投资于一二线城市的住宅钢需项目，以股权投资基金的模式，直接从取地环节介入，或者配合开发商作土地款的资金配比，同时也以委托贷款的方式从事房地产债权的抵押融资业务。

作为全国房地产联合投资基金设立首只母基金，闫宗成已同深圳(楼盘)前海管委会、深圳市金融办深入洽谈沟通，拟在其支持下，在深圳发起设立基金投资 FOF 基金，意在充分利用其金融特区的优惠政策，通过 FOF 引导效应，吸引香港人民币资金以及 LP 的加入，先行先试、放大基金规模。

据闫宗成介绍，这是一只开放式的平台基金，由他先期运作，在保持管理团队激励机制的前提下，同时招募资产管理公司、金融机构、实力地产集团等成为战略投资股东，或者另行发起系列母基金，这种半创业的、合伙人的概念，已招募了多家实力企业洽谈入股。

分享地产基金红利

闫宗成一路走来，有过迷茫、也经历了不少挫折。

“房地产商不看重一个 GP 的能力及专业性，在他们眼里，房地产基金只是开发商融资的工具。一旦融到钱，你就必须出局。”闫宗成如是说。

然而，几次碰壁并没有消磨闫宗成做房地产基金的梦想，他逐步意识到与房地产开发商合作成立地产基金并不是长久之计。虽然目前在房地产行业的上百只房地产基金中，由各大房地产开发商成立的房地产基金占一半以上，但其始终坚信：正规、专业的房地产基金将成为市场的主流，将代表着房地产投资模式的先进发展方向。

闫宗成认为，房地产私募对于普通投资人是非常好的投资品种，让很多个体的投资人共同分享房地产开发的收益，而不是开发商一个群体独占。如果说，过去十年主要是靠土地红利来盈利，未来十年将是一个可以通过房地产金融改革的红利来普惠大众的时代。

他认为，中国的投资人习惯了暴利，习惯了高利贷，习惯了短平快，所以高利贷风波频频爆发。暴利一定会带来高风险，当投资人开始心态平和，追求适度的利润和追求长足稳健的时候，地产私募基金行业才能真正迎来发展。

除了房地产基金联盟外，闫宗成还成立了房地产金融联合会，以及即将在他的家乡济南(楼盘)成立的山东房地产商会、沪粤港深房地产金融联合会(由越秀集团承办)。这些组织的成立意义重大，将打造一个更加市场化的资源整合平台。

“任何一个伟大的事业都来源于一个简单的想法，相信我们会在房地产基金的征途上获得成功，因为理想永远都在。”闫宗成表示。

让礼仪文化成为牡丹花都的名片

——记菏泽市礼仪行业协会会长沈莉

电视栏目编剧、商场企划经理、文化传媒公司经理……穿着时尚、言谈爽朗的沈莉，有着令人咋舌的任职经历，而今年37岁的她，现在是中国婚庆产业联合集团副主席，山东省婚礼庆典行业协会副会长；菏泽市礼仪行业协会会长，但很多行内人都称她为“美女帮帮主”。

2009年创立菏泽新时尚礼仪模特公司，发展到了2011年，沈莉的团队已经是菏泽最大的礼仪模特公司，大到各种展会小到门市开业、剪彩，在菏泽庆典活动中90%的礼仪都是出自沈莉的公司。从单纯的礼仪培训，到模特、婚礼督导，沈莉的团队一直在完善。而在她这颗年轻的心中，团队的发展可以玩出更多花样。

有一次，为了记录团队美好时光、纪念青春，公司投资拍摄了一部MV——《华丽战场》。她骄傲地说：“我的团队美女如云，亲如姐妹，青春很短暂，我希望我们都能为短暂的青春留下美好的回忆。”

她的座右铭是：做个优秀的女人，平凡而不平庸。她并不满足于经营一个礼仪团队。在2013年12月6日，在她的经心筹办下，菏泽市礼仪行业协会正式成立了，拉开了菏泽婚庆行业发展的序幕。她在成立大会上讲道，菏泽市礼仪行业协会成立后，将不断举行各类学习培训，采纳走出去、引进来的思路，来鞭策菏泽庆典婚庆市场的成长。她这样说，也是这样做的。一年来，她到北京、天津、太原、郑州、包头以及山东17地市等全国各地学习交流。这期间，她成功组织了菏泽首届婚庆、庆典公司主持人见面会（2013年12月26日）、200多人的春季婚庆人培训（2014年3月23～24日）、菏泽首届婚庆技能大赛暨菏泽百姓最喜爱婚庆品牌评选活动（2014年8月17日）。特别让她难忘的是，她在2014年的6月2日启程青岛，带领一行38人参加了第十届中国婚庆行业技能大赛，此次大赛全国是参加人数最多、影响力最大的一次大赛，参加比赛的人员取得了9金6银的好成绩，让全国婚庆人都知道了解了菏泽婚庆人，为此她也获得了中国婚庆业杰出女性奖，山东省婚庆业十大风云人物。在她的带领下，经过一年多的发展壮大，发展成立了婚庆专业委员会、庆典专业委员会、主持人专业委员会，目前已经发展加入会员近300人。

2015年1月13日，在沈莉的组织下，成功举办了菏泽婚庆届第一次行业年会，来自菏泽、定陶、曹县、成武、单县、东明、鄄城、郓城、巨野各个县区的会员300多人，是菏泽婚庆史上最大的一次聚会。为菏泽市的礼仪行业发展搭建了一个好平台。她还积极投入各种公益事业，带领协会会员为贫困儿童捐款，“八一”建军节为部队官兵进行免费慰问演出……

面对过去的成绩，她总是淡然一笑；对未来她却精神倍增。礼仪行业协会是个大的发展平台，将礼仪文化带到各行各业，做大做强婚庆产业。同时也希望不断传播礼仪文化，让新风尚，新理念带给更多的菏泽人，让礼仪文化成为牡丹花都的名片，为建设美丽文明的牡丹之都尽一份自己的力量！

用爱引领致富梦想

——记济宁市超越体育用品公司总经理张宏

真诚，热情的态度，儒雅，谦逊，睿智的风范，不以小而不为，踏踏实实办事的风格。这就是他——济宁市超越体育用品公司总经理张宏。

济宁市工商业联合会常委，济宁市鞋业联合会会长；济宁市大学生创业促进会导师；济宁市企业家俱乐部常务会长、济宁市银企联盟会会长……从这些职务里，读懂了张宏会长。读懂了他纵横捭阖，用爱和自己的一腔热血引领更多的人实现创富梦想。

0元的发家传奇

1993年，身无分文的张宏从农村来到济宁，那时的张宏最大的梦想就是摆脱农村，到城里发展，至于发展什么？做什么？都一头雾水。来到市里，他必须为吃饭去奔波，他和别的农村人到城里的一样，做体力劳动。为了活着不给工资管吃就去干，晚上睡在别人的理发店里为他人看店。不甘平庸的他考虑做些小本生意，没有资金靠诚信，拉起平板车赊来货去沿街叫卖，他靠着自己的信誉和诚信换来他的小资本，同时积累了大量的经验。天降大任于斯人也！

1994年，济宁市成立鞋帽批发市场，这对张宏是一个机会也是一个挑战。市场成立之初，商户需交付3个月的租金和1000元的押金，他交完租金就只有650元，押金都不够，怎么办？为了实现自己的梦想，他找领导说服，通过努力，领导为他的真诚打动，为他开了绿灯。有店铺了，进货资金从哪里来？功夫不负有心人，平常做人真诚，与人为善，为他迎来首批的进货资金支持，9000元的启动资金落实，张宏的生意开张起来，由于他勤奋踏实又热情，所以生意兴隆。从众多商户中脱颖而出，获得非凡的成就，淘到了人生的第一桶金。

不经意的百万富翁

从农村到城里的人，都有一个愿望，都想有个属于自己的家即房子。张宏为了自己的老婆和孩子。银行按揭买了自己的房子，在济宁有了属于自己的家。

大多数人会安于现状，把自己赚的钱存入银行，张宏拼命赚钱，换来批发的高峰，他却感到高处不胜寒。这种感觉让他感到他要作出改变，对行业作一个调整，他出去考察，看到了体育品牌的优势。2000 年 5 月注册成立超越体育用品公司，并靠差异化营销奠定市场份额。在 2003 年到 2009 年六年的时间，他把济宁地区的运动鞋行业推向了一个高度，淘到了他人生中的第二桶金。张宏随时随地都在捕作商机，2008 年的来鹤商城商铺房，以他的睿智和果断让他用 60 万元的投资换来了 240 万元的回报。

会长，是一种责任担当

机会时刻留给有准备的人，同时也让他看到人脉资源的重要性。

在完成自己创业的历程中，张宏不断出去考察，在南方的考察中他发现南方的行业很规范，而我们的行业虽然繁荣并不规范，很多同行在遇到困难的时候，没有一个组织可以帮助他们渡过难关。在历经几番周折，四处奔走，聚合自身优势资源，全力打造济宁鞋行业的共享平台——2010 年成立了济宁市鞋业联合会，在济宁市工商联的领导下，通过选举担任会长。

张宏会长打破“同行是冤家”的传统理念，转变思维，提出同行帮同行，共发展，共繁荣，振兴行业大发展。

做生意，资金困难是商家面临的一个大问题，有好的机会由于没有足够的资金而搁置，不能持续发展，没有充足的资金流不能很好地进行周转，面对这些行业棘手的问题，张会长牵头和山东圣泰合行成立鞋行业商户信用联盟，同行助同行，同行为同行担保，一家有难同行支援，只要是鞋业联合会的会员，根据自身的条件，都可以和山东圣泰合行合作，最高可贷 300 万～500 万元，最低可贷 5 万～10 万元，随时贷或还，像取款一样自由，既方便了各个商户，又让他们切实感到同行是朋友而不是冤家，互相牵手增加共抗风险的能力。

鞋帽批发市场成立近 20 年，商户们最头疼的是店面小，交通拥挤，停车不方便。为了行业的繁荣发展，张宏会长四处奔波，联手鞋业商户牵手豪德商贸城，大手笔签下500间商铺，目的就是打造鲁西南最大的鞋业航母，为鲁西南的鞋业发展做出巨大的贡献。

敢于担当，用爱生活

对于自己企业的发展，以及本人在行业发展中所做的贡献，在记者的采访中，张宏用了最多两个字就是“担当”。同时他告诉记者，为行业尽自己的责任和义务，又感到自身的能量不足，有待提高自己。唯一的路子就是学习！再学习！！

在学习的过程中，张宏有幸认识了国际注册人力资源管理师王朝老师，认识了儒家文化与企业发展协会执行会长潘汉久先生，在那里张宏找到了真我，更加清晰了自己的方向，人不是为自己而活，而是为身边更多的人。在济宁企业家俱乐部的平台上，张宏用一颗平凡的心态，用爱践行他的一切。企业家俱乐部有一句流行语——有事找张宏！俱乐部的培训里，有他的身影；会员活动中，他是执行者；俱乐部会员的困难里，他是解决者。为这个平台的每一个伙伴注入爱与力量。

在爱的世界里他认为自己只是大海里一滴水。自信，从容不去苛求完美，做好自己，为自己的村民送去健身器材，自筹资金，安上路灯照亮他人。做自己力所能及的事。用人品赢事业的机会，用心怀成大器，用责任和担当创赢思路，用爱赢天下。他不在是传统意义上的创业，而是以圣贤仁心，助推基业。追求的是超凡脱俗，讲究的是大气，文化内涵，提升的是人格。

肩荷的是责任，让更多的人一起激励志向，放飞梦想，享受快乐，体验成功！

因为有他在，济宁的企业家俱乐部更精彩！

相信因他在，济宁的鞋业发展将有更美的篇章！

路在脚下，在以后人生的道路上他会写下属于自己的浓墨重彩的人生传奇……

跳跃的音符　成功的人生

——记山东省不动产商会(筹)发起人闫宗艳

宝剑锋从磨砺出,梅花香自苦寒来。真正的强者,善于从顺境中找到阴影,从逆境中找到光亮,时时校准自己前进的目标。虽然生命中不乏磕磕绊绊,但是闫宗艳本人一直坚信平凡的人生一定会因你的坚持不懈而变得不平凡。

从销售冠军到装饰经理

1979 年,当时年仅 16 岁的闫宗艳来到山东兰陵集团。1994 年时兰陵集团在全国成立营销公司,她自告奋勇,到销售公司做业务员。单独负责龙口分区的整体运营,当时工作环境恶劣,她身体力行,从来不会因为自己是女士而对自己放松要求,曾两人一夜卸载一车酒产品,虽然身体上特别劳累,但是她从来都不会在团队面前喊累,因为他坚信付出就会有回报,后来为打开市场,将兰陵酒广告词改为:“畅饮兰陵酒,财源滚滚有”并采取积极地营销策略,在很短的时间内打开市场,成为省内的销售冠军,获得业界内外的一致好评。

1996 年时,因为私人原因,闫宗艳来到上海,受哥哥的影响,开始涉及建材行业,相继进行嘉和大厦、哈瓦那酒店、沈阳红星美凯龙、沈阳龙之梦、上海龙之梦、华美大酒店等内饰装修工程。在沈阳装修期间,严把质量关,不畏严寒,穿工作服在冰天雪地里一直检查确保质量,尽管垫资做工程,也要保证质量问题,在建材装饰行业享有美誉。

从山东区总经理到山东不动产商会发起人

2014 年,在全国整体经济“调档降速”的大背景下,房地产行业各项指标增速放缓。在经济新常态下，房地产行业正式告别“黄金十年”，开启“白银十年”的转型升级路径。机遇与挑战并存，行业发展的瓶颈问题、主要矛盾已见端倪，分化及差距日渐成为常态，整个行业的系统生态环境及生态链亟待提升。在全国最具影响力的房地产行业组织—全联房地产商会战略发起、参与下，“全国房地产联合投资（FOF）基金”应运而生。祖籍山东临沂的闫宗艳，作为全国房地产联合投资（FOF）基金山东区域总经理，从上海来到山东济南。受全联房地产商会的委托，组织了泛华建设集团，全国房地产联合投资 FOF 基金。上任伊始，就组织保利建设集团、智慧中国集团、国际版权交易中心、中铁一局等单位考察山东青岛、临沂、济南三个城市，取得了一系列喜人成果，为山东新型城镇化建设及产业发展、经济转型注入新的推动力！

山东作为我国人口第二大省和沿海发达省份，未来城镇化发展前景广阔，房地产行业的巨大发展空间有目共睹。目前山东房企的发展，以及在全国房地产行业大格局中的位置不容乐观；房地产行业社团组织的活跃度、影响力同经济大省的地位并不相称。基于这一认识，作为全联房地产商会等首批发起人的闫宗艳，发起筹备山东省不动产商会，通过组建商会，更好地关注齐鲁大地的商机，发挥鲁商文化内在的亲和力，促进地产鲁商的奋发崛起。

2015 年，负责人闫宗艳带领筹备组成员积极发展商会筹备工作，商会筹备会议相继在北京、济南、临沂成功召开。每次会议，每次活动，闫宗艳都身体力行，亲自策划筹备会议，积极配合中国房地产金融联合会开展省内外利于房地产高峰论坛。在学习中成长，传递房地产转型升级的先进理念，积极促进山东省房地产市场的发展。协助中国房地产金融联合会号召国内外知名企业 60 余家赴韩海外投资考察。在她的牵线搭桥下，中国房地产金融联合会同韩国最大经济媒体《每日经济 MBN》共同合资成立了“全亚洲房地产投资中心”。中韩及亚洲范围内的不动产交流合作的战略平台初步形成，为中韩进一步合作打下坚实基础。

闫宗艳视生活上的不如意为事业上的动力，演绎不平凡的人生。积极发展山东省房地产市场，为山东省房地产市场发展注入生机与活力。

我们祝福闫宗艳和山东省不动产商会早日成立，带领不动产企业杨帆远行。

军营里走出的“草根文学家”

——记济南市军转干部刘昌义

他，个头不高，体型微胖，身穿蓝色西服，鼻梁上架着一副金边眼镜，头发稀疏略带斑白，稳健的脚步，一眼看出他是当过兵的人；

他，不仅是山东国土资源作家协会会员，而且还是山东省青年作家协会会员，更是中国国土资源作家协会会员；

他就是济南市中区二七街道梁南社区居委会自主择业军转干部刘昌义。

刘昌义，笔名阿义，男，1962 年 10 月出生，中共党员，大学本科学历，1981 年 10 月应征入伍，2002 年 12 月副团职中校自主择业。先后在中国经济电讯、国土资源导报、济南齐鲁风采书画编辑中心、中华英模网、山东工人报等媒体从事新闻采编工作，现为山东省城市经济学会秘书长助理。

弃笔从戎　报效祖国

“十八岁、十八岁，我参军到部队，红红的领花映着我开花的年岁，虽然没戴上呀大学校徽，我为我的选择高呼万岁。生命里有了当兵的历史，一辈子也不会感到懊悔……”1981 年月 10 月，以高考 3 分之差落榜的刘昌义，怀着青春的梦想，带着父母的叮咛，系着老师和同学的期盼，辞别了父老乡亲，离开了水晶之乡—江苏省连云港市东海县，来到了福建省福清县 32538 部队 86 分队，成了一名光荣的中国人民解放军战士，担负起保家卫国的神圣使命，开始了他的军旅生涯……

在部队这所大学校里，官兵团结亲如一家，战友之间胜似兄弟，他把每个战友当作知己，把每位首长当作教师，开始在大熔炉里锻炼自己。风风雨雨也好，摸爬滚打也罢，他把军营当作自己工作、立功、报效祖国的地方。火热的军营生活，他学会了很多很多，无论是政治理论，还是军事文化，他方方面面都有了很大的提高。学过畜牧兽医，当过文化教员，参加过军事新闻报道骨干培训，考上了军校并提了干，毕业分配到中国人民解放军济南军区驻济南铁路局军代处成了一名铁路军代表。住在铁路，为部队和国防建设服务，多次立功受奖，一身军装，一穿就是22年。

脱下戎装　以笔作枪

2002年底，随着军队建设的飞速发展和部队编制体制改革的不断深化，根据部队需要和安排，已经是副团职的刘昌义，脱去了一穿就是20多年的绿军装，结束了他的军旅生涯。刚过40岁的他面临人生新的选择：军转干部一方面是党和国家的宝贵财富，另一方面每年的军转安置工作又给地方政府增添了不小压力。他想：现在正值壮年，应该为党和国家分忧解难。于是他孤注一掷，毅然放弃了安置到政府机关事业单位工作的机会，选择了自主择业的道路，成为济南市一名自主择业的军转干部。

"生命里有了当兵的历史，一辈子也不会感到懊悔……"2003年初，在新华通讯社山东分社组织的招聘面试中，他凭着在部队大熔炉里的多年锻炼，靠着军旅生涯中奠定的新闻工作基础，加上两本厚厚的个人新闻作品剪辑和一厚摞的荣誉证书，负责招聘的付超同志面露喜色，当场表示录取。实现了他从"枪杆子"到"笔杆子"的转换，成了《中国经济新参考》杂志记者和《中国经济电讯》编辑。同年4月，有着"当兵的历史"的省国土资源厅新闻信息中心主任受命负责的《国土资源导报》社，急需一名编辑，凭着战友情谊，他又来到《国土资源导报》社，成了一名编辑兼记者，他从此以笔作枪，战斗在国土资源新闻一线，跑遍了山东17个地市和140多个县区，他采编的稿件深受领导和读者好评，他主笔发表的《关注人民生命安全》《20天垦出耕地400亩》《让能者得其位》《劲吹和谐之风》等稿件多次荣获山东省新闻奖、山东省专业报刊好新闻奖、山东省国土资源好新闻奖等。2008年5月，新劳动法的实施和事业单位用工改革，他离开了国土资源导报社，又成为济南齐鲁风采书画编辑中心一名编辑，与山东省卫生厅联合策划完成了《职业病防治》一书采编出版发行工作。2013年4月，经朋友介绍，他又来到山东工人报经济一部专门从事专题采访与写作，目前，已经出色完成了30多个英模人物和先进单位的专题宣传，他采写的英模稿件还被收录到《齐鲁先锋》丛书。

弦习不辍　酷爱文学

刘昌义从小生长在江苏省东海县李埝林场的一个小村庄，艰苦的农村生活养成了他吃苦耐劳的性格；22 年的军旅生涯，造就了他勇往直前的精神；十多年的媒体工作经历，懂得了“三人行必有吾师”的道理。无论在什么地方，不管从事什么工作，总割不断他对故乡的牵挂和对文学创作的追求，他总是在干好本职工作的同时，充分利用业余时间从事散文、诗歌等文学领域的学习与创作。

1995 年 2 月 9 日，他的散文处女作“故乡的小路”在《济南铁道报》发表后，受到了部队官兵和广大铁路职工的好评，也激起了他的创作热情，2003 年他的古题诗“勘察队员之歌”在《青年作家报》发表后，荣获山东青年作家协会 2003 年度获奖作家三等奖；2005 年 6 月，他的“济南元宵节赏灯诗二首”在《时代文学》杂志发表后，更是引起了广大诗歌爱好者的好评；他的杂文《不应歧视“问题官员”》《也谈“问责制”》《让“腐”等于“败”》《有感于另类“前赴后继”》和报告文学《“废水坑”成“聚宝盆”》《开发与保护和谐发展》及文学评论《不应歧视“问题官员”》先后在《中国国土资源作家网》大地原创板块发表，并被多家报刊转载。

目前，他已经先后在《济南铁道报》《人民铁道报》《济南日报》《齐鲁晚报》《前卫报》《解放军报》《国土资源导报》《中国国土资源报》《青年作家报》《时代文学》杂志、《中国国土资源作家网》《中华英模网》等发表诗歌和散文 100 多篇，5 万多字。

社区为家　奉献社会

刘昌义同志自把组织关系落到二七街道梁南社区居委会后，他用军人“不怕吃苦，敢于牺牲”的作风和共产党员“严格要求，甘当先锋”的表率作用，以社区为家，奉献社会，以实际行动，为军旗再添彩，为党旗增光辉。用业余时间，走遍了社区的大街小巷。为灾区困难群众捐款、走访慰问社区困难群众、参加义务劳动执勤、打扫社区环境卫生……处处都能见到他的身影；每逢组织生活，他都想方设法尽量参加；社区老年大学开学，他总是挤时间去听课；社区的各项组织活动，他也都勇跃报名参加。他用行动，赢得了社区领导和党员群众的好评，先后被推荐和评选为“学习之星”与“和谐家庭”等。

人活着就要活出自己的价值和精彩。刘昌义同志正是用自己的言行展现出一名自主择业军转干部的文学风采！衷心祝愿刘昌义同志在习总书记“为人民抒写，为人民抒情，为人民抒怀”的指示指引下，在文学创作的道路上走得更远、更宽、更广。

执着唱响兵之歌

——记济南市历下区城管局张昊宇

泉城济南的泉水养育了一副魁梧的身板；8 年的军旅生涯磨砺出一身正气凛然；齐鲁文化的博大精深又滋润了一分灵秀。这就是济南市历下区城管局张昊宇，一名换下戎装，奋战在城管战线的标兵。

满山开遍映山红

2008 年底，从济南军区政治部退伍的张昊宇怀揣一本厚厚的简历来到历下区城管局报道。同事们都觉得这个小伙子身上有着同龄人所没有的英武之气，翻开他的简历细瞧，不由地震惊了：当兵 8 年，荣立二等功 1 次，三等功 2 次，17 次受到部队嘉奖，“侦察兵一级技术能手”、“优秀新闻报道员”、“优秀基层带兵人”，他利用业余时间在《解放军报》《军事记者》杂志、济南军区《前卫报》《基层建设》杂志等媒体上投稿 300 余篇……这些骄人的成绩与一名普通的士兵联系起来，不能不让人掂量其中的分量。局领导当即拍板，留在局机关搞宣传写材料！

虽然部队和城管都是“穿制服”的，但是隔行如隔山，毕竟有着本质的区别，尤其是从事宣传工作，没有实践经验、没有亲身经历就没有发言权。倔强的张昊宇一口回绝了领导的好意，主动要求去基层锻炼，干不出成绩就不回来。

“要么不干，干就干出个样来”，张昊宇是这么想的，也是这么做的。他每天早早起床，来到马路上虚心向环卫工人学习扫马路；他跟着水车司机一起出车，了解城管保洁机械化作业程序；夜里他与车队的驾驶员一起跑垃圾场、运垃圾，亲身体会城管工作的辛苦；他跟着业务科到处检查，了解历下区城管工作的具体情况……点滴的积累慢慢地在张昊宇的心中碰撞着，一个又一个的火花在他脑海中闪现，他感觉快要装不下了，他不能再等了。因为城管工作实在是太辛苦了，环卫工人实在是太可敬了，全区2000多名城管工作者干了那么多的工作却几乎不为人所知，甚至是不理解。学习得越久，张昊宇越是感觉到肩头的责任重大，他下定决心，一定要把城管工作宣传出去，哪怕漏下一件事，都是对不起同事们的付出！

功夫不负有心人。2009年3月22日，一篇《环卫保洁向空中延伸》的报道在济南日报2版头条一炮打响，《齐鲁晚报》《济南时报》《生活日报》同时刊登，各大网站纷纷转载。这是张昊宇来到城管局工作的第一篇“战果”，他永远忘不了局领导边读着报纸边颔首微笑，他永远忘不了环卫工人看到报纸中自己的照片时，那满足自豪的神情。首战告捷，张昊宇却没有丝毫的放松，《农贸市场有了专职保洁员》《水车进社区，秤砣到街头》《人行道保洁告别大扫帚》《环卫工人住进标准间》《开放式小区告别垃圾堆》……一篇篇反映历下城管创新工作的鲜活稿件犹如遍开山野的映山红般跃然纸上。

不知疲倦鼓与呼

没有人知道，成绩的背后是多少个不眠之夜，是跑了多么远的路途。张昊宇不知疲倦地在新闻之路上奔跑着，为历下城管事业的发展摇旗呐喊。

2011年5月9日，济南连降大暴雨，历山路铁路桥下污水、淤泥积聚严重。历下区城管局出动了5部高压洒水车、4部垃圾清运车、1部铲车，从凌晨4点一直干到下午4点，清运垃圾淤泥40吨。张昊宇第一时间带着相机赶赴现场，抓拍同事们劳作的瞬间，留下了震撼人心的清淤照片。《齐鲁晚报》《山东商报》《生活日报》不约而同地将张昊宇拍摄的照片放在一版中心位置刊登。

张昊宇随身带的背包里永远少不了2样东西：采访本和签字笔。他走到哪写到哪，不停地积累素材，时刻准备着为城管事业鼓与呼。一篇《省城首现“会跑的垃圾站”》，反映历下区城管局引进先进的压缩式垃清运车的报道，引起了上级领导的关注，为历下区城管局拨出专款用于购置这种车辆。

《泉城酷热下的生活》《幕后英雄成就视觉盛宴》《保全运，他们让人感动》《历下城管助环卫工人清凉一夏》等一篇篇描写环卫工人辛苦劳作的报道，引起了社会各界对这个群体的关注，为环卫工人赢得了尊重。

繁忙的城管工作使他很少有时间能照顾上妻子孩子，结婚六年没与妻子过上一次纪念日，新婚蜜月没有过完他就被单位召回负责处理突发任务，女儿出生的第二天他就奔赴清雪除冰第一线，平日里加班加点更是家常便饭，周六周日都难得团聚。在张昊宇办公桌的抽屉里，除了堆积的材料就是方便面和日照青。他已经记不清自己在办公室里睡了多少个夜晚，对他来说，为了赶一个材料加班到凌晨三、四点钟已经习以为常，饿了就啃包方便面，困了就喝一口浓茶。他已经想不起来上一次能够正常休息的星期天是什么时候过的，“5+2”、“白加黑”，成了他工作的时间表。平均每年在各大新闻媒体发表文章100多篇，张昊宇用他的一支笔尽情抒发着对城管事业的热爱之情和执着追求。

挺身而出扬正气

人品决定着文品，文品体现了人品。故此，人常说“做文先学做人”。张昊宇正是那种格外看重“先做人”的人。他为人正直、坦荡，和他相处，无需防范什么。他的直率，也衍生了他的又一优点——重友情、讲感情，受人滴水之恩，当思涌泉相报。这种品格，对于父母，是孝；对于朋友，是义；对于国家，是忠；而对于事业来说，是不可或缺的职业道德。

2010年3月2日下午5点20分左右，正值下班高峰，张昊宇正在洪楼广场等车回家。“砰”的一声，马路南面的果皮箱倒在了路中间，垃圾洒了一地。紧接着又是一声响，又一个果皮箱倒了，而且箱体碎成了三块，滚到了快车道上。张昊宇巡声望去，发现一名中年男子手拿工具正在一路向西拆卸果皮箱。这很不正常，凭工作经验张昊宇断定这是有人在搞破坏。此时他已经坐在公交车上向洪家楼南路驶去，他立即下车，打了一辆出租车又驶回花园路向西追赶破坏分子。当追到花园路与山大路路口时，张昊宇发现这边的几个果皮箱还没有遭到破坏，他下车查看，发现箱体有被撞击的痕迹，“破坏分子还在作案！”，于是他继续向西追赶。

在林业大厦附近，几名市民正在议论：“太可恨了！”“这是蓄意破坏，得把他抓起来！”……一路赶来的张昊宇了解到是有人把隔离带的铁栅栏给拆了，人刚跑了不久。“太嚣张了，非抓到他不可！”张昊宇疾步追去。终于在东关大街东头追上了破坏分子，该名男子正在拆卸隔离带的围栏，看到有人向他追来，拎起两截围栏就向路北逃窜。张昊宇一个箭步冲了上去。由于他在两周前的清雪除冰中不小心把右手摔成了粉碎性骨折，还打着石膏，他便用左手拎住破坏分子的衣领一把按到了地上，接着用身体死死地把破坏分子压在身下。东关派出所的民警闻讯赶来将破坏分子带走审理。张昊宇在下班途中不顾有伤在身，舍弃个人安危追赶3000多米，单手擒获嚣张的犯罪分子，围观的群众无不拍手叫好，张昊宇用他一身正气践行了为人民管理城市、出门就是上班。

“青松挺立高山顶，雄鹰喜逐暴风天。”张昊宇将以他对城管事业执着无悔的追求，在人生行进的路上唱响更嘹亮的兵歌！

心系环卫的诚信队长

——记济南市历下区城市管理局机械化清扫队队长刘欣

有这样一个人，他行之有恒，扎根环卫一线工作15个年头，寒来暑往、风里来雨里去，从未言“悔”；有这样一个人，他重践守诺，为了一句誓言“浴雪奋战”33个小时，从死亡线上挣扎回来，从未言“败”；有这样一个人，他大爱至善，心系百姓职工，千金一诺圆梦路上披荆斩棘，从未言“难”。这个人就是济南市历下区城市管理局机械化清扫队队长刘欣。

行之有恒　十五载青春献环卫

众所周知，环卫工作是个又脏又累的活儿，并且常常被一些人看不起，可就是这个不起眼的工作，却涉及到千家万户的生活质量，更无时无刻不在体现着一座城市的精神风貌。对于这份工作的重要性，刘欣深有领悟，15年来，他以坚实的脚步踏石留印，以坚定的人格品质持之以恒，义不容辞地肩负起这份为人民管理城市的责任，在工作中始终以兢兢业业、勤勤恳恳的态度，默默践行着一名环卫人对这座城市的承诺。

在机扫队，每天来得最早的是他，走得最晚的是他，操心最多的还是他。作为一名队长，刘欣不但能够严格地管理队伍，而且用人性化的管理理念凝聚人心，焕发整体队伍的凝聚力和战斗力。2013年，“十艺节”在济南召开，环境卫生将影响到泉城的形象。刘欣带领车队一班人马放弃节假日，加班加点坚守在环卫战线上，随时调动洒水车和清扫车，确保环境卫生质量。随着各条道路的整修，马路的改造工程造成周边环境尘土飞扬，尤其是雨后的路面，厚厚的泥沙给环卫工作带来的难度是可想而知的。面对特殊环境，刘欣制定出具体的工作方案，延长工作时间、加大工作力度，利用休息日亲自带领车队职工开着洒水车、清扫车到影响严重的地段进行清扫，反复冲刷，降低污染度，还市民一个良好的环境。无论遇到再恶劣的天气，再特殊的情况，只要接到环卫所的电话，他总是立刻安排，马上出车。

重践守诺　舍生忘死履誓言

与日月齐辉，与风雪同伴；与马路为家，与假日无缘。这是千万个环卫工作者的真实写照。刘欣无疑又是这千万个中当之无愧的杰出代表，从事环卫工作以来，他从不歇星期天，义务加班加点更是常有的事，越是节假日越是忙碌，每年累计节假日义务加班 80 多个工作日。

2012 年夏天的一场大雨，造成辖区大部分路段蒙上一层厚厚的泥沙，给居民的出行带来了很大困难。刘欣凭着多年的工作经验，一早来到了车队，迅速召集人员抓紧时间赶赴到主要路段。他亲自带领车队职工手拿铁锨、扫帚等工具，清理着各种垃圾，协助水车、机扫车能够顺畅地工作。汗水和泥水掺杂着湿透了刘欣的衣衫和脸颊，但他全然不顾疲劳地工作着、忙碌着。哪里任务重、困难大，哪里就有他的身影。经过连续几个昼夜的不停奋战，各条道路恢复了本来的面貌，变得干净整洁。

通常济南的冬天格外干燥，但 2012 年冬天济南的雪来得格外勤。艺术家眼中的雪花是创作的源泉和灵感，而在环卫工作者眼中，雪花就是命令！必须在第一时间做好清雪除冰工作，必须在最快时间内保障道路畅通无阻、保障居民正常通行！这，是 3000 多名历下环卫工作者的共识，更是他们共同的战斗号角！

“雪后两小时市区内所有主要道路不能见到积雪”，从部队转业的马路局长向刘欣下达了命令。

“能不能完成任务！”。

“能！”。

同为军人出身的刘欣掷地有声。这不仅仅是对上级领导的承诺，更是对全区百姓出行便利的庄严承诺！作为机扫队的大队长，为了不失信于民，天气预报就是命令！每遇恶劣天气，刘欣总是提前来到队上，从车辆部署、物资调配到人员安排，事无巨细，落实到位。在连续的 9 场大雪中，他昼夜坚守岗位，不眠不休地观察雪情，他始终冲在清雪除冰的第一线，连续作战使他身心疲惫，脸色灰黄，满眼血丝，领导、同志们劝他要注意休息，但他像上紧发条的机器一样毫不停歇，为了清雪更是数过家门而不入。

2012 年 12 月 13 日下午 3 点，连续清雪 33 个小时、中间没有合过眼的刘欣到驾驶室里去取充电器，他突然感觉到呼吸困难，胸口从未有过的一阵刺痛，还没反应过来，便两眼一黑，一头栽倒在地上。机扫队的驾驶员们都吓坏了，手忙脚乱地把他送到医院。经过紧急抢救，刘欣在昏迷了18个小时后终于从死亡线上挣扎回来，可他睁开眼说的第一句话竟然是“雪清干净了没有”？同事们再也忍不住了，五六个大老爷们在病房里哭成一片。这泪水，是对刘欣起死回生的喜极而泣，还是感动于他这股不要命的拼劲，大家都早已说不清楚……这一躺就是两个月没爬起来。

在刘欣的带领下，机扫队多次受到上级表彰——连续三年取得全市环卫车辆年审第一名，荣获2012年度济南市建功立业先进集体。他本人也先后获得“济南市城管系统十佳环卫所长”“济南市城管系统十大杰出青年”“最美济南人”等荣誉，刘欣用他真诚的劳动和无悔的付出在平凡的岗位上实现了自己的人生价值和追求，用最朴实的行动忠诚地履行着一名环卫工作者的光荣使命。

大爱至善　千金一诺圆梦人

饮水思源、感恩奉献。如果要问刘欣心里每天除了在想怎么把活干好外还在想什么？那就是如何更好更多地发挥自己的力量，帮助需要帮助的人。

刚当队长的时候，机扫队只有33个人，还经常有人提出辞职。修理工武之强在修车时手指被锐器划伤，却要自己掏钱去医院治疗；驾驶员老徐丧偶后单身一人，每月只靠1200元的工资却要照顾两个年幼的孩子和两位老人……驾驶员为什么得不到医疗的保障？为什么收入这么低？怎么才能提高他们的生活水平？……一个个问号让刘欣寝食难安。

“两年之内，让每名职工都能交上五险一金，让每个人的劳动都能得到物有所值的回报！”在开队务会的时候，刘欣郑重作出承诺。第二年，所有驾驶员不但全部交纳了五险一金，而且每人还有一份意外伤害保险；平均月工资涨到2400元，实现了收入翻番；每年中秋节、春节、环卫工人节都要发放鸡鱼肉油等福利和500元过节费；夏季有高温补贴，冬季有取暖补助。大家过上了好日子，争着抢着要来车队工作，驾驶员队伍更是壮大到现在的110人。

熟悉刘欣的人都知道，他生活简单、衣着朴素，每年四季就是那几身工作服来回倒替着穿，随身用的手机还是几年前老掉牙的土款式。生活中他对自己是处处能省则省、近乎吝啬，而对需要帮助的人，则慷慨解囊、毫不吝惜。他心系全队驾驶员的冷暖安危、心系局里家庭困难职工的日常生计、心系社会上需要帮扶人群的困难疾苦。每逢局里组织慈善爱心捐助活动，刘欣总是最积极、最踊跃的参与者，他经常组织队员利用节假日义务帮助社区老人清洁卫生，自掏腰包为生活困难的寒门学子送去助学金，为特困保洁员购买粮油米面等生活必需品。不管上班下班，分内分外，凡是能办到的，他都不辞辛劳，不计得失，努力做好。他细心观察身边每位职工，了解每个职工的家庭状况，以便在第一时间为他们排忧解难。谁家的子女该上学了，他想办法解决；两口子吵架了，找他来和解；刮风下雨，他总要到队上转一圈才放心……凡事被刘欣知道了，他总是想尽一切办法施以援手、帮助解决，职工们不管是谁遇到困难了，他都会先想到找队长帮忙。虽然论年龄很多驾驶员都是刘欣的大哥，但是在大家的心里，刘欣俨然是一位知冷知热的老大哥。

15个春夏秋冬，15载寒来暑往，5400多个日日夜夜，风雨兼程，披星戴月，一路走来，在平凡的岗位上，刘欣做出了不平凡的感人业绩，他用对事业无限忠诚与执着、对社会无私奉献与慷慨感恩，书写了一段精彩的美丽人生。刘欣没有什么豪言壮语，但他15年如一日的真诚付出，赢得了大家的一致认可。漫漫人生长路，他将一如既往前行，继续用执着的画笔去描绘他的诚信人生。

拿下三个全国第一的“带电超人”

——记国网山东省电力公司烟台供电公司带电作业班班长李红新

李红新，国网山东省电力公司烟台供电公司带电作业班班长。兢兢业业25年，拿下了三个“全国业界第一”，他是全国1万伏等电位带电作业第一人，是全国带电作业次数最多的人，也是业界培训学员人数最多的人。

从理论到实践的起步阶段困难重重。1989年李红新走出校门参加工作，遇到了一个又一个现实的技术难题。他说，没有皱过眉头是假的，但李红新心里有着强烈的“干一行，爱一行，钻一行，精一行”的信念。他虚心请教认真学习，他把每次检修任务当成锻炼机会。炎炎夏日，他可以脚穿8公斤重的铁鞋，一次次登杆攀爬，需要冲锋陷阵时，李红新总是走在前面。渐渐地，从熟练掌握爬杆技术到被业界称为“带电超人”，从一名学习型普通技术职工成长为一位素质高、技术精的电力高手，外表文弱的李红新取得了一个又一个不凡业绩。

身边人都说李红新话不多，但一说起自己的专业他就滔滔不绝，他平时也没有什么业余爱好，但一有空闲就埋头在实验室，钻研电力技术、攻克技术难题。

1996年，烟台供电公司作出“限电不拉闸”的承诺，公司立即成立技术攻关小组，年仅27岁、敢闯敢干的李红新临危受命。自此近一年的时间，上千次实验，从实验室到线杆，从线杆返回实验室，李红新持续作战始终如一日。

1万伏等电位带电作业的操作间距小，作业人员需要直接对带电部分进行作业，线路是1万伏，作业人员的身体也是1万伏。“一旦发生意外，高压电导致的电击伤永不愈合，只能截肢”李红新给记者解释说。

1996年底一天，在烟莱线上进行带电更换试验时，李红新第一个上杆。

结果吊车吊臂突然失灵,碰上了高压线,随着两声巨响,李红新眼前接连冒出两个大火球,当时再稍近一点,他就可能被电击倒或烧伤。心理素质过硬的李红新很快调整好情绪,对吊车重新调试定位后,再次登车作业。除了对心理素质的考验,还要接受身体素质的挑战,有时,李红新最多一天要做四次实验,每次下来都必须赶紧喝一大瓶"生理盐水"。

功夫不负有心人,李红新和他的团队最终顺利攻克难关,开创了全国1万伏等电位带电作业的先河,烟台供电公司配电线路带电作业水平一跃走在了全国前列。

1998年,全国1万伏配电线路带电作业现场会在烟台召开,李红新和班员们在真正带电的1万伏线路上演练,让国内同行为之瞠目。从此,李红新"全国1万伏等电位带电作业第一人"、"带电超人"的名号也传播开来。

2011年1月,烟台供电公司率先在配电工区成立了"李红新劳模创新工作室",发明创新从此成为李红新的又一项重要工作。李红新自己亲自挑选出10名骨干,创新发明工器具及作业方法20多项,结合实际,研究了多项小发明、小创造。

李红新劳模创新工作室成员共同研制的"带电修补导、地线载人滑车",改变了导、地线受损后只能停电处理的困境,大大降低了作业成本。他们先后研制改进了10千伏配电带电作业工具、220千伏线路施工工具、220千伏直线铁塔更换绝缘子专用工具及新式飞车、新式大刀卡具等一系列工器具,累计节省检修施工费用近400万元。

针对带电作业管理现状,他们总结出了"六三"工作方法:问题在岗位解决,任务在岗位落实,方案在岗位制订,成效在岗位检验,人才在岗位培训,创新在岗位体现,严格遵守规章制度,严格执行作业标准,严格监管作业安全。

目前,该工作室已成功完成16个创新项目,创新工作室与带电作业班也合二为一,李红新充分发挥"传帮带"作用,带领大家利用业余时间集体搞发明创作,极大地提高了工作效率和效果。

凭借多年来的勤劳好学和踏实肯干,李红新获得的荣誉一项项接踵而至,全国电力系统青年岗位能手、全国青年岗位能手、国家电网公司劳动模范、全国技术能手,全省为民服务创先争优服务标兵、山东省首席技师,2014年,李红新又收获了一枚沉甸甸的"全国五一劳动奖章"。

预报地质灾害　保障隧道安全

——记地质工程专业博士薛翊国

多年来，薛翊国一直从事隧道地质灾害超前预报与防治研究，是国家优秀青年基金获得者、IAEG 中国国家小组成员。2001 年 6 月本科毕业于吉林大学水文地质与工程地质专业，2006 年博士毕业于吉林大学地质工程专业，硕博连读期间，刻苦努力，成绩突出，多次获得国家一等奖学金和“优秀研究生干部”称号。2006 年 7 月来到山东大学，加入山东大学李术才教授领导的岩土工程团队，参加了多项国家重大重点工程的建设。

“脚上沾满泥土的教授是好教授”——来到山东大学的第二天，他就出差到了当时最难建的山区高速公路——湖北沪蓉西高速公路，开展隧道地质超前预报科研工作，多次成功预报了大型暗河、溶洞群、突水断层等，如龙潭隧道特大型塌方、突水突泥灾害，提前 12 小时预警，避免了重大人员伤亡，解决了一系列关键技术难题，作为主要完成人，相关成果 2010 年获中国岩石力学与工程学会科技进步一等奖。

2007 年，他参加世界公认的高压岩溶裂隙水重大难题工程——锦屏二级水电站输水隧洞工程，开展国家重点基金项目“高压大流量岩溶裂隙水与不良地质情况超前预报和治理”的实施，多次不畏人身安全到突水的最前端开展科研工作，作为主要完成人，相关成果 2011 年获国家科技进步二等奖。

2008 年，到中国第一、世界第三长公路海底隧道——青岛胶州湾海底隧道工程开展现场科研工作，隧道全长 7800 米，地质条件复杂，18 条断层连通海底，一旦突水，将产生毁灭性灾难。经过三年的不懈努力，他成功预报了所有含水断层，未发生一起突水突泥事故，保证了海底隧道施工安全，薛翊国的研究成果为青岛胶州湾海底隧道的安全顺利通车提供了强有力的科技支撑。作为主要完成人，2010 年和 2012 年他两次获得山东省科技进步一等奖。

前国际岩石力学副主席、中国科学院院士孙钧评价："青岛胶州湾隧道的建成在我国隧道建设史上具有里程碑意义，很多技术、工艺属首创，在全世界来说都顶呱呱，很了不起！也为我国从'隧道大国'向'隧道强国'迈进奠定了坚实基础。"

2010年，结合国家战略石油储备的重大需求，他带领小组投入到我国第一座300万方大型地下水封储油洞库的科研攻关，负责储油库施工灾害超前预报预警与水封性评价等关键技术难题。经过近四年不懈的努力，他突破了国外在地下水封石油洞库领域的技术封锁，该成果被中国岩石力学与工程学会组织的院士专家一致鉴定为国际领先水平。研究成果填补了我国在该领域的技术空白，产生了重大的经济效益和社会效益。

薛翊国一直在教学科研的第一线，他说：科学问题在一线发现，科研思路在一线形成，科研目标在一线提出，科研内容在一线完成，科研成果在一线检验。

依托国家重大工程项目，他承担国家自然科学基金优秀青年基金项目、面上项目、青年项目与20余项重大工程科研项目，科研经费共2000余万元，作为核心学术骨干参加国家"973计划"课题3项、国家"863项目"1项。截至目前，薛翊国共发表学术论文100余篇(其中SCI/EI收录60余篇)，以第一作者在SCTC、J Geo. Eng. 等国际著名杂志上发表论文25篇，被引用600余次，其研究论文"高风险岩溶地区隧道施工地质灾害综合预报预警关键技术研究"获2011年中国百篇最具影响国内学术论文奖，参编教著2部；作为主要完成人，获国家专利授权30余项；获国家科技进步二等奖1项、山东省科技进步一等奖2项，中国岩石力学与工程学会一等奖1项，国家能源科技进步二等奖1项，湖北省科技进步二等奖1项。

薛翊国是获得国家优秀青年基金的学者，也是为重大工程保驾护航的工程师，更是乐于分享的良师益友，多重身份的薛翊国似乎是时间的掌舵者，他参加国家重大工程项目，不仅为国家重点工程做出了贡献，而且他还发现，现场是最好的教室。2009年10月，他成功在青岛胶州湾隧道工程现场建立了山东大学研究生社会实践基地，将产、学、研、用相结合，教师在现场教学，发现问题、剖析问题，培养学生理论联系实际、解决复杂问题的能力，为其将来的科研夯实基础。青岛胶州湾海底隧道实践基地起到了"丰富教学，提升科研，发展学科，培养人才"的作用，并获得了"山东大学优秀研究生社会实践基地"荣誉称号。

针对国家对土木人才的最新需求，薛翊国积极推动"三三制"教学实践改革，并获得教改立项《土木工程专业实践教学体系与实践教学内容改革》，研究成果 2010 年获得山东大学研究生教学成果一等奖 1 项，山东省研究生教学成果三等奖 1 项。他担任山东大学城市地下空间工程系 2009 级本科生班主任，成绩优秀，创下了地下系保研 13 人的历史最好成绩。他多年坚持不懈地为学生开展第二课堂，从 2008 年开始，指导 25 名学生参加全国大学生"挑战杯"竞赛取得了不俗战绩，多次获得山东省挑战杯大赛特等奖，2009 年指导聂立超等 4 人在第十一届"挑战杯"全国大学生课外学术科技作品竞赛中荣获二等奖，2010 年指导张章一等 10 人在第七届"挑战杯"中国大学生创业计划竞赛中荣获金奖，2013 年指导的田昊等 6 人获得山东省研究生优秀科技创新成果二等奖和山东省"挑战杯"特等奖，他本人也荣获"山东大学优秀指导教师"荣誉称号。2014 年，他破格晋升为教授。

多面的人生，多样的风景

——记青年作家、人力资源管理专家李德基

他，是一位诗人、作家，也是一位企业家、人力资源管理专家，他就是李德基。李德基现任山东威豪企业管理咨询有限公司董事长兼首席咨询师，祥云阁健康管理会所投资人。山东大学 MBA 毕业，中共党员，高级人力资源管理师，注册会计师，注册税务师，一级证券师，高考志愿填报和职业规划专家。出版有诗集《独对伊人》，小说《盲琴》，专业管理著作《金融企业风险管理》，普通高校教材《房地产开发业务流程》和《建筑施工企业会计核算》。他拥有多面的人生，每一面都有精彩的风景。

独对伊人，诗文中的激情

改革开放初期的 20 世纪 80 年代，美好单纯的理想主义盛行，人人充满激情，文学还没有受到市场挤压，没有受到大众传媒的冲击，爱好文学的人拥有一个比较单纯的文学环境，文学作品是大众主要的阅读对象，从环境角度讲，80 年代就是诗歌的年代。彼时，实用主义和功利主义还没有抬头。在那个理想主义年代，爱好文学是天经地义的事情。也缘于从小喜欢读书、喜欢写作的原因，作为 20 来岁的年轻人，李德基深深地痴迷上了文学创作，以帆笛为笔名，先后在《黄河诗报》《大众日报》《齐鲁晚报》《诗神》《诗风》《山东文学》《时代文学》《济南日报》等刊物发表诗歌 200 余首。翻一翻 1994 年、1995 年的《齐鲁晚报》，当时的晚报还有文艺副刊，晚报全年发表的诗歌作品总量，李德基一个人的作品，就差不多占到 20%，那真是一个激情燃烧的岁月啊，白天忙工作，晚上伏案写作，辛勤的汗水结出了累累硕果。1994 年末，年仅 22 周岁的年纪，便由山东文艺出版社出版了第一本诗集《独对伊人》，为此中国诗坛泰斗著名诗人桑恒昌先生欣然为诗集作序，以资鼓励。《济南日

报》也全文刊登了桑老的序言。李德基发表的诗歌当中，代表作有《李白与月亮》《听戏》《珊瑚之恋》《秋日私语》《家园情绪》《汲水的人》《听杜普蕾的大提琴曲》《大雪》等。

李德基的诗歌语言带有一种雕塑的质感和光辉，透明而饱满。通过构架的气魄和抒写的力度，展示广阔的文化背景和深邃的人的内心世界；以魔术般的语言张力，思考与社会历史生活相关联的一切，追求个人与时代的融合；文笔练达简洁，静美的氛围渐为感奋的心曲和警策的理趣所代替。也由于少年时代是在乡村度过的，有部分诗篇写出了乡土诗的两大永恒主题：漂泊与回归，挚爱与乡愁。数千年的农耕文化所创造的中国人所特有的乡土情结，是不会轻易解开的。正如著名诗人叶延滨先生所言，“乡土情结”就像一种基因，藏在我们灵魂的深处——那是树木对于根的记忆，江河对于源头的追溯，更是生命对于童年的回想，浪子对于家的梦境！著名诗人李瑛说过：“一个好的诗人是不能靠观念里的东西而必须是靠他血液里的东西来写诗的。心头没有强烈爱憎的人，感情淡薄、结冰的人，是写不出任何诗来的，更不用说写出好诗了。”诗歌是个人的，又是时代的，它的深层情结则是超越时空的。经过岁月的淘洗，诗歌作品先后数次获奖并被选入《中国诗歌精选》《感动当代大学生诗歌选》等十几种权威选本。

在诗集《独对伊人》的后序里，他这样写道：

对于诗歌，我心仪许久，能够在世俗中保持属于诗的慧质与兰心，寄情艺术山水，释放压抑的苦闷，寻觅瞬间心境的澄明，这是我极力追求的意境和诗的空间。诗与我，我与诗，都是一种无可言喻的默契，一种完善和崇高思想的生活方式，一种对于真诚、善良和美德的呼唤，一种深入生活的自觉体验。一个人要想成功，必须具有真情、勇气和投入。因为有诗歌真情的回报，可以温暖我们彼此的内心世界，丰富我们彼此的人生。让我们在沉默与响亮之中，让绚丽与平淡、成功与失败、欢乐和忧伤同我们相伴如初。诗是粘人灵魂的，往往一粘就是一生。一生与诗相伴，灵魂不会寂寞。以诗的方式活着，是我最初和最后的选择。

喜欢文字，当然也会参与和文字相关的其他事情，其中早年的销售方案《海华寻呼销售策划方案》获全省一等奖；发表于《山东商业经济》杂志的论文《大商城发展战略分析》获山东省二等奖；天同证券广告语征集获全国最高奖；章子怡主演的电影《我的父亲母亲》影评大赛征文获一等奖。

资源管理，规划下的前行

作为管理咨询专家，李德基有 20 多年的落地实践管理运营经验，其中有 15 年大型集团公司人力资源管理、财务管理、团队管理的实战经验，有 6 年管理咨询与培训师经历。曾在鲁商集团、外资集团、民营集团历任财务经理、人力资源经理、办公室主任、财务总监、人力资源总监、集团副总裁等职务，涉及商业流通、工业制造、房地产开发、汽车贸易、财产保险、拍卖物流、信息安全、工业项目投资等众多行业。曾担任过财产保险代理公司的法人和总经理。亲身参与并辅导三家企业上市前期的规范化管理体系建设，同时以极强的实战性和可操作性，为近 60 家企业进行过管理咨询辅导并帮助建立了规范化的企业管理体系。

李德基以扎实的理论功底和丰富的实践经验见长，授课风格稳健、幽默，擅长以顾问＋咨询方式，采用多层次、多角度的互动对话手法，辅之国际培训业界先进的管理游戏、自我测试、教学影片、角色扮演、沙盘模拟等多样化训练手段，使受训者在自我体验和组织学习中分享领悟。尤其擅长将管理精髓融入企业案例和落地培训之中，启迪客户理论联系实际进行深层次思考与借鉴，为企业提供全案式管理诊断，提供系统全面的解决方案，跟踪整改提升过程，帮扶提升管理运营水平和经济效益，深得客户的欢迎与赞誉。目前还承担着山东科技大学、齐鲁工业大学、烟台大学、鲁东大学、山东工商学院、临沂大学、泰山学院等高校的职业规划课程、房地产开发和建筑业会计核算课程、财务专业实践课程。作为培训师，为总裁班和职业经理人培训班主讲的课程包括:《总经理掌控财务管理的十把钥匙》《集团管控规划实施方案》《绩效管理和目标管理》《老板和职业经理人的双赢之道》《薪酬福利体系设计与管理》《企业文化建设与落地生根》《企业管理落地和突围之道》《团队执行力的培养和提升》《销售目标跟进与达成》《提升职业素养 培育职业心态》《人力资源六大管理模块全面提升落地方案》《平台管理思维和管理创新》《互联网思维下的商业模式创新》《互联网思维下的人力资源管理》。部分课件已被中华会计网、百度传课、网易云课堂等网络教育培训机构上传。

作为职业规划和高考志愿填报专家，每年为无数高考学生进行高考志愿填报的咨询服务工作，为此，需要知晓中国 2845 所大学 13 个门类 506 个专业的排名和课程构成，掌握平行志愿的填报规则，了解提前批次和自主招生批次的录取要求，会根据高考成绩排位和线差来确定匹配的大学，目的就是将高考分数应用到极致，实现低分增值，从人生最关键的转折点开始，规划好高考生的学业规划和职业规划，通过性格与潜质测试，确定最适合个性发展的大方向，为广大考生提供最专业的解答，规划最合理的解决方案，提供最全面的系统建议。

在为企业进行落地式管理咨询服务时，工作流程主要包括:第一，组建咨询团队，对接客户方的协调委员会，紧密协作。第二，通过调查研究，获取资料，掌握信息，形成调研报告。第三，按照客户要求，探寻解决途径，制定出解决问题的方案。第四，方案全面实施，结合落地式培训，管理体系全面导入。第五，持续售后服务，给予客户支持与指导，不断优化提升。

近年来，为了将自己丰富的专业知识服务于更多企业，李德基创办了山东威豪企业管理咨询有限公司，专业从事管理咨询、培训和授课。希望通过提供系统高效的管理咨询，以及增值落地式教练培训服务，为更多的企业转型升级，提升管理运营水平贡献一份力量!

邵珠富和他的那些个“1”的故事

——记中国尖锐化营销理论创始人邵珠富

邵珠富，中国尖锐化营销理论创始人，中国1厘米营销理论创始人，中国互联网软文营销第一人，擅长产品策划、营销创意、品牌打造、软文创作等，尤其是在事件营销、品牌创意及软文创作方面更有颇有知名度。今天，就让我们来讲讲邵珠富和他的那些“1”：

“1”个思路：让“高富帅”产品供不应求

徒河黑猪肉是近年升起的一颗明星产品，其高档的品质、高额的定价注定只能为“特定人群”享用，销售时间也多被挤压在节假日。如此就让徒河黑猪肉的营销大受限制，怎么办呢？邵珠富想到的营销破局思路是“让屌丝也能吃到徒河黑猪肉”，具体做法是将徒河黑猪肉做成肉串推向烧烤店，在烧烤店推广。由于徒河黑猪肉知名度高、当平时不是目标消费人群和吃货有机会吃到这一产品时，人们还是情不自禁地点上“3串5串”，而无数家烧烤店、无数个烧烤桌、无数个“3串5串”最终汇聚成一个“庞大数据”，徒河黑猪肉也一下子由“卖不动”变成“供不应求”。徒河黑猪肉销售虽然走的是传统营销路子，邵珠富采用的是互联网思维中的“大数据思维”和“屌丝思维”，谁说“屌丝”就不能偶尔享用高富帅产品？

今年4月在厦门，邵珠富在与燕之屋股东交流时，也提到：建议围绕着其核心主打产品“碗燕”掀起一场中国人的“晚宴革命”，让更多平时不吃燕窝的人能接触并品尝到这一高端产品，顺便在高端人群中刷了一下“存在感”。

“1”个创意：让企业利润年长8倍

2012年，邵珠富摈弃了波罗峪景区董事长介绍的“佛教文化不错”“拓展训练不错”“天然氧吧”等建议，分析后认为，在当地人的心目中，“佛教文化”“天然氧吧”“拓展训练”等都有了不错的代言人，再盲目推广只能为别人做嫁衣，效果一定不会好到哪里。怎么办呢？邵珠富考察后，根据其“没有特点的特点”决定为其打造一个“小蝌蚪找妈妈”的事件营销，正是这样一款创意，不仅让更多人知道了波罗峪，而且还创造了“三个月卖出门票是上一年全年2.5倍”的营销神话，让波罗峪景区正式与当地市民发生了“关系”，在市民中家喻户晓人人皆知了起来。

“1”个改变：让酒店由“门可罗雀”到“门庭若市”

2014年冬天，当九鲤村王军找到邵珠富时，已身心疲惫，原来，他按大酒店的标准在济南打造了一款物美价廉的火锅店，没想到开业三个月却一直生意惨淡门可罗雀，怎么办？邵珠富实地考察后发现，这是一家典型的“有品无牌(邵珠富语)”的酒店，产品不错，营销却不好做，用常规路子显然很难。最终，根据对消费者消费需求的调查和分析后，邵珠富为其打造了“革命的火锅”这样的主题、实施了变“注意到消费者”为“消费者注意到”的营销战略转移，打造了一系列“革命的”主题，短短两周时间扭亏为盈实现逆转，由“门可罗雀”变为“门庭若市”。进入2015年夏天，邵珠富又因势利导为其打造了“革命的火锅”主题，去晚了，根本订不上座位！

“1”个故事：让平庸企业脱颖而出

美女冀总手下经营着七家宝宝游泳馆，一度非常困惑：七家游泳馆有五家不赚钱，再经营下去也会“赔死了”，冀总准备关掉其中的四家。

冀总找到邵珠富，调研考察后发现，冀总的游泳馆其实水质和服务都是一流，只是苦于同行业不正当价格竞争，致使她步入困惑之中。一味地打价格显然于企业那是百害无一利；游泳馆竞争真的只剩下价格战一条“血路”？邵珠富认为，池水卫生才是更多家长关心的，否则，游一次泳就患皮肤病、回家就拉肚子，即便是免费家长也不会干。于是一个大胆思路在其脑海里产生的，根据冀总泼辣的性格，邵珠富为其量身打造了一个“美女老总喝洗澡水”的故事，当摄像镜头没任何转换地将冀总连喝七杯“洗澡水”的事实呈现在大家面前时、当更多人没有看到录像但得知“美女老总喝洗澡水”的故事后，人们在选择宝宝游泳馆时还是更多选择了贝贝泡泡吧，因为这里的洗澡水是“能喝的洗澡水”，这里有这样一个品牌故事。

“1”个事件：让济南成为韩国美食的总代言

2013年的一天，舜和国际酒店的董事长任兴本找到邵珠富，他准备在他的店推广一款新的海鲜——韩国生蚝，和韩国朋友、北京一位专门负责餐饮策划的副总裁聊了一上午，看有好招可用。当邵珠富被接到酒店、听到大家讲解讨论了一上午的策划方案时，轻易否决了，并根据实际情况为其量身打造了一个“韩国市长吃生蚝”的建议，并围绕其进行了一系列活动打造，前后三次去韩国考察。

当2013年平安夜，邵珠富策划的“韩国市长吃生蚝”活动在舜和国际开展开来时，当金东镇市长面对400多中国食客当了一把“吃货”、生吃50个生蚝时，舜和沸腾了、第二天济南沸腾了，毫无疑问，这是当天最“感动济南”的一个事件营销了。这样一个活动，目的是借“韩国市长”的势传递出韩国生蚝是“可以生吃的”“是好吃的”“是可以放心吃的”等理念，进而把韩国生蚝推向了全国

“1”个实验：让产品实力得到了充分展现

2012年夏天，应吉林三生农林于董事长邀请，邵珠富赴吉林通化指导营销策划，在交流过程中，邵珠富得知，不论其野山参、林蛙还是木耳等均在国内堪称一流甚至是“第一”。怎样让其主打产品的木耳推向市场并让人们“印象深刻”呢？邵珠富了解后得知，他们生产的木耳生长期长、尤其秋木耳大多经历过冰霜侵蚀，生长非常缓慢，但质量绝对过硬，而衡量木耳好坏一个重要方法是看其水中耐泡性，为何不围绕此打造一个实验呢？一个思路

在邵珠富脑海中油然而生。

借此，邵珠富为其木耳在京销售打造了“感动一个城市的木耳实验”之事件营销：普通木耳在水中泡8小时就已瀼得不成样子，而他们的木耳泡48个小时仍看不出任何镶的痕迹。由于操作简单易行，好多北京市民都亲手做了这样一个“木耳实验”，而伴随着的是，“长白物语”的木耳也卖疯了！

“1”个概念：在北京的“朋友圈”传疯了

2014年夏天，应宁夏几个企业邀请，邵珠富飞赴宁夏指导营销策划，在考察了宁夏枸杞、盐池滩羊后，邵珠富来到塞外香大米基地。在与胡总交流时得知，他们借由青铜峡黄河水浇灌的水稻不仅不招虫，而且完全有机，是历代贡米的最佳选择，而在各项指标上，不仅超越了东北的五常大米，而且还超过了日本的“越光大米”，然而在知名度营销上，显然不如东北大米做得好。

怎样突出他们的大米品质之好、并打造一鸣惊人的概念呢？邵珠富苦苦思索中，后来，正巧中国首次举办了抗日战争胜利纪念日的活动，邵珠富灵机一动：为何不打造一个“抗日大米”的概念？这也算是一场别开生面的借势营销吧！由于塞外香大米各项指标超过了日本的“越光大米”，而邵珠富将此定义为“抗日大米”也不算是太过分吧？于是一款“抗日大米”应运而生了。

当然，在这里玩的还是情感营销策略，将一款大米上升到了抗日层面上，也算是长了中国产品的威风吧。后来，塞外香胡总告诉邵珠富，就是这样一款“抗日大米”的文章，在北京的微信朋友圈传疯了，大家都叫好！

“1”个名字：令人忍俊不禁

2012年，王总将一款又小又丑的海参呈现在邵珠富面前，告诉我，由于他没有添加、没有人为地去拉长、只用原生态土法加工，所以生产出来的海参看上去“有点丑”，为此陷入营销困惑。

一般人买海参都会捡大的挑，不论是送人还是自己吃，都感觉大而漂亮的品质也会过硬。就这款“又小又丑”的海参，邵珠富咨询了对海参颇有研究的王赛时教授后得知，这样无添加、未被人工美化的海参绝对是滋补上品，但市场上基本买不到了……基于业界良心，邵珠富非常钦佩王总的做法，决定帮他一把。

针对海参又小又丑的特点，邵珠富将其定义为“小丑参”，并为其设计了一款带有“小丑”和“海参”元素的logo，同时以短信形式将其又小又丑的“真相"公之于世,同时发给朋友们(当时还没有微信)。结果呢?一条短信就卖出20万元的货,单单武警医院的林总前前后后就买了30多斤。

"1"个话题:九杯酒敬出"九大卖点"

有这样一款啤酒,由于品质非常过硬,一直为小众人群所喜欢,有想法的张总欲将其推向市场,于是乎,才有了邵珠富一场酒敬出"九大卖点"的花絮来。为这款酒打造的"九大卖点"分别是:"天上来的酒""不上头的酒""痛风病人可以放心喝的酒""中国啤酒鼻祖的酒""代表中国的啤酒""喝了容易上瘾的啤酒""容易招惹虫子的酒""喝了睡得更好的酒""保质期只有一天的酒"。而正是这篇《邵珠富九杯啤酒敬出九大卖点》的文章,让这款酒家喻户晓。

在邵珠富看来,我们这个社会上,压根就不乏有卖点的产品,但往往缺少的是能够发现"卖点"的眼睛、提炼的能力和总结的智慧而已。

"1"个建议:济南多了美食一条街,中国多了个酒水销售平台

爱吃烧烤的济南朋友们都知道,济南有一条美食一条街这两年非常火暴,这条街名字就叫"恣街"。而恣街,正邵珠富帮助打造的美食一条街,而且是力排众议之后的一个杰作。同样,爱喝白酒的朋友都知道中国有个著名的酒仙网,山东有个著名的酒水销售平台"勇哥卖酒",而"勇哥卖酒"恰恰就是邵珠富藉由济南时报与众仁商贸公司二者的资源整合而打造的一个平台,现在一年6亿元的销售额成为国内一个不可忽视的酒水销售平台。

图书在版编目(CIP)数据

城市榜样/武顺建主编．—济南：山东大学出版社，2016.4
ISBN 978-7-5607-5527-4

Ⅰ.①城…　Ⅱ.①武…　Ⅲ.①人物—先进事迹—山东省—现代
Ⅳ.①K820.852

中国版本图书馆CIP数据核字(2016)第075752号

责任编辑：王桂琴
封面设计：牛　钧

出版发行：山东大学出版社
社　址　山东省济南市山大南路20号
邮　编　250100
电　话　市场部(0531)88364466
经　销：山东省新华书店
印　刷：济南新科印务有限公司
规　格：720毫米×1000毫米　1/16
21.5印张　36千字
版　次：2016年4月第1版
印　次：2016年4月第1次印刷
定　价：118.00元